PATTERN
ENGLISH
HANDYBOOK

톡톡톡 패턴영어 핸디북

2010년 8월 25일 초판 1쇄 발행
2014년 2월 14일 초판 3쇄 발행

지은이 | 조성혜
펴낸이 | 이종춘
펴낸곳 | 성안당
주 소 | 121-838 서울시 마포구 양화로 127 첨단빌딩 5층(출판기획 R&D 센터)
413-120 경기도 파주시 문발로 112(제작 및 물류)
전 화 | 02) 3142-0036
031) 955-0511
팩 스 | 031-955-0510
등 록 | 1973. 2. 1 제 13-12호
홈페이지 | www.cyber.co.kr
내용문의 | 031-955-0511

ISBN 978-89-315-1859-7 13740
정가 11,000원

이 책을 만든 사람들
기 획 | 장충섭
진 행 | 장충섭
디자인 | CLIP design
홍 보 | 최고운
마케팅 | 구본철, 차정욱, 이상무, 채재석, 강호묵
제 작 | 김유석

Copyright ⓒ 2010~2014 by Sungandang Publishing Co.
Printed in Korea.

이 책의 어느 부분도 저작권자나 성안당 발행인의 승인 문서 없이 일부 또는 전부를 사진 복사나 디스크 복사 및 기타 정보 재생 시스템을 비롯하여 현재 알려지거나 향후 발명될 어떤 전기적, 기계적 또는 다른 수단을 통해 복사, 재생하거나 이용할 수 없습니다.

※ 잘못된 책은 바꾸어 드립니다.

PATTERN ENGLISH HANDYBOOK

패턴영어 핸디북

조성혜 저

늘어가는 말

영어를 공부하는 궁극적인 목적은 영어를 유창하게 구사하여 현지인들과 자연스럽게 대화를 하는 것입니다. 영어 회화 실력이 더더욱 강조되는 있는 요즘, 영어 speaking 능력은 현대인들이 반드시 가져야 할 필수 능력이 되었지요. 영어를 유창하게 하려면 과연 어떻게 공부해야 하는 것일까요? 일단, 말문을 트이게 하는 기본 training이 가장 중요합니다. 그것은 다름아닌, 현지인들이 많이 쓰는 pattern으로 다양한 문장을 반복적으로 연습하는 것입니다. 문장의 기본 뼈대를 담당하고 있는 pattern을 익히고, 그것을 토대로 다양한 예문을 반복적으로 연습하는 것이야말로 영어 speaking의 기본을 잡는 최고의 학습입니다. 나의 생각을 전달할 때, 음식을 주문할 때, 상대방에게 불만을 표현하거나 질문을 할 때 등 다양한 상황에서 많이 쓰이는 pattern을 가지고 예문을 만들어 보고, 크게 따라 읽으면서 연습하면 영어 speaking의 기본기를 확실하게 잡을 수 있습니다.

이 책으로 공부할 때 제공되는 mp3 파일을 듣고 크게 따라 읽는 연습을 문장이 암기될 때까지 꾸준히 하세요. 계속 듣고 따라하기를 반복하다 보면 현지인들의 발음이 자연스레 귀에 익고 자신도 모르게 그들의 발음을 흉내내면서 멋지게 영어 문장을 구사하고 있을 겁니다. 이 패턴책을 통해서 원어민들이 즐겨 쓰는 표현을 재미있게 익히고 영어 구사 능력을 한층 높일 수 있기를 바랍니다.

이 책의 구성 및 특징

① **패턴 소개**

주요 핵심 패턴이 어떤 형태인지 소개합니다.

② **패턴의 쓰임 설명**

해당 패턴이 갖는 뉘앙스, 문법적 특성과 더불어 현지인들이 어떤 형식으로 사용하고 있는지에 대해서 자세하게 설명하였습니다.

③ **Speaking Training**

5개의 기본 문장을 통해 패턴의 쓰임새에 대해 익숙해지도록 구성하였습니다. mp3 파일을 통해 원어민의 발음을 따라서 말해 보세요.

④ **Speaking Practice**

앞에서 배운 5개의 기본 문장을 실제 대화에서는 어떻게 사용하는지 확인하고, 연습할 수 있도록 구성하였습니다. mp3 파일을 들으면서 영어로 문장을 바로바로 말할 수 있도록 반복 학습하세요.

⑤ **It's time to review!**

앞에서 배운 패턴들을 5개의 training 단위마다 배치하여 복습하도록 하였습니다. 우리말을 보고 영어를 자연스럽게 말할 때까지 연습하세요.

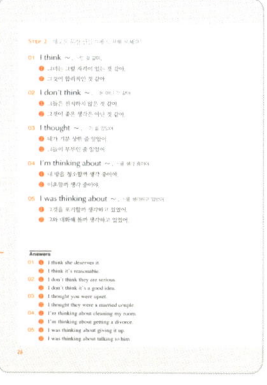

⑥ **새로운 문장에 도전해 보세요!**

앞에서 배운 패턴을 토대로 새로운 문장을 말할 수 있는지 확인하고, 다양한 문장을 익힐 수 있는 코너입니다.

목차

UNIT 1 » 생각·의견 말하기

Training 1	I think ~. ~인 것 같아.	20
Training 2	I don't think ~. ~은 아닌 것 같아.	21
Training 3	I thought ~. ~인줄 알았어.	22
Training 4	I'm thinking about ~. ~을 생각 중이야.	23
Training 5	I was thinking about ~. ~을 생각하고 있었어.	24
Practice Makes Perfect 1		25
Training 6	I've been thinking about ~. ~을 계속 생각해 왔어.	27
Training 7	I think you (should / have to / need to / gotta / had better ~). 네가 ~해야한다고 생각해.	28
Training 8	I'm afraid ~. (미안하지만, 유감이지만) ~인 것 같아.	29
Training 9	I agree ~. ~에 동의해.	30
Training 10	I disagree ~. ~에 반대해.	31
Practice Makes Perfect 2		32

UNIT 2 » 원하는 것 말하기 & 제안하기

Training 11	I want to ~. ~하고 싶어.	34
Training 12	I don't want to ~. ~하고 싶지 않아.	35
Training 13	I'd like to ~. ~하고 싶어요.	36
Training 14	I'm dying to ~. 정말 ~하고 싶어.	37
Training 15	I'm interested in ~. ~에 관심이 있어.	38
Practice Makes Perfect 3		39
Training 16	I'm into ~. 나는 ~에 푹 빠져 있어.	41
Training 17	Why don't you ~? ~하는 것이 어때?	42
Training 18	How about ~? What about ~? ~하는 것이 어때?	43
Training 19	Let's ~. ~하자.	44
Training 20	I suggest we ~. ~해 보자.	45
Practice Makes Perfect 4		46

UNIT 3 » 내 의견 말하기

Training 21	I believe ~. ~라고 생각해.	48
Training 22	I'm sure ~. ~라고 확신해.	49
Training 23	I bet ~. ~라고 확신해.	50

UNIT 4 » 희망 말하기

Training 24	I hope ~. ~이길 바래.	51
Training 25	I wish ~. ~라면 얼마나 좋을까.	52
Practice makes Perfect 5		53

UNIT 5 » 추측하기

Training 26	It looks(seems) ~. ~인 것 같아.	55
Training 27	It sounds ~. ~인 것 같아.	56
Training 28	It must be ~. 틀림없이 ~일 거야.	57
Training 29	It can be ~. ~일 거야./~일 수 있어.	58
Training 30	It may be ~. ~일지도 몰라.	59
Practice makes Perfect 6		60

UNIT 1 » 생각 묻기

Training 31	Do you think ~? ~라고 생각하니?/~인 것 같니?	64
Training 32	Don't you think ~? ~라고 생각하지 않니?/~인 것 같지 않니?	65
Training 33	Have you ever thought about ~? ~에 대해서 생각해 본 적 있니?	66
Training 34	What do you think about ~? ~에 대해서 어떻게 생각하니?	67
Training 35	How do you like ~? ~은 어떻습니까?/~은 어떻게 해 드릴까요?	68
Practice Makes Perfect 7		69

UNIT 2 » 아는지 묻기

Training 36	Do you know ~? ~을 아니?	71
Training 37	Do you know what ~? ~이 뭔지 아니?	72
Training 38	Do you know why ~? 왜 ~하는지 아니?	73
Training 39	Do you know how ~? 얼마나/어떻게 ~하는지 아니?	74
Training 40	Do you know when ~? 언제 ~하는지 아니?	75
Practice Makes Perfect 8		76
Training 41	Do you know who ~? 누가 ~하는지 아니?/누구에게 ~하는지 아니?	78
Training 42	Do you know if ~? ~인지 아닌지 아시나요?	79
Training 43	What do you know about ~? ~에 대해서 무엇을 알고 있니?	80

UNIT 3 » 있는지 묻기

Training 44	Is there ~? ~이 있니?	81
Training 45	Is there anything ~? ~하는 것이 있니?	82
Practice Makes Perfect 9		83
Training 46	Is there anyone who ~? ~하는 사람이 있니?	85
Training 47	Is there any way ~? ~할 방법이 있니?	86

UNIT 4 » 확인하기

Training 48	Are you sure about ~? ~에 대해서 확신하니?	87
Training 49	Are you sure that? ~라는 것을 확신하니?	88
Training 50	Do you mean ~? ~라는 말이니?	89
Practice Makes Perfect 10		90
Training 51	Are you saying ~? ~라는 말이니?	92
Training 52	Is it true ~? ~라는 것이 사실이니?	93

UNIT 5 » 원하는 것 묻기

| Training 53 | Do you want to ~? ~할래?/~하고 싶니? | 94 |

Training 54	Do you want me to ~? 내가 ~해 줄까? / 내가 ~해 주길 원하니?	95
Training 55	Would you like to ~? ~하고 싶나요?	96
Practice Makes Perfect 11		97
Training 56	Do you feel like ~? ~하고 싶니?	99
Training 57	Are you in the mood ~? ~하고 싶니?	100
Training 58	Would you prefer to ~? ~하는 것이 더 좋겠어요?	101
Training 59	Are you interested in ~? ~에 관심이 있니?	102
Training 60	Are you dying to ~? ~하고 싶지?	103
Practice Makes Perfect 12		104

UNIT 6 » 허락 가능성 묻기

Training 61	Can I ~? ~해도 되나요?	106
Training 62	Is it possible ~? ~하는 것이 가능한가요?	107
Training 63	Is it okay if ~? ~해도 될까요?	108
Training 64	Is it all right to ~? ~해도 될까요?	109
Training 65	Do you mind if ~? ~해도 될까요?	110
Practice Makes Perfect 13		111

UNIT 7 » 부탁하기 & 도움주기

Training 66	Can you ~? ~할 수 있니? / ~해 줄 수 있니?	113
Training 67	Could you ~? Would you ~? ~해 줄 수 있나요?	114
Training 68	Can you help me ~? ~하는 것을 도와줄 수 있니?	115
Training 69	Can I help you ~? ~하는 것을 도와줄까?	116
Training 70	Let me help you ~. ~하는 것을 도와줄게.	117
Practice Makes Perfect 14		118

UNIT 8 » 해야할 일 묻기

| Training 71 | Do you have to ~? ~해야만 하니? | 120 |

Training 72	Do I have to ~? 내가 ~해야만 하니?	121
Training 73	Are you going to ~? ~할 예정이니?	122
Training 74	Are you planning to ~? ~할 예정이니?	123
Training 75	Are you supposed to ~? ~해야만 하니? / ~할 예정이니? / ~하기로 되어 있니?	124

Practice Makes Perfect 15 — 125

UNIT 9 » 궁금한 것 묻기

Training 76	I was wondering if ~. 혹시 ~인가 해서요.	127
Training 77	I'm wondering why ~. 왜 ~인지 궁금해.	128
Training 78	I wonder what ~. ~이 무엇인지 궁금해.	129
Training 79	I'm curious about ~. ~에 대해서 궁금해.	130
Training 80	Tell me why ~. 왜 ~인지 말해 줘.	131

Practice Makes Perfect 16 — 132

UNIT 10 » what으로 묻기

Training 81	What is ~? ~은 뭐니?	134
Training 82	What do ~? 무엇을 ~하니?	135
Training 83	What are you -ing ~? 무엇을 ~하고 있니?	136
Training 84	What are you going to ~? 무엇을 ~할 거니?	137
Training 85	What should I ~? 무엇을 ~해야만 할까?	138

Practice Makes Perfect 17 — 139

UNIT 11 » where로 묻기

Training 86	Where do you ~? 어디에서 ~하니?	141
Training 87	Where are you going to ~? 어디에서 ~할 거니?	142
Training 88	Where is the best place ~? ~하기에 가장 좋은 곳이 어디니?	143
Training 89	Where is the nearest ~? 가장 가까운 ~이 어디에 있니?	144

Training 90	**Do you know where ~?**	
	~이 어디에 있는지 아세요?	145
Practice Makes Perfect 18		146

UNIT 12 » why로 묻기

Training 91	**Why do you ~?** 왜 ~하니?	148
Training 92	**Why are you going to ~?** 왜 ~하려고 하니?	149
Training 93	**Why am I supposed to ~?**	
	내가 왜 ~해야만 하지?	150
Training 94	**Why do you think ~?** 왜 ~라고 생각하니?	151
Training 95	**Why did you want to ~?** 왜 ~하기를 원했니?	152
Practice Makes Perfect 19		153

UNIT 13 » how로 묻기 (1)

Training 96	**How is ~?** ~은 어때?	155
Training 97	**How do ~?** 어떻게 ~하니?	156
Training 98	**How are you going to ~?** 어떻게 ~할 거니?	157
Training 99	**How can I ~?** 어떻게 ~할 수 있을까?	158
Training 100	**How do you feel about ~?**	
	~에 대한 느낌이 어때? / ~에 대해서 어떻게 생각해?	159
Practice Makes Perfect 20		160

UNIT 14 » how로 묻기 (2)

Training 101	**How much ~?** ~이 얼마죠?	162
Training 102	**How many ⋯ do you want to ~?**	
	얼마나 많은 ⋯을 ~하고 싶니?	163
Training 103	**How often ~?** 얼마나 자주 ~하니?	164
Training 104	**How long does it take to ~ ?**	
	~하는 데 시간이 얼마나 걸리죠?	165
Training 105	**How long have you p.p ~?**	
	얼마나 오랫동안 ~했니?	166
Practice Makes Perfect 21		167

UNIT 1 » 감정·상태 표현하기

Training 106	I'm ~. ~해./~하고 있어.	170
Training 107	I'm kind of / sort of / a little ~. 좀(약간) ~해.	171
Training 108	I'm definitely / absolutely / totally ~. 완전히(정말/너무나도) ~해.	172
Training 109	It's kind of / sort of / a little ~. 그것은 좀(약간) ~해.	173
Training 110	It's definitely / absolutely / totally ~. 그것은 완전히(정말/너무나도) ~해.	174
Practice Makes Perfect 22		175

UNIT 2 » 행복·기쁨 표현하기

Training 111	I'm so happy ~. ~에 정말 만족해./~해서 정말 행복해.	177
Training 112	I'm so glad ~. ~해서 정말 기뻐.	178
Training 113	I'm so excited ~. ~해서 정말 흥분돼.	179
Training 114	It's great to ~. ~해서 좋아./~하는 것이 좋아.	180
Training 115	It's been nice -ing. ~해서 좋았어.	181
Practice Makes Perfect 23		182

UNIT 3 » 만족·놀라움 표현하기

Training 116	I'm satisfied with ~. ~에 만족해.	184
Training 117	I'm proud of ~. ~이 자랑스러워.	185
Training 118	I'm surprised to ~. ~하다니 놀라워.	186
Training 119	I can't believe ~. ~은 믿을 수 없어.	187
Training 120	I'm shocked to ~. ~하다니 충격적이야.	188
Practice Makes Perfect 24		189

UNIT 4 » 실망·걱정 표현하기

| Training 121 | I'm disappointed with ~. ~에 실망스러워. | 191 |

Training 122	It's disappointing ~. / ~ is disappointing.	
	실망스러운 ~야. / ~은 실망스러워.	192
Training 123	It's frustrating ~. / ~ is frustrating.	
	짜증나는 ~야. / ~에 짜증돼.	193
Training 124	I'm worried about ~. ~이 걱정돼.	194
Training 125	I'm afraid of ~.	
	~이 두려워. / ~이 걱정돼. / ~라서 유감이야.	195
Practice Makes Perfect 25		196

UNIT 5 » 사과·유감 표현하기

Training 126	I'm sorry to / for ~. ~해서 미안해.	198
Training 127	I'm sorry that ~. ~해서 미안해.	199
Training 128	I apologize for ~. ~에 사과할게.	200
Training 129	I feel sorry for ~. ~이 안타까워.	201
Training 130	It's too bad that ~. ~하다니 너무 안됐어.	202
Practice makes Perfect 26		203

UNIT 6 » 심정 말하기

Training 131	I feel like -ing. ~하고 싶어.	205
Training 132	I don't feel like -ing. ~하고 싶지 않아.	206
Training 133	Do you feel like -ing?	
	~하고 싶니? / ~하는 것 어때?	207
Training 134	I'm in the mood for ~.	
	~하고 싶은 기분이야.	208
Training 135	It feels like ~. ~인 것 같은 느낌이 들어.	209
Practice Makes Perfect 27		210

UNIT 7 » 느낌 말하기

Training 136	I'm interested ~. / ~ is interesting.	
	~에 흥미가 있어. / ~은 흥미로워.	212
Training 137	I'm bored. / ~ is boring.	
	~에 따분해. / ~은 따분해.	213

Training 138	I'm surprised. / ~ is surprising.	
	~에 놀라워. / ~은 놀라워.	214
Training 139	I'm embarrassed ~. / ~ is embarrassing.	
	~에 당황스러워. / ~은 당황스러워.	215
Training 140	I'm disappointed ~. / ~ is disappointing.	
	~에 실망스러워. / ~은 실망스러워.	216

Practice makes Perfect 28   217

PART 4

UNIT 1 » That's ~.로 말하기

Training 141	That's what ~.	그것이 바로 ~야.	220
Training 142	That's how ~.	바로 그렇게 ~하는 거야.	221
Training 143	That's where ~.	바로 거기서 ~한 거야.	222
Training 144	That's why ~.	그래서 ~인 거야.	223
Training 145	That's because ~.	~해서 그런 거야.	224

Practice makes Perfect 29   225

UNIT 2 » 예정 말하기

Training 146	You're supposed to ~.	원래 ~해야 해.	227
Training 147	You were supposed to ~.	원래 ~해야 했어.	228
Training 148	You're not supposed to ~.		
	원래 ~해서는 안 돼.		229
Training 149	Are you supposed to ~?		
	원래 ~해야 하는 거야?		230
Training 150	What are you supposed to ~?		
	원래 무엇을 하기로 되어 있는 거야?		231

Practice Makes Perfect 30   232

UNIT 3 » How+형용사로 묻기

Training 151	How many times ~?	몇 번이나 ~하니?	234
Training 152	How much ~?	얼마나 많은 …을 ~하니?	235

| Training 153 | **How often ~?** 얼마나 자주 ~하니? | 236 |

Training 154 **How long does it take to ~?**
~하는 데 얼마나 걸리니? 237

Training 155 **How long have you p.p ~?**
~한 지 얼마나 되었니? 238

Practice Makes Perfect 31 239

UNIT 4 》 조동사+have p.p로 말하기

Training 156 **must've p.p** ~했었음에 틀림없어. 241
Training 157 **would've p.p** 분명히 ~했었을 거야. 242
Training 158 **could've p.p** ~했었을 수도 있어. 243
Training 159 **might've p.p** ~했었을 지도 몰라. 244
Training 160 **should've p.p** ~했어야 했어. 245

Practice Makes Perfect 32 246

UNIT 5 》 진행형으로 말하기

Training 161 **I'm -ing ~.** ~하는 중이야. 248
Training 162 **I'm not -ing ~.** ~하고 있지 않아. 249
Training 163 **What are you -ing ~?** 무엇을 ~하고 있니? 250
Training 164 **I was -ing ~.** ~하고 있는 중이었어. 251
Training 165 **What were you -ing ~?**
무슨 ~을 하고 있는 중이었니? 252

Practice Makes Perfect 33 253

UNIT 6 》 현재완료로 말하기

Training 166 **I have p.p ~.** ~해 왔어. 255
Training 167 **I haven't p.p ~.** ~하지 못하고 있어. 256
Training 168 **What have you p.p ~?**
이제껏 무엇을 ~했니? 257
Training 169 **I have p.p ~.** ~해 본 적이 있어. 258
Training 170 **Have you ever p.p ~?**
~해 본 적이 있니? 259

Practice Makes Perfect 34 260

UNIT 7 » 현재완료진행형으로 말하기

Training 171	I have been -ing ~. 계속 ~해 오고 있어.	262
Training 172	What have you been -ing ~? 무엇을 계속 ~하고 있는 거니?	263
Training 173	How long have you been -ing~? 얼마나 오랫동안 ~하고 있니?	264
Training 174	I will be -ing ~. ~하고 있는 중이 거야.	265
Training 175	You will have p.p ~. ~하게 될 거야.	266
Practice Makes Perfect 35		267

UNIT 8 » 주요 동사 1 – take

Training 176	take (1) 잡다, 받아들이다, 선택하다	269
Training 177	take A to B A를 B로 데리고 가다, 가지고 가다	270
Training 178	take (2) (시간이) 걸리다	271
Training 179	take (3) 1. ~을 타다 2. (의견·생각)을 ~으로 받아들이다	272
Training 180	take (4) ~하다	273
Practice Makes Perfect 36		274

UNIT 9 » 주요 동사 2 – get

Training 181	get (1) 얻다, 사다, 받다, 가져 오다, 사 주다	276
Training 182	get (2) …에게 ~을 사 주다, 가져다 주다	277
Training 183	get A p.p A가 ~되도록 하다	278
Training 184	get+형용사 ~하게되다	279
Training 185	get A to ~ A가 ~하게하다	280
Practice Makes Perfect 37		281

UNIT 10 » 동사+목적어+to ~로 말하기

Training 186	I want you to ~. 네가 ~하면 좋겠어.	283
Training 187	I need you to ~. 네가 ~해 주었으면 해.	284
Training 188	I'd like you to ~. ~해 주면 좋겠어.	285

Training 189	Do you want me to ~?	
	나보고 ~하라는 거니? / 내가 ~할까?	286
Training 190	What do you want me to ~?	
	내가 뭘(언제/어디서/얼마나 오랫동안) ~하길 원하니?	287
Practice Makes Perfect 38		288

UNIT 11 » 사역동사로 말하기

Training 191	make+목적어+동사원형 …가 ~하게하다, 시키다	290
Training 192	let+목적어+동사원형	
	…가 ~하게 내버려 두다, 허락하다	291
Training 193	get+목적어+to ~ …가 ~하게 하다	292
Training 194	have+목적어+p.p …이 ~되게하다	293
Training 195	get+목적어+p.p …이 ~되도록 하다	294
Practice Makes Perfect 39		295

UNIT 12 » 지각동사로 말하기

Training 196	see+목적어+동사원형 …가 ~하는 것을 보다	297
Training 197	hear+목적어+동사원형 …가 ~하는 것을 듣다	298
Training 198	watch, smell, feel+목적어+동사원형 or -ing	
	…가 ~하는 것을 보다/ …가 ~한 냄새를 맡다/	
	…가 ~하는 것을 느끼다	299
Training 199	see+목적어+-ing …가 ~하고 있는 것을 보다	300
Training 200	hear+목적어+-ing …가 ~하고 있는 것을 듣다	301
Practice Makes Perfect 40		302

1
PART

UNIT 1 생각·의견 말하기
UNIT 2 원하는 것 말하기 & 제안하기
UNIT 3 내 의견 말하기
UNIT 4 희망 말하기
UNIT 5 추측하기

UNIT 1 Training 1
I think ~.
~인 것 같아.

생각·의견 말하기

🎧 mp3_001

I think ~.는 확신 없이 '~인 것 같아.', '~이라고 생각해.'라고 하면서 자신의 생각을 조심스럽게 말할 때 쓰는 패턴입니다. 확실하지 않은 내용의 문장 앞에 I think를 붙여서 말하면 됩니다.

SPEAKING TRAINING

- **I think** he's right.
  그가 옳은 것 같아.

- **I think** you should try it.
  네가 그것을 시도해 봐야 할 것 같아.

- **I think** this movie is interesting.
  이 영화는 재미있는 것 같아.

- **I think** I've seen her before.
  전에 그녀를 본 적이 있는 것 같아.

- **I think** I need to take a day off.
  나는 하루 쉬어야 할 것 같아.

Always be ready to speak these sentences confidently!

SPEAKING PRACTICE

1. A: I don't understand him.
   B: 나는 그가 옳은 것 같아.

2. A: 네가 그것을 시도해 봐야 할 것 같아.
   B: All right. I will give it a shot.

3. A: What do you think about the movie?
   B: 이 영화는 재미있는 것 같아.

4. A: 전에 그녀를 본 적이 있는 것 같아.
   B: Yeah, she looks familiar.

5. A: You look very tired.
   B: 나는 하루 쉬어야 할 것 같아.

A 그가 이해되지 않아.
B I think he's right.

A I think you should try it.
B 알았어. 한번 시도해 볼게.

A 그 영화는 어떤 것 같아?
B I think this movie is interesting.

A I think I've seen her before.
B 그래, 그녀는 낯이 익어.

A 너 굉장히 피곤해 보여.
B I think I need to take a day off.

I don't think ~.
~은 아닌 것 같아.

생각·의견 말하기

mp3_002

I think ~.의 부정형으로, '~은 아닌 것 같아.'라고 하면서 I don't think 뒤에 나오는 문장에 반대 의견을 제시하는 패턴입니다. 부정적인 의견을 말할 때에는 일반적으로 I think+부정문(I think they aren't active.) 형태보다 I don't think+긍정문(I don't think they are active.)의 형태를 사용합니다.

SPEAKING TRAINING

* **I don't think** he's a very nice person.
  그는 그렇게 좋은 사람이 아닌 것 같은데.

* **I don't think** they will buy the house.
  그들이 그 집을 사지 않을 것 같아.

* **I don't think** I will be able to get a job.
  나는 취업을 못할 것 같아.

* **I don't think** we will get there by 3.
  우리는 3시까지 거기에 도착하지 못할 것 같은데.

* **I don't think** you did the right thing.
  네가 옳은 일을 한 것이 아닌 것 같아.

Always be ready to speak these sentences confidently!

SPEAKING PRACTICE

1. A: He seems a good guy to me.
   B: 그는 그렇게 좋은 사람이 아닌 것 같은데.

   A 그는 내가 보기에 좋은 남자인 것 같아.
   B I don't think he's a very nice person.

2. A: 그들이 그 집을 사지 않을 것 같아.
   B: I think so, too. It's too expensive for them.

   A I don't think they will buy the house.
   B 나도 그렇게 생각해. 그들에게는 너무 비싸.

3. A: 나는 취업을 못할 것 같아.
   B: It's very difficult to get a job recently.

   A I don't think I will be able to get a job.
   B 요새 취업하기가 너무 어려워.

4. A: We're stuck in a traffic jam.
   B: 우리는 3시까지 거기에 도착하지 못할 것 같은데.

   A 우리는 교통 체증으로 꼼짝 못하고 있어.
   B I don't think we will get there by 3.

5. A: 네가 옳은 일을 한 것이 아닌 것 같아.
   B: But I did the best.

   A I don't think you did the right thing.
   B 하지만 나는 최선을 다했어.

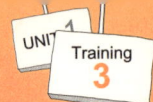

UNIT Training 3 : I thought ~.

생각·의견 말하기 　~인 줄 알았어.

mp3_003

I think ~.의 과거형 형태로, '~인 줄 알았어.' 또는 '~이라고 생각했었어.' 라고 하면서 과거에 자신의 생각이 어떠했는지를 표현하는 패턴입니다. 보통 회화체에서 '나는 ~인 줄 알았는데, 사실은 그렇지 않구나.' 라고 표현할 때 많이 쓰입니다.

SPEAKING TRAINING

- **I thought** it was free.
  그것이 공짜인 줄 알았어.

- **I thought** she was honest.
  그녀가 정직한 줄 알았어.

- **I thought** you were leaving.
  네가 떠나는 줄 알았어.

- **I thought** they were joking.
  그들이 농담하는 줄 알았어.

- **I thought** he loved me.
  그가 나를 사랑하는 줄 알았어.

Always be ready to speak these sentences confidently!

SPEAKING PRACTICE

1. A: You need to pay for it.
   B: 그것이 공짜인 줄 알아.

2. A: 그녀가 정직한 줄 알았어.
   B: What made you think like that?

3. A: 네가 떠나는 줄 알았어.
   B: I'm not going anywhere without you.

4. A: 그들이 농담하는 줄 알았어.
   B: They were serious.

5. A: What happened to you? Did he really break up with you?
   B: 그가 나를 사랑하는 줄 알았어.

A 너는 그것에 대해서 돈을 지불해야 해.
B I thought it was free.

A I thought she was honest.
B 무엇 때문에 그렇게 생각했던 거야?

A I thought you were leaving.
B 너 없이는 어디에도 가지 않을 거야.

A I thought they were joking.
B 그들은 진지했어.

A 무슨 일이 있었던 거야? 그가 정말로 너에게 헤어지자고 했니?
B I thought he loved me.

I'm thinking about ~.
~을 생각 중이야.

생각·의견 말하기

mp3_004

I think ~.의 현재진행형 형태입니다. '~을 생각 중이야.', '~할까 생각하고 있어.'라고 하면서 현재 자신의 생각이 어떠한지를 말할 때 사용하는 패턴입니다. think 뒤에는 대체적으로 about을 많이 씁니다.

SPEAKING TRAINING

- **I'm thinking about** going to Europe.
  유럽에 갈까 생각 중이야.

- **I'm thinking about** calling him.
  그에게 전화를 걸까 생각 중이야.

- **I'm thinking about** going out with him.
  그와 데이트할까 생각 중이야. * go out with someone: ~와 데이트하다

- **I'm thinking about** what you did.
  네가 했던 행동에 대해서 생각 중이야.

- **I'm thinking about** changing the plan.
  계획을 변경할까 생각 중이야.

Always be ready to speak these sentences confidently!

SPEAKING PRACTICE

1. A: Do you have a plan for this summer vacation?
   B: 유럽에 갈까 생각 중이야.

   A 이번 여름 휴가에 대한 계획이 있니?
   B I'm thinking about going to Europe.

2. A: 그에게 전화를 걸까 생각 중이야.
   B: Call him. I think he's waiting for your call.

   A I'm thinking about calling him.
   B 그에게 전화해. 그는 네 전화를 기다리고 있을 거야.

3. A: Did he ask you out?
   B: 응, 그와 데이트할까 생각 중이야.

   A 그가 너에게 데이트 신청했니?
   B Yes, I'm thinking about going out with him.

4. A: 네가 했던 행동에 대해서 생각 중이야.
   B: Please, forget it. I made a mistake.

   A I'm thinking about what you did.
   B 제발 잊어 줘. 내가 실수했어.

5. A: 계획을 변경할까 생각 중이야.
   B: That sounds like a great idea.

   A I'm thinking about changing the plan.
   B 좋은 생각인 것 같아.

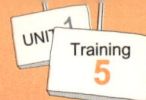

UNIT Training 5
I was thinking about ~.
~을 생각하고 있었어.

생각·의견 말하기

mp3_005

I think ~.의 과거진행형 형태입니다. '~을 생각하고 있었어.', '~할까 생각하고 있었어.' 라고 하면서 과거에 일시적으로 생각하고 있었던 일에 대해서 말할 때 쓰는 패턴입니다. "그러려고 생각하고 있었어." 라고 말할 때 한번 사용해 보세요.

SPEAKING TRAINING

- **I was thinking about** what you said to me.
  네가 나에게 했던 말을 생각하고 있었어.

- **I was thinking about** going to the market, too.
  나도 시장에 갈까 생각하고 있었어.

- **I was thinking about** the movie we saw last night. 우리가 어젯밤에 봤던 영화를 생각하고 있었어.

- **I was thinking about** quitting my job.
  일을 그만둘까 생각하고 있었어.

- **I was thinking about** telling you the truth.
  네게 사실을 말할까 생각하고 있었어.

> Always be ready to speak these sentences confidently!

SPEAKING PRACTICE

1. A: 네가 나에게 했던 말을 생각하고 있었어.
   B: What did I say to you?

2. A: Why don't we go to the market?
   B: 나도 시장에 갈까 생각하고 있었어.

3. A: 우리가 어젯밤에 봤던 영화를 생각하고 있었어.
   B: Did you like it? I really enjoyed it.

4. A: 일을 그만둘까 생각하고 있었어.
   B: Don't do that. It's hard to get a new job.

5. A: I'd like to hear the truth from you.
   B: 나는 네게 사실을 말할까 생각하고 있었어.

A I was thinking about what you said to me.
B 내가 너에게 뭐라고 말했지?

A 시장 갈래?
B I was thinking about going to the market, too.

A I was thinking about the movie we saw last night.
B 그 영화 괜찮았니? 나는 정말 좋았어.

A I was thinking about quitting my job.
B 그러지 마. 새 직장을 구하는 것은 힘들어.

A 네게서 사실을 듣고 싶어.
B I was thinking about telling you the truth.

It's time to review!

우리말 문장을 보고 영어 문장이 바로 나오는지 확인해 보세요! 안 되면, 다시 돌아가서 완벽하게 연습하는 것 아시죠? 완벽하게 말할 수 있을 때까지 열심히 연습하세요!

<u>STEP 1</u> 앞에서 배운 표현을 복습해 보세요!

01. 전에 그녀를 본 적이 있는 것 같아.
02. 나는 하루 쉬어야 할 것 같아.
03. 그는 그렇게 좋은 사람이 아닌 것 같은데.
04. 우리는 3시까지 거기에 도착하지 못할 것 같은데.
05. 그것이 공짜인 줄 알았어.
06. 그녀가 정직한 줄 알았어.
07. 그와 데이트할까 생각 중이야.
08. 네가 했던 행동에 대해서 생각 중이야.
09. 네가 나에게 했던 말을 생각하고 있었어.
10. 네게 사실을 말할까 생각하고 있었어.

Answers

01. I think I've seen her before.
02. I think I need to take a day off.
03. I don't think he's a very nice person.
04. I don't think we will get there by 3.
05. I thought it was free.
06. I thought she was honest.
07. I'm thinking about going out with him.
08. I'm thinking about what you did.
09. I was thinking about what you said to me.
10. I was thinking about telling you the truth.

STEP 2 새로운 문장 만들기에 도전해 보세요!

01. **I think ~.** ~인 것 같아.
    ① 그녀는 그럴 자격이 있는 것 같아.
    ② 그것이 합리적인 것 같아.

02. **I don't think ~.** ~은 아닌 것 같아.
    ① 그들은 진지하지 않은 것 같아.
    ② 그것이 좋은 생각은 아닌 것 같아.

03. **I thought ~.** ~인 줄 알았어.
    ① 네가 기분 상한 줄 알았어.
    ② 그들이 부부인 줄 알았어.

04. **I'm thinking about ~.** ~을 생각 중이야.
    ① 내 방을 청소할까 생각 중이야.
    ② 이혼할까 생각 중이야.

05. **I was thinking about ~.** ~을 생각하고 있었어.
    ① 그것을 포기할까 생각하고 있었어.
    ② 그와 대화해 볼까 생각하고 있었어.

Answers

01. ① I think she deserves it.
    ② I think it's reasonable.
02. ① I don't think they are serious.
    ② I don't think it's a good idea.
03. ① I thought you were upset.
    ② I thought they were a married couple.
04. ① I'm thinking about cleaning my room.
    ② I'm thinking about getting a divorce.
05. ① I was thinking about giving it up.
    ② I was thinking about talking to him.

I've been thinking about ~. ~을 계속 생각해 왔어.

생각 · 의견 말하기

mp3_006

I think ~.의 현재완료진행형 형태입니다. '~을 계속 생각해 왔어.', '~할까 계속 생각해 왔어.' 라고 하면서 예전부터 지금까지 어떤 것에 대한 생각을 계속 해 오고 있다고 말할 때 쓰는 패턴입니다. '어떤 행위를 할 지 말 지를 계속 고민해 왔다.' 라고 표현할 때 유용합니다.

SPEAKING TRAINING

- **I've been thinking about having lunch with them.**
  그들과 점심 식사를 할까 하고 계속 생각해 왔어.

- **I've been thinking about taking you to the party.**
  너를 파티에 데리고 갈까 하고 계속 생각해 왔어.   *take A to B: A를 B로 데리고 가다

- **I've been thinking about throwing him a going-away party.** 그에게 송별회를 해 줄까 하고 계속 생각해 왔어.

- **I've been thinking about buying a house.**
  집을 살까 하고 계속 생각해 왔어.

- **I've been thinking about moving out.**
  이사 나갈까 하고 계속 생각해 왔어.

Always be ready to speak these sentences confidently!

SPEAKING PRACTICE

1. A: 그들과 점심 식사를 할까 하고 계속 생각해 왔어.
   B: Can I join you?

2. A: I really want to go to the party.
   B: 너를 파티에 데리고 갈까 계속 생각해 왔어.

3. A: He's leaving for the USA.
   B: 그에게 송별회를 해 줄까 하고 계속 생각해 왔어.

4. A: 집을 살까 하고 계속 생각해 왔어.
   B: I bet you've saved a lot of money.

5. A: You've lived here for almost 10 years.
   B: 알아. 이사 나갈까 하고 계속 생각해 왔어.

A I've been thinking about having lunch with them.
B 내가 너희들과 같이 식사해도 돼?

A 나는 정말 파티에 가고 싶어.
B I've been thinking about taking you to the party.

A 그는 미국으로 떠날 거야.
B I've been thinking about throwing him a going-away party.

A I've been thinking about buying a house.
B 너 돈 많이 모았구나.

A 너는 여기서 거의 10년을 살았어.
B I know. I've been thinking about moving out.

I think you (should / have to / need to / gotta / had better ~).

네가 ~해야 한다고 생각해.

🎧 mp3_007

상대방에게 어떤 행위를 하라고 강하게 말할 때 쓰는 패턴입니다. had better는 어감이 많이 강해서 상대방에게 명령식으로 들릴 수도 있으므로 주의해서 써야 하고, 일반적으로는 should나 have to, need to, gotta를 많이 씁니다.

SPEAKING TRAINING

- **I think you** should work out.
  네가 운동을 해야 한다고 생각해.

- **I think you** have to take the exam.
  네가 시험을 봐야 한다고 생각해.

- **I think you** need to be honest with me.
  네가 나에게 솔직해야 한다고 생각해.

- **I think you** gotta do something for her.
  네가 그녀를 위해서 뭔가 해야 한다고 생각해.

- **I think you**'d better quit smoking for your health. 네가 건강을 위해서 담배를 끊어야 한다고 생각해.

Always be ready to speak these sentences confidently!

SPEAKING PRACTICE

1. A: I've gained some weight.
   B: 네가 운동을 해야 한다고 생각해.

2. A: 네가 시험을 봐야 한다고 생각해.
   B: I will definitely fail the test.

3. A: 네가 나에게 솔직해야 한다고 생각해.
   B: I'm always honest with you.

4. A: I think she's been having hard times.
   B: 네가 그녀를 위해서 뭔가 해야 한다고 생각해.

5. A: 네가 건강을 위해서 담배를 끊어야 한다고 생각해.
   B: I tried to quit smoking, but I couldn't.

A 살이 좀 쪘어.
B I think you should work out.

A I think you have to take the exam.
B 나는 분명히 시험을 망칠 거야.

A I think you need to be honest with me.
B 나는 항상 너에게 솔직해.

A 그녀는 요새 힘든 시간을 보내고 있어.
B I think you gotta do something for her.

A I think you'd better quit smoking for your health.
B 담배를 끊으려고 해 봤는데, 못 했어.

I'm afraid ~.
(미안하지만, 유감이지만) ~인 것 같아.

생각 · 의견 말하기

mp3_008

I think ~.와 I'm afraid ~.는 둘 다 '~인 것 같아.'라는 해석은 같지만, I'm afraid ~.는 보통 부정적인 상황에 대한 생각을 말할 때 쓰는 패턴입니다. 예를 들어, I'm afraid you just missed the bus. "(유감이지만) 너는 버스를 막 놓친 것 같구나."처럼 안타깝거나 부정적인 상황에서 '~인 것 같아.'를 표현할 때 씁니다.

SPEAKING TRAINING

- **I'm afraid** you missed the chance.
  (안타깝지만) 네가 기회를 놓친 것 같구나.

- **I'm afraid** it's not working.
  (안타깝지만) 이것이 작동하지 않는 것 같아.

- **I'm afraid** you made a big mistake.
  (유감이지만) 네가 큰 실수를 저지른 것 같아.

- **I'm afraid** all seats are already taken.
  (죄송하지만) 모든 좌석이 다 찬 것 같아요.

- **I'm afraid** she's not interested in you.
  (안타깝지만) 그녀는 너에게 관심이 없는 것 같아.

SPEAKING PRACTICE

1. A: Can I try it again?
   B: (안타깝지만) 네가 기회를 놓친 것 같구나.

   A 제가 그것을 다시 해 봐도 될까요?
   B I'm afraid you missed the chance.

2. A: (안타깝지만) 이것이 작동하지 않는 것 같아.
   B: We need to get it repaired.

   A I'm afraid it's not working.
   B 우리는 그것을 수리해야 해.

3. A: (유감이지만) 네가 큰 실수를 저지른 것 같아.
   B: How can I get it right?

   A I'm afraid you made a big mistake.
   B 어떻게 그것을 바로 잡을 수 있을까?

4. A: (죄송하지만) 모든 좌석이 다 찬 것 같아요.
   B: We should have come here earlier.

   A I'm afraid all seats are already taken.
   B 우리는 이곳에 좀 더 일찍 왔어야 했어요.

5. A: I will ask her out.
   B: (안타깝지만) 그녀는 너에게 관심이 없는 것 같아.

   A 나는 그녀에게 데이트 신청을 할 거야.
   B I'm afraid she's not interested in you.

UNIT 1 Training 9

I agree ~.

생각·의견 말하기 ~에 동의해.

mp3_009

I agree ~.는 다른 사람의 생각에 동의할 때 쓰는 패턴입니다. agree 동사는 뒤에 무엇이 (명사, 동사, 절) 이어지는 지에 따라서 문장 안에서 여러 가지 형태를 취할 수 있습니다. 예를 들어, **agree with**+명사 or 명사절 / **agree to**+동사 / **agree that**+절(주어+동사)의 형태를 띱니다.

SPEAKING TRAINING

- **I agree** with you. 네 의견에 동의해.

- **I agree** with what he said. 그가 했던 말에 동의해.

- **I agree** to give it a try.
  한번 시도해 보자는 것에 동의해. * give it a try = give it a shot: ~을 한번 시도해 보다

- **I agree** to give him another chance.
  그에게 다시 한 번 기회를 주자는 말에 동의해.

- **I agree** that we should accept her offer.
  우리가 그녀의 제안을 받아들여야 한다는 것에 동의해.

Always be ready to speak these sentences confidently!

SPEAKING PRACTICE

1. A: What do you think about my opinion?
   B: 네 의견에 동의해.

   A 내 의견에 대해서 어떻게 생각하니?
   B I agree with you.

2. A: 그가 했던 말에 동의해.
   B: Yeah, it sounded like a great idea.
   * sounds like ~: ~인 것 같다

   A I agree with what he said.
   B 그러게, 좋은 의견인 것 같더라.

3. A: 한번 시도해 보자는 것에 동의해.
   B: All right. Let's do our best.

   A I agree to give it a try.
   B 좋아. 최선을 다해 보자.

4. A: 그에게 다시 한 번 기회를 주자는 말에 동의해.
   B: We already gave him a lot of chances.

   A I agree to give him another chance.
   B 우리는 이미 그에게 많은 기회를 줬어.

5. A: 우리가 그녀의 제안을 받아들여야 한다는 것에 동의해.
   B: Actually, I don't.

   A I agree that we should accept her offer.
   B 사실, 나는 동의하지 않아.

I disagree ~.
~에 반대해.

UNIT Training **10**

생각 · 의견 말하기

mp3_010

I disagree ~.는 다른 사람의 생각에 반대할 때 쓰는 패턴입니다. disagree도 agree 동사와 마찬가지로 문장 안에서 disagree with+명사 or 명사절 / disagree to+동사 / disagree that+절(주어+동사) 등의 다양한 형태로 쓰입니다.

SPEAKING TRAINING

- I disagree with them. 그들의 의견에 반대해.

- I disagree with what she suggested.
  그녀가 제안했던 것에 반대해.

- I disagree to work on the project.
  난 프로젝트 작업에 반대해. *work on: ~을 작업하다, ~에 전념하다

- I disagree to start a new business.
  새로운 사업을 시작하는 것에 반대해.

- I disagree that we should work late.
  우리가 야근해야 한다는 것에 반대해.

SPEAKING PRACTICE

1. A: 그들의 의견에 반대해.
   B: It is impossible to do that.

   A I disagree with them.
   B 그렇게 하는 것은 불가능해.

2. A: 그녀가 제안했던 것에 반대해.
   B: Why don't you agree with her idea? I think it's brilliant!

   A I disagree with what she suggested.
   B 왜 그녀의 생각에 동의하지 않는 거야? 아주 좋은 생각인 것 같은데!

3. A: They told us to start working on the project.
   B: 난 프로젝트 작업에 반대해.

   A 그들은 우리에게 프로젝트 작업을 시작하라고 했어.
   B I disagree to work on the project.

4. A: What about opening a new restaurant?
   B: 새로운 사업을 시작하는 것에 반대해.

   A 새로운 음식점을 여는 것이 어때?
   B I disagree to start a new business.

5. A: 우리가 야근해야 한다는 것에 반대해.
   B: It makes us tired. Why don't we tell our boss about what we're thinking?

   A I disagree that we should work late.
   B 야근하면 피곤해. 상사에게 우리의 생각을 말해 보면 어떨까?

Practice Makes Perfect 2

It's time to review!

우리말 문장을 보고 영어 문장이 바로 나오는지 확인해 보세요! 안 되면, 다시 돌아가서 완벽하게 연습하는 것 아시죠? 완벽하게 말할 수 있을 때까지 열심히 연습하세요!

STEP 1 앞에서 배운 표현을 복습해 보세요!

01. 너를 파티에 데리고 갈까 하고 계속 생각해 왔어.

02. 이사 나갈까 하고 계속 생각해 왔어.

03. 네가 나에게 솔직해야 한다고 생각해.

04. 네가 건강을 위해서 담배를 끊어야 한다고 생각해.

05. (안타깝지만) 이것이 작동하지 않는 것 같아.

06. (죄송하지만) 모든 좌석이 다 찬 것 같아요.

07. 그가 했던 말에 동의해.

08. 한번 시도해 보자는 것에 동의해.

09. 그녀가 제안했던 것에 반대해.

10. 난 프로젝트 작업에 반대해.

Answers

01. I've been thinking about taking you to the party.
02. I've been thinking about moving out.
03. I think you need to be honest with me.
04. I think you'd better quit smoking for your health.
05. I'm afraid it's not working.
06. I'm afraid all seats are already taken.
07. I agree with what he said.
08. I agree to give it a try.
09. I disagree with what she suggested.
10. I disagree to work on the project.

STEP 2 새로운 문장 만들기에 도전해 보세요!

01. I've been thinking about ~. ~을 계속 생각해 왔어.

① 그와 헤어질까 하고 계속 생각해 왔어.

② 그들을 파티에 초대할까 하고 계속 생각해 왔어.

* invite A to B: A를 B에 초대하다

02. I think you (should/have to/need to/gotta/had better ~).
네가 ~해야 한다고 생각해.

① 네가 데이트를 위해서 옷을 멋지게 입어야 한다고 생각해.

* get dressed up for: ~를 위해 옷을 차려 입다

② 네가 우리의 저녁 만찬에 꼭 참석해야 한다고 생각해.

03 I'm afraid ~. (유감이지만, 안타깝지만) ~인 것 같아.

① 네가 이미 수업에 늦은 것 같아.

② 그녀가 널 두고 바람피우는 것 같아.

04. I agree ~. ~에 동의해.

① 우리가 이야기했던 것에 동의해.

② 거기에 가지 말자는 것에 동의해.

05. I disagree ~. ~에 반대해.

① 그들이 그곳으로 들어가야 한다는 것에 반대해.

② 사형 제도에 반대해.

Answers

01. ① I've been thinking about breaking up with him.
    ② I've been thinking about inviting them to the party.
02. ① I think you should get dressed up for the date.
    ② I think you have to join us for dinner.
03. ① I'm afraid you're already running late for the class.
    ② I'm afraid she's cheating on you.
04. ① I agree with what we talked about.
    ② I agree not to go there.
05. ① I disagree that they should go in there.
    ② I disagree with death penalty.

I want to ~.
~하고 싶어.

원하는 것 말하기 & 제안하기

🎧 mp3_011

자신이 어떤 행동을 하기를 원한다는 것을 표현할 때 가장 많이 쓰는 패턴입니다. 원어민들은 want to를 줄여서 wanna라고 발음하기도 합니다. 예를 들어서, "나는 영어를 공부하고 싶어."는 I want to study English. 라고 말합니다.

SPEAKING TRAINING

- I want to **figure it out.**
  그것을 해결하고 싶어. * figure out: (문제를) 해결하다, ~을 알아내다

- I want to **put this another way.**
  이것을 다른 방식으로 생각하고 싶어. * put A another way: A를 다른 방식으로 생각하다

- I want to **go for a walk.** 산책하고 싶어.

- I want to **get out of here.** 여기서 나가고 싶어.

- I want to **spend time with you.**
  너와 함께 시간을 보내고 싶어.

SPEAKING PRACTICE

1. A: We're stuck with the problem.
   B: 그것을 해결하고 싶어.

   A 우리는 그 문제로 꼼짝 못하고 있어.
   B I want to figure it out.

2. A: 이것을 다른 방식으로 생각하고 싶어.
   B: I agree with you. I think we need to think in a different way.

   A I want to put this another way.
   B 네 말에 동의해. 우리가 다른 방식으로 생각할 필요가 있는 것 같아.

3. A: 산책하고 싶어.
   B: Can I join you?

   A I want to go for a walk.
   B 내가 너와 같이 가도 될까?

4. A: 여기서 나가고 싶어.
   B: Why? Do you feel uncomfortable with this?

   A I want to get out of here.
   B 왜? 이 상황이 불편하니?

5. A: 너와 함께 시간을 보내고 싶어.
   B: I understand you. I've been really busy these days.

   A I want to spend time with you.
   B 너를 이해해. 내가 요새 무척 바빴어.

I don't want to ~.
~하고 싶지 않아.

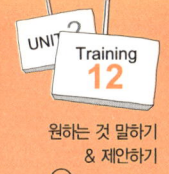

원하는 것 말하기 & 제안하기

mp3_012

I want to ~.의 부정형으로, 자신이 원하지 않는 일을 표현할 때 쓰는 패턴입니다. "나는 공부하고 싶지 않아." I don't want to study. "나는 그들과 함께 있고 싶지 않아." I don't want to stay with them.과 같이 어떤 일을 원하지 않음을 표현할 때 유용하게 쓰입니다.

SPEAKING TRAINING

- **I don't want to** hurt your feelings.
  너에게 상처 주고 싶지 않아.

- **I don't want to** hear it anymore.
  더 이상 그것을 듣고 싶지 않아.

- **I don't want to** get back to work.
  다시 일하러 돌아가고 싶지 않아. * get back to ~: ~로 다시 돌아가다

- **I don't want to** blame on you.
  너에게 책임을 전가하고 싶지 않아. * blame on A: A에게 책임을 전가하다

- **I don't want to** make an excuse for this.
  이것에 대해서 변명하고 싶지 않아. * make an excuse for ~: ~에 대해서 변명하다

SPEAKING PRACTICE

1. A: 너에게 상처 주고 싶지 않아.
   B: It's okay. I didn't hurt by what you said.

   A I don't want to hurt your feelings.
   B 괜찮아. 네 말에 상처 받지 않았어.

2. A: Do you have a moment?
   B: 더 이상 그것을 듣고 싶지 않아.

   A 잠깐 시간 있어?
   B I don't want to hear it anymore.

3. A: Break time's over! It's time to work!
   B: 다시 일하러 돌아가고 싶지 않아.

   A 쉬는 시간 끝! 일할 시간입니다!
   B I don't want to get back to work.

4. A: 너에게 책임을 전가하고 싶지 않아.
   B: It's all my fault.

   A I don't want to blame on you.
   B 그것은 전부 내 잘못이야.

5. A: Do you have something to say about this?
   B: 이것에 대해서 변명하고 싶지 않아.

   A 이번 일에 대해서 할 말이 있니?
   B I don't want to make an excuse for this.

I'd like to ~.
~하고 싶어요.

원하는 것 말하기 & 제안하기

mp3_013

I'd like to ~.는 I want to ~.와 마찬가지로 자신이 원하는 바를 말할 때 쓰는 패턴입니다. I want to ~.보다는 I'd like to ~.(I would like to의 줄임말)가 좀 더 격식을 갖춘 표현입니다. 식당에서 주문을 하거나 예약을 할 경우에 유용하게 쓰일 수 있으니 충분히 연습해 두세요.

SPEAKING TRAINING

- **I'd like to eat out tonight.** 오늘 밤 외식하고 싶어요.

- **I'd like to try this on.**
  이것을 입어 보고 싶어요. *try on: ~을 입어 보다

- **I'd like to order now.** 지금 주문하고 싶어요.

- **I'd like to make a reservation for a flight ticket.**
  비행기 표를 예약하고 싶습니다. *make a reservation: ~을 예약하다

- **I'd like to ask you something.**
  당신에게 뭔가를 물어보고 싶어요.

Always be ready to speak these sentences confidently!

SPEAKING PRACTICE

1. A: 오늘 밤 외식하고 싶어요.
   B: All right. Why don't we try something special?

   A I'd like to eat out tonight.
   B 좋아요. 뭔가 특별한 요리를 시도해 보는 것이 어때요?

2. A: 이것을 입어 보고 싶어요.
   B: Sure. Fitting room is right over there.

   A I'd like to try this on.
   B 네. 탈의실은 바로 저기에 있습니다.

3. A: When you're ready to order, please let me know.
   B: 지금 주문하고 싶어요.

   A 주문하실 준비가 되면, 알려 주세요.
   B I'd like to order now.

4. A: What can I help you?
   B: 비행기 표를 예약하고 싶습니다.

   A 무엇을 도와드릴까요?
   B I'd like to make a reservation for a flight ticket.

5. A: 당신에게 뭔가를 물어보고 싶어요.
   B: Go ahead.

   A I'd like to ask you something.
   B 어서 물어 보세요.

I'm dying to ~.

정말 ~하고 싶어.

원하는 것 말하기
& 제안하기

mp3_014

I want to ~. 혹은 I'd like to ~.와 같이 자신이 원하는 바를 표현할 때 쓰는 패턴이지만, '정말 ~하고 싶어.' 혹은 '~하고 싶어서 죽겠어.'처럼 자신이 하고 싶은 바를 강하게 표현할 때 주로 쓰입니다.

SPEAKING TRAINING

- **I'm dying to** see him. 그가 보고 싶어서 죽겠어.

- **I'm dying to** buy the MP3 player.
  MP3 플레이어를 정말 사고 싶어.

- **I'm dying to** see the musical.
  뮤지컬을 정말 보고 싶어.

- **I'm dying to** take a trip to Europe.
  유럽 여행을 정말 가고 싶어.

- **I'm dying to** see what's inside of the box.
  박스 안에 무엇이 있는지 정말 보고 싶어.

Always be ready to speak these sentences confidently!

SPEAKING PRACTICE

1. A: Do you miss him?
   B: 응! 그가 보고 싶어서 죽겠어.

   A 그가 보고 싶니?
   B Yeah! I'm dying to see him.

2. A: MP3 플레이어를 정말 사고 싶어.
   B: Do you have enough money for that?

   A I'm dying to buy the MP3 player.
   B 그것을 살 만한 충분한 돈이 있는 거야?

3. A: Have you seen the musical? It's amazing!
   B: 아니, 아직. 뮤지컬을 정말 보고 싶어.

   A 뮤지컬 봤니? 정말 재미있어!
   B No, not yet. I'm dying to see the musical.

4. A: 유럽 여행을 정말 가고 싶어.
   B: Why don't we go together?

   A I'm dying to take a trip to Europe.
   B 우리 함께 가는 게 어때?

5. A: I heard there's something special in the box.
   B: 박스 안에 무엇이 있는지 정말 보고 싶어.

   A 박스 안에 뭔가 특별한 것이 있다고 들었어.
   B I'm dying to see what's inside of the box.

Training 15
I'm interested in ~.
~에 관심이 있어.

원하는 것 말하기 & 제안하기

🎧 mp3_015

'~에 관심이나 흥미가 있어.' 라는 뜻으로, 자연스럽게 자신이 좋아하는 인물이나 대상을 말하는 패턴입니다. in 뒤에는 단순 명사나 동명사 형태가 온다는 것 잊지 마세요!

SPEAKING TRAINING

- **I'm interested in her.** 그녀에게 관심이 있어.

- **I'm interested in this company.**
  이 회사에 관심이 있어.

- **I'm interested in making a lot of money.**
  돈을 많이 버는 것에 관심이 있어.

- **I'm interested in learning languages.**
  언어를 배우는 것에 관심이 있어.

- **I'm interested in social welfare.**
  사회 복지에 관심이 있어.

Always be ready to speak these sentences confidently!

SPEAKING PRACTICE

1. A: You seem to like her.
   B: 그녀에게 관심이 있어.

2. A: 이 회사에 관심이 있어.
   B: Actually, my boyfriend works at the company.

3. A: 돈을 많이 버는 것에 관심이 있어.
   B: You'd better get a job first.

4. A: 언어를 배우는 것에 관심이 있어.
   B: Do you have any languages that you can speak?

5. A: 사회 복지에 관심이 있어.
   B: We need to get to know about it.

   * get to know: ~에 대해서 알게 되다

A 너는 그녀를 좋아하는 것처럼 보여.
B I'm interested in her.

A I'm interested in this company.
B 사실, 내 남자 친구가 그 회사에서 근무해.

A I'm interested in making a lot of money.
B 먼저 취업부터 해.

A I'm interested in learning languages.
B 구사할 수 있는 외국어가 있니?

A I'm interested in social welfare.
B 우리는 그것을 알 필요가 있어.

Practice Makes Perfect 3

It's time to review!

우리말 문장을 보고 영어 문장이 바로 나오는지 확인해 보세요! 안 되면, 다시 돌아가서 완벽하게 연습하는 것 아시죠? 완벽하게 말할 수 있을 때까지 열심히 연습하세요!

STEP 1 앞에서 배운 표현을 복습해 보세요!

01. 그것을 해결하고 싶어.
02. 여기서 나가고 싶어.
03. 너에게 상처 주고 싶지 않아.
04. 너에게 책임을 전가하고 싶지 않아.
05. 이것을 입어 보고 싶어요.
06. 당신에게 뭔가를 물어 보고 싶어요.
07. 그가 보고 싶어서 죽겠어.
08. 박스 안에 무엇이 있는지 정말 보고 싶어.
09. 돈을 많이 버는 것에 관심이 있어.
10. 언어를 배우는 것에 관심이 있어.

Answers
01. I want to figure it out.
02. I want to get out of here.
03. I don't want to hurt your feelings.
04. I don't want to blame on you .
05. I'd like to try this on.
06. I'd like to ask you something.
07. I'm dying to see him.
08. I'm dying to see what's inside of the box.
09. I'm interested in making a lot of money.
10. I'm interested in learning languages.

STEP 2 새로운 문장 만들기에 도전해 보세요!

01. I want to ~. ~하고 싶어.
  ❶ 그가 왜 내게 화났었는지 알고 싶어.
  ❷ 취하고 싶어.

02. I don't want to ~. ~하고 싶지 않아.
  ❶ 너에게 소리지르고 싶지 않아.
  ❷ 그것을 그런 방식으로 하고 싶지 않아.

03. I'd like to ~. ~하고 싶어요.
  ❶ 여러분께 제 소개를 해 드리고 싶습니다.
  ❷ 당신에게 이것에 대해 사과하고 싶습니다.

04. I'm dying to ~. 정말 ~하고 싶어.
  ❶ 정말 결혼하고 싶어.
  ❷ 내 일을 그만 두고 싶어.

05. I'm interested in ~. ~에 관심이 있어.
  ❶ 사회 문제에 관심이 있어.
  ❷ 한국 전통 문화에 관심이 있어.

Answers

01. ❶ I want to know why he got angry at me.
    ❷ I want to get drunk.
02. ❶ I don't want to yell at you.
    ❷ I don't want to do it that way.
03. ❶ I'd like to introduce myself to you.
    ❷ I'd like to apologize to you for this.
04. ❶ I'm dying to get married.
    ❷ I'm dying to quit my job.
05. ❶ I'm interested in social issues.
    ❷ I'm interested in traditional Korean culture.

I'm into ~.
나는 ~에 푹 빠져 있어.

원하는 것 말하기 & 제안하기

mp3_016

I'm into ~.는 무엇인가에 푹 빠져 있고, 몰두해 있다는 것을 표현할 때 쓰는 패턴입니다. I'm interested in ~.과 쓰임새는 비슷하지만 어떤 것에 관심이 있는 정도가 아니라, 그것에 완전히 몰입하고 있다는 것을 강조할 때 쓰입니다. I'm crazy about ~.과 바꿔 쓸 수 있을 정도로 '무엇에 완전히 빠져 있다.'를 말할 때 유용합니다.

SPEAKING TRAINING

- I'm into **him**. 나는 그에게 푹 빠져 있어.
- I'm into **playing computer games.**
  나는 컴퓨터 게임에 푹 빠져 있어.
- I'm into **working out**. 나는 운동에 푹 빠져 있어.
- I'm into **learning English**. 나는 영어 공부에 푹 빠져 있어.
- I'm into **spicy food**. 나는 매운 음식에 푹 빠져 있어.

Always be ready to speak these sentences confidently!

SPEAKING PRACTICE

1. A: What do you think about him? Do you like him?
   B: 나는 그에게 푹 빠져 있어.

   A 그에 대해서 어떻게 생각해? 그를 좋아하니?
   B I'm into him.

2. A: 나는 컴퓨터 게임에 푹 빠져 있어.
   B: You gotta stop it. You need to spend more time on studying.

   A I'm into playing computer games.
   B 너는 그것을 그만 둬야 해. 너는 공부하는 데 더 많은 시간을 써야 해.

3. A: 나는 운동에 푹 빠져 있어.
   B: That's why you look great. You look like you've lost some weight.

   A I'm into working out.
   B 그래서 네가 멋져 보였구나. 너 살 좀 빠진 것 같아 보여.

4. A: Are you still going to the English class these days?
   B: 물론이지. 나는 영어 공부에 푹 빠져 있어.

   A 너는 요즘도 영어 수업을 들으러 다니니?
   B Of course. I'm into learning English.

5. A: What kind of food do you like?
   B: 나는 매운 음식에 푹 빠져 있어.

   A 너는 어떤 음식을 좋아하니?
   B I'm into spicy food.

Training 17

Why don't you ~?
~하는 것이 어때?

원하는 것 말하기 & 제안하기

mp3_017

상대방에게 어떤 행동을 할 것을 제안, 권유할 때 쓰는 패턴입니다. **Why don't you get ready for lunch?** "점심식사를 준비하는 것이 어때?"처럼 상대방에게 어떤 행동을 하라고 부드럽게 권할 때 유용하게 쓰입니다.

SPEAKING TRAINING

- **Why don't you** come over to my office tomorrow?
  내일 내 사무실로 오는 것이 어때?

- **Why don't you** give it another shot?
  다시 한번 시도해 보는 것이 어때? * give it a shot: 한번 시도해 보다 = give it a try

- **Why don't you** have lunch with me tomorrow?
  나와 내일 점심 식사를 같이 하는 게 어때?

- **Why don't you** find a new place to live?
  살 새 집을 찾아 보는 것이 어때?

- **Why don't you** grow up?
  나이 값 좀 하는 게 어때? * 성인에게 grow up이란 표현을 쓰는 것은 '더 성숙해져라' 라는 뜻임

Always be ready to speak these sentences confidently!

SPEAKING PRACTICE

1. A: I have something to ask you. When can I visit you?
   B: 내일 내 사무실로 오는 것이 어때?

   A 당신에게 물어 볼 것이 있어요. 언제 찾아 뵐 수 있을까요?
   B Why don't you come over to my office tomorrow?

2. A: 다시 한번 시도해 보는 것이 어때?
   B: I don't think I can do it.

   A Why don't you give it another shot?
   B 나는 그것을 할 수 있을 것 같지 않아.

3. A: Let's have lunch sometime.
   B: 나와 내일 점심 식사를 같이 하는 게 어때?

   A 언제 점심식사 같이 하자.
   B Why don't you have lunch with me tomorrow?

4. A: It's so noisy around my house.
   B: 살 새 집을 찾아 보는 것이 어때?

   A 우리집 주변이 너무 시끄러워.
   B Why don't you find a new place to live?

5. A: 나이 값 좀 하는 게 어때?
   B: I'm doing just fine. You should care about yourself.

   A Why don't you grow up?
   B 나는 제대로 잘 하고 있어. 너 스스로에게 나 신경 써.

How about ~?
What about ~?
~하는 것이 어때?

Training 18

원하는 것 말하기
& 제안하기

mp3_018

Why don't you ~?와 마찬가지로 상대방에게 제안하거나 권유할 때 많이 쓰는 패턴입니다.
about이 전치사이기 때문에 뒤에 단순 명사나 동명사가 온다는 점에 유의하세요.

SPEAKING TRAINING

- How about going to the movies tonight?
  오늘 밤 영화 보러 가는 것이 어때?

- What about having a party this weekend?
  이번 주말에 파티를 여는 게 어때?

- How about working on the project together?
  프로젝트를 같이 해 보면 어때?

- What about learning how to drive?
  운전하는 법을 배우는 것이 어때?

- How about complaining about it?
  그것에 대해서 불만을 말해 보는 것이 어때?

SPEAKING PRACTICE

1. A: 오늘 밤 영화 보러 가는 것이 어때?
   B: I think I can't.

2. A: We need to get together this weekend.
   B: 좋아. 이번 주말에 파티를 여는 게 어때?

3. A: I'm having difficulties to finish the project.
   B: 프로젝트를 같이 해 보면 어때?

4. A: 운전하는 법을 배우는 것이 어때?
   B: Although I learn how to drive, I don't have money to buy a car.

5. A: The waiter at the restaurant treated us so bad.
   B: 그것에 대해서 불만을 말해 보는 것이 어때?

A How about going to the movies tonight?
B 그럴 수 없을 것 같아.

A 우리는 이번 주말에 다 같이 모여야 해.
B That will be good. What about having a party this weekend?

A 프로젝트를 끝내는데 어려움이 있어.
B How about working on the project together?

A What about learning how to drive?
B 내가 운전하는 법을 배워도, 차 살 돈이 없어.

A 음식점의 웨이터가 우리를 너무 함부로 대했어.
B How about complaining about it?

Training 19: Let's ~.
~하자.

원하는 것 말하기 & 제안하기

상대방에게 어떤 행동을 함께 하자고 제안할 때 쓰는 패턴입니다. Let's ~.의 부정문은 Let's not ~.입니다. 즉, "영화 보자."는 Let's see a movie.로, "영화 보지 말자."는 Let's not see a movie.로 말할 수 있습니다.

SPEAKING TRAINING

- Let's keep it a secret. 그것을 비밀로 하자.
- Let's take a break time. 쉬는 시간을 갖자.
- Let's take some pictures. 사진 몇 장 찍자.
- Let's forget about it. 그것에 대해선 잊어버리자.
- Let's be honest with ourselves.
  우리 스스로에게 솔직해지자.

Always be ready to speak these sentences confidently!

SPEAKING PRACTICE

1. A: 그것을 비밀로 하자.
   B: Of course. If they find it out, they will be really mad at us.

   A Let's keep it a secret.
   B 당연하지. 그들이 그것을 알게 된다면, 우리에게 무척 화낼 거야.

2. A: I've been all tied up with work all day.
   * be all tied up with ~: ~에 얽매여 있다
   B: 쉬는 시간을 갖자.

   A 나는 온종일 일 때문에 꼼짝하지 못했어.
   B Let's take a break time.

3. A: We need something to remind us of the good memories.
   * remind A of B: A에게 B를 떠오르게 하다
   B: 사진 몇 장 찍자.

   A 우리에게 좋은 기억들을 상기시켜 줄 뭔가가 필요해.
   B Let's take some pictures.

4. A: 그것에 대해선 잊어버리자.
   B: I can't get it out of my mind.

   A Let's forget about it.
   B 나는 그것을 내 마음에서 지울 수 없어.

5. A: 우리 스스로에게 솔직해지자.
   B: Okay. Honestly, I've never been happy with you.

   A Let's be honest with ourselves.
   B 그래. 솔직히, 난 너와 행복했던 적이 없어.

I suggest we ~.
~해 보자.

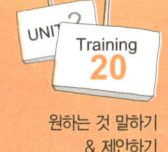

원하는 것 말하기
& 제안하기

mp3_020

'~해 보자.'라고 하면서 상대방에게 함께 ~할 것을 제안하는 패턴입니다. 다만 문장에서 suggest가 쓰이면 바로 다음에 이어지는 문장의 동사 앞에는 should가 생략되어 있기 때문에 주어 다음에는 반드시 동사원형을 써야 합니다.

SPEAKING TRAINING

- **I suggest we** go over the project again.
  프로젝트를 다시 검토해 보자. *go over: ~을 검토하다

- **I suggest we** get prepared for that.
  그것에 대해 준비해 두자. *get prepared for ~: ~에 대해서 준비하다

- **I suggest we** leave now. 지금 떠나자.

- **I suggest we** make a right turn. 우회전 하자.

- **I suggest we** go on a diet. 다이어트하자.

SPEAKING PRACTICE

1. A: 프로젝트를 다시 검토해 보자.
   B: Do we have enough time for that?

   A I suggest we go over the project again.
   B 우리가 그렇게 할 충분한 시간이 있니?

2. A: 그것에 대해서 준비해 두자.
   B: Yeah, we'd better be ready for that.

   A I suggest we get prepared for that.
   B 그래, 우리는 그것에 대해서 준비하는 게 좋겠어.

3. A: Do we really have to stay here?
   B: 지금 떠나자.

   A 우리가 정말 여기에 있어야 하니?
   B I suggest we leave now.

4. A: Where are we supposed to go?
   B: 우회전 하자.

   A 우리는 어디로 가야 하지?
   B I suggest we make a right turn.

5. A: 다이어트하자.
   B: That's a great idea. We can start eating less and working out more.

   A I suggest we go on a diet.
   B 좋은 생각이야. 우리는 덜 먹고 더 많이 운동하는 것으로 시작할 수 있어.

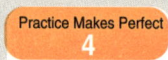

It's time to review!

우리말 문장을 보고 영어 문장이 바로 나오는지 확인해 보세요! 안 되면, 다시 돌아가서 완벽하게 연습하는 것 아시죠? 완벽하게 말할 수 있을 때까지 열심히 연습하세요!

<u>STEP 1</u> 앞에서 배운 표현을 복습해 보세요!

01. 나는 컴퓨터 게임에 푹 빠져 있어.
02. 나는 영어 공부에 푹 빠져 있어.
03. 다시 한번 시도해 보는 것이 어때?
04. 살 새 집을 찾아 보는 것이 어때?
05. 이번 주말에 파티를 여는 게 어때?
06. 그것에 대해서 불만을 말해 보는 것이 어때?
07. 쉬는 시간을 갖자.
08. 우리 스스로에게 솔직해지자.
09. 프로젝트를 다시 검토해 보자.
10. 다이어트 하자.

Answers
01. I'm into playing computer games.
02. I'm into learning English.
03. Why don't you give it another shot?
04. Why don't you find a new place to live?
05. What about having a party this weekend?
06. How about complaining about it?
07. Let's take a break time.
08. Let's be honest with ourselves.
09. I suggest we go over the project again.
10. I suggest we go on a diet.

STEP 2 새로운 문장 만들기에 도전해 보세요!

01. **I'm into ~ .** 나는 ~에 푹 빠져 있어.
    ❶ 나는 온라인 쇼핑에 푹 빠져 있어.
    ❷ 나는 무서운 영화에 푹 빠져 있어.

02. **Why don't you ~ ?** ~하는 것이 어때?
    ❶ 오늘 밤에 나에게 전화하는 것이 어때?
    ❷ 내 얘기를 먼저 들어 보는 것이 어때?

03. **How about ~ ? What about ~ ?** ~ 하는 것이 어때?
    ❶ 휴가 가는 것이 어때?
    ❷ 진실을 숨기는 것이 어때?

04. **Let's ~ .** ~하자.
    ❶ 수영하러 가자.
    ❷ 그것에 대해 말하지 말자.

05. **I suggest we ~ .** ~해 보자.
    ❶ 이 일에 대해서 사과하자.
    ❷ 다 같이 모이자.

Answers

01. ❶ I'm into online shopping.
    ❷ I'm into scary movies.
02. ❶ Why don't you give me a call tonight?
    ❷ Why don't you listen to me first?
03. ❶ How about going on a vacation?
    ❷ What about hiding the truth?
04. ❶ Let's go for a swim.
    ❷ Let's not talk about it.
05. ❶ I suggest we apologize for this.
    ❷ I suggest we get together.

UNIT 3 Training 21

I believe ~.

내 의견 말하기 ~라고 생각해.

🎧 mp3_021

I think ~.와 마찬가지로 자신의 생각을 표현할 때 쓰는 패턴이지만, '(확실히) ~라고 생각해.' '~라고 믿어.' 라고 하면서 I think ~.보다는 좀 더 강력하게 자신의 생각을 표현할 때 쓰입니다.

SPEAKING TRAINING

- **I believe** it's a great idea. 그것이 좋은 아이디어이라고 생각해.

- **I believe** he's guilty. 나는 그가 유죄라고 생각해.

- **I believe** this will work.
  이것이 효과가 있을 거라고 생각해. *work: ~이 효과가 있다, 제대로 작동하다

- **I believe** you will make it.
  너는 분명히 해낼 거라고 생각해. *make it: (힘든 일 등을) 해내다

- **I believe** they're going to get over the difficulties. 그들이 어려움들을 극복할 거라고 생각해.

Always be ready to speak these sentences confidently!

SPEAKING PRACTICE

1. A: What do you think about the idea he mentioned?
   B: 그것이 좋은 아이디어라고 생각해.

   A 그가 말했던 아이디어에 대해서 어떻게 생각해?
   B I believe it's a great idea.

2. A: Everybody thinks he's innocent.
   B: 나는 그가 유죄라고 생각해.

   A 모든 사람들이 그가 결백하다고 생각해.
   B I believe he's guilty.

3. A: 이것이 효과가 있을 거라고 생각해.
   B: Okay. I will try to see if it works.

   A I believe this will work.
   B 좋아. 그것이 효과가 있는지 없는지 봐야겠어.

4. A: I'm afraid I might fail the exam. This has to be the last time I'll take it.
   B: 너는 분명히 해낼 거라고 생각해.

   A 시험에 떨어질까 봐 두려워. 이번이 그 시험을 보는 마지막이 되어야만 해.
   B I believe you will make it.

5. A: They have been going through some difficulties. *go through: 힘든 일을 겪다, 이겨 내다
   B: 그들이 어려움들을 극복할 거라고 생각해.

   A 그들은 힘든 일들을 겪어 왔어.
   B I believe they're going to get over the difficulties.

I'm sure ~.
~라고 확신해.

내 의견 말하기

mp3_022

'~라고 확신해.'라고 하면서 I believe ~.와 마찬가지로 자신의 의견을 강력하게 표현할 때 쓰는 패턴입니다. "내가 장담해."라고 말할 때 이 패턴을 사용해 보세요.

SPEAKING TRAINING

- **I'm sure** she's having an affair.
  그녀가 바람피우고 있다고 확신해.

- **I'm sure** they're very nice people.
  그들이 정말 좋은 사람들이라고 확신해.

- **I'm sure** your English will be improved.
  너의 영어 실력이 향상될 거라고 확신해.

- **I'm sure** we've met before.
  우리가 전에 만난 적이 있다고 확신해요.

- **I'm sure** he's leaving soon.
  그가 곧 떠날 거라고 확신해.

Always be ready to speak these sentences confidently!

SPEAKING PRACTICE

1. A: 그녀가 바람피우고 있다고 확신해.
   B: What can we do? Do you think we have to tell her husband?

   A I'm sure she's having an affair.
   B 우리가 무엇을 할 수 있을까? 우리가 그녀의 남편에게 말해야 한다고 생각하니?

2. A: 그들이 정말 좋은 사람들이라고 확신해.
   B: Great! I'm going to work with them soon.

   A I'm sure they're very nice people.
   B 잘됐다! 나는 곧 그들과 함께 일하게 될 거야.

3. A: It's very hard to learn English.
   B: 걱정 마. 너의 영어 실력이 향상될 거라고 확신해.

   A 영어를 배우는 것은 정말 어려워.
   B Don't worry. I'm sure your English will be improved.

4. A: You look familiar.
   B: 우리가 전에 만난 적이 있다고 확신해요.

   A 당신은 친숙한 얼굴이네요.
   B I'm sure we've met before.

5. A: 그가 곧 떠날 거라고 확신해.
   B: I think we need to do something for him.

   A I'm sure he's leaving soon.
   B 우리는 그를 위해서 뭔가 해야 할 것 같아.

UNIT Training 23

I bet ~.
~라고 확신해.

내 의견 말하기

🎧 mp3_023

I'm sure ~.와 마찬가지로, '~라고 확신해.' 라고 말하며 자신의 의견을 강력하게 표현할 때 쓰는 패턴입니다. I bet ~.은 문어체에서는 거의 쓰지 않고 회화체에서만 가볍게 쓰입니다.

SPEAKING TRAINING

- **I bet he stole it.** 그가 그것을 훔쳤다고 확신해.

- **I bet everything's gonna be fine.**
  모든 것이 다 잘 될 거라고 확신해.

- **I bet I will regret it.** 내가 그것을 후회할 거라고 확신해.

- **I bet you can't afford it.**
  네가 그것을 살 돈이 없다고 확신해. *afford: ~을 살 만한 돈이 있다, ~을 살 만한 여유가 있다

- **I bet she lied to me.**
  그녀가 나에게 거짓말을 했다고 확신해.

Always be ready to speak these sentences confidently!

SPEAKING PRACTICE

1. A: Who stole my purse?
   B: 그가 그것을 훔쳤다고 확신해.

   A 누가 내 지갑을 훔쳤니?
   B I bet he stole it.

2. A: 모든 것이 다 잘 될 거라고 확신해.
   B: I hope so.

   A I bet everything's gonna be fine.
   B 나도 그렇게 되길 바래.

3. A: I think you just made a terrible mistake.
   B: 내가 그것을 후회할 거라고 확신해.

   A 네가 큰 실수를 저지른 것 같아.
   B I bet I will regret it.

4. A: I am eager to have it.
   *be eager to: ~하기를 열망하다
   B: 네가 그것을 살 돈이 없다고 확신해.

   A 나는 그것을 무척 갖고 싶어.
   B I bet you can't afford it.

5. A: Do you believe what she said to you?
   B: 그녀가 나에게 거짓말을 했다고 확신해.

   A 그녀가 너에게 했던 말을 믿니?
   B I bet she lied to me.

I hope ~.
~이길 바래.

희망 말하기

mp3_024

'~라면 좋겠어.', '~이길 바래.' 라고 하면서 실현 가능성이 있는 일들에 대한 자신의 희망을 말할 때 쓰는 패턴입니다. 미래의 일에 대한 희망을 나타낼 경우에는 I hope 뒤에 will을 써서 말합니다.

SPEAKING TRAINING

- **I hope** we will spend some time together.
  우리가 시간을 함께 보내길 바래.

- **I hope** I can take the class with you.
  너와 수업을 같이 들을 수 있으면 좋겠어.

- **I hope** they will take care of my children.
  그들이 나의 아이들을 돌봐 주길 바래.

- **I hope** I can figure it out.
  내가 그것을 알아낼 수 있길 바래. * figure out: 이해하다, 해결하다, (문제의 답 등을) 알아내다

- **I hope** I will get rid of a bad habit.
  나는 나쁜 습관을 고치면 좋겠어. * get rid of the bad habit: 나쁜 습관을 고치다

Always be ready to speak these sentences confidently!

SPEAKING PRACTICE

1. A: 우리가 시간을 함께 보내길 바래.
   B: Of course, we can do that. Would you like to have dinner with me?

   A **I hope** we will spend some time together.
   B 물론, 그렇게 할 수 있어. 나와 저녁식사 같이 할래?

2. A: 너와 수업을 같이 들을 수 있으면 좋겠어.
   B: I hope so.

   A **I hope** I can take the class with you.
   B 나도 그렇게 되길 바래.

3. A: There's no one who can take care of my children.
   B: 그들이 아이들을 돌봐 주길 바래.

   A 내 아이들을 돌봐 줄 수 있는 사람이 없어.
   B **I hope** they will take care of children.

4. A: It's hard to find the answer.
   B: 내가 그것을 알아낼 수 있길 바래.

   A 답을 찾기가 힘들어.
   B **I hope** I can figure it out.

5. A: 나는 나쁜 습관을 고치면 좋겠어.
   B: It may take some time to do it.

   A **I hope** I will get rid of the bad habit.
   B 그렇게 하는데 시간이 좀 걸릴 지도 몰라.

Training 25: I wish ~.

희망 말하기 — ~라면 얼마나 좋을까.

🎧 mp3_025

'~라면 얼마나 좋을까.'라고 하면서 현실적으로 이루어지기 힘든 일을 이야기할 때 쓰는 패턴입니다. I hope ~.는 현실적으로 이루어질 수 있는 일을 이야기 할 때 쓰는 패턴이지만, I wish ~.는 이루어지기 힘든 소망을 표현합니다. 불가능한 일에 대해서 소망하는 가정된 표현이기 때문에 가정법과 마찬가지로 현재에 대한 소망은 과거동사를, 과거에 대한 소망은 과거완료 동사를 씁니다.

SPEAKING TRAINING

- **I wish** I knew that. 그것을 알면 얼마나 좋을까.

- **I wish** I didn't have to go to school.
  학교에 갈 필요가 없다면 얼마나 좋을까.

- **I wish** I could get it. 그것을 갖게 되면 얼마나 좋을까.

- **I wish** you had been there.
  네가 거기에 있었다면 얼마나 좋았을까.

- **I wish** they had accepted his offer.
  그들이 그의 제안을 받아들였다면 얼마나 좋았을까.

Always be ready to speak these sentences confidently!

SPEAKING PRACTICE

1. A: We need to find out what's going on there.
   B: 그것을 알면 얼마나 좋을까.

   A 우리는 거기서 무슨 일이 벌어지고 있는지 알아내야만 해.
   B I wish I knew that.

2. A: You have a test today.
   B: 학교에 갈 필요가 없다면 얼마나 좋을까.

   A 너 오늘 시험 보는 날이지.
   B I wish I didn't have to go to school.

3. A: The diamond is so beautiful.
   B: 그것을 갖게 되면 얼마나 좋을까.

   A 그 다이아몬드는 정말 예뻐.
   B I wish I could get it.

4. A: How was the party without me?
   B: 네가 거기에 있었다면 얼마나 좋았을까.

   A 나 없이 파티는 어땠어?
   B I wish you had been there.

5. A: I heard they rejected his offer.
   B: 그들이 그의 제안을 받아들였다면 얼마나 좋았을까.

   A 그들이 그의 제안을 거절했다고 들었어.
   B I wish they had accepted his offer.

Practice Makes Perfect 5

It's time to review!

우리말 문장을 보고 영어 문장이 바로 나오는지 확인해 보세요! 안 되면, 다시 돌아가서 완벽하게 연습하는 것 아시죠? 완벽하게 말할 수 있을 때까지 열심히 연습하세요!

STEP 1 앞에서 배운 표현을 복습해 보세요!

01. 그것이 좋은 아이디어라고 생각해.
02. 너는 분명히 해낼 거라고 생각해.
03. 그녀가 바람피우고 있다고 확신해.
04. 우리가 전에 만난 적이 있다고 확신해요.
05. 모든 것이 다 잘 될 거라고 확신해.
06. 그녀가 나에게 거짓말을 했다고 확신해.
07. 너와 수업을 같이 들을 수 있으면 좋겠어.
08. 나는 나쁜 습관을 고치면 좋겠어.
09. 학교에 갈 필요가 없다면 얼마나 좋을까.
10. 네가 거기에 있었다면 얼마나 좋았을까.

Answers

01. I believe it's a great idea.
02. I believe you will make it.
03. I'm sure she's having an affair.
04. I'm sure we've met before.
05. I bet everything's gonna be fine.
06. I bet she lied to me.
07. I hope I can take the class with you.
08. I hope I will get rid of the bad habit.
09. I wish I didn't have to go to school.
10. I wish you had been there.

STEP 2 새로운 문장 만들기에 도전해 보세요!

01. **I believe ~ .** ~라고 생각해.
    ① 나는 그것을 전에 확인했다고 생각해.
    ② 그들이 다시 시작할 수 있다고 생각해.

02. **I'm sure ~ .** ~라고 확신해.
    ① 나는 담배를 끊을 수 있다고 확신해.
    ② 그들이 나를 위해서 이 문제를 처리해 줄 수 있다고 확신해.

03. **I bet ~ .** ~라고 확신해.
    ① 네가 그랬을 거라고 확신해.
    ② 네가 즐거운 시간을 보냈을 거라고 확신해.

04. **I hope ~ .** ~이길 바래.
    ① 내가 영어를 유창하게 말할 수 있기를 바래.
    ② 그들이 사이좋게 잘 지낼 수 있기를 바래.

05. **I wish ~ .** ~라면 얼마나 좋을까.
    ① 복권에 당첨된다면 얼마나 좋을까.
    ② 너 없이 그것을 할 수 있었다면 얼마나 좋았을까.

Answers

01. ① I believe I checked it before.
    ② I believe they can start things over.
02. ① I'm sure I can quit smoking.
    ② I'm sure they can deal with this problem for me.
03. ① I bet you did it.
    ② I bet you had a wonderful time.
04. ① I hope I can speak English fluently.
    ② I hope they can get along well.
05. ① I wish I won the lottery.
    ② I wish I could've done it without you.

It looks(seems) ~.
~인 것 같아.

추측하기

mp3_026

무엇을 보고 '~인 것 같아.', '~한 것 같아.' 라고 판단할 때 It looks ~.나 It seems ~.의 패턴을 씁니다. look, seem 뒤에 무엇이 나오느냐에 따라서 패턴의 형태가 바뀐다는 것에 유의하세요. It looks(seems) 형용사 ~. / It looks(seems) like 명사 or 절(주어+동사) ~.의 형태입니다.

SPEAKING TRAINING

- It looks good. 좋아 보이는데.

- It seems great on you.
  너에게 잘 어울리는 것 같아. * seem(look) great on ~: ~에게 잘 어울리다

- It looks like an amazing plan. 좋은 계획인 것 같아.

- It seems like you have something to tell me.
  너는 내게 뭔가 할 말이 있는 것 같아.

- It looks like they don't get along.
  그들은 잘 어울리지 못하는 것 같아.

Always be ready to speak these sentences confidently!

SPEAKING PRACTICE

1. A: Look what I've made.
   B: 좋아 보이는데!

   A 내가 만든 것을 봐.
   B It looks good!

2. A: What do you think about this dress?
   B: 너에게 잘 어울리는 것 같아.

   A 이 드레스에 대해서 어떻게 생각해?
   B It seems great on you.

3. A: Have you seen the plan for the summer vacation?
   B: 응. 좋은 계획인 것 같아.

   A 여름 휴가에 대한 계획 봤어?
   B Yes. It looks like an amazing plan.

4. A: 너는 내게 뭔가 할 말이 있는 것 같아.
   B: Actually, I do. Do you have a minute?

   A It seems like you have something to tell me.
   B 사실, 그래. 잠깐 시간 있니?

5. A: 그들은 잘 어울리지 못하는 것 같아.
   B: I often see that they argue.

   A It looks like they don't get along.
   B 그들이 말다툼하는 것을 자주 보게 돼.

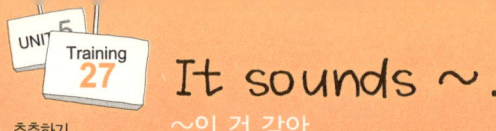

It sounds ~.

~인 것 같아.

추측하기

mp3_027

자신이 보고 판단하는 것이 아니라, 어떠한 내용을 듣고서 '(들어 보니) ~인 것 같아.'라고 판단할 때는 It sounds ~.의 패턴을 씁니다. 때에 따라 '~ 소리인 것 같아.'라고 해석되기도 합니다.

SPEAKING TRAINING

- **It sounds exciting.** 흥미진진한 것 같아.

- **It sounds unfair to me.** 내가 듣기엔 공정한 것 같지 않아.

- **It sounds like a tricky question.**
  까다로운 질문인 것 같아.

- **It sounds like he's a complete stranger.**
  그는 완전 낯선 사람인 것 같아.

- **It sounds like they're pretty shocked.**
  그들이 꽤 충격을 받은 것 같아.

Always be ready to speak these sentences confidently!

SPEAKING PRACTICE

1. A: (On the phone) Why don't we play basketball?
   B: 흥미진진한 것 같아.

   A (전화상에서) 우리 농구 게임 할까?
   B It sounds exciting.

2. A: 내가 듣기엔 공정한 것 같지 않아.
   B: I think that's fair enough.

   A It sounds unfair to me.
   B 나는 그것이 충분히 공정한 것 같은데.

3. A: Can you answer the question?
   B: 까다로운 질문인 것 같아.

   A 그 질문에 대답할 수 있니?
   B It sounds like a tricky question.

4. A: 그는 완전 낯선 사람인 것 같아.
   B: No, he's not. He's the guy we saw downtown last week.

   A It sounds like he's a complete stranger.
   B 아니야. 그는 우리가 지난 주에 도심에서 봤던 그 남자야.

5. A: 그들이 꽤 충격을 받은 것 같아.
   B: I think I need to explain it to them.

   A It sounds like they're pretty shocked.
   B 그것을 그들에게 설명할 필요가 있는 것 같아.

It must be ~.

틀림없이 ~일 거야.

추측하기

🎧 mp3_028

'틀림없이 ~일 거야.' 라고 하면서 증명된 사실은 아니지만 강한 확신을 가지고 추측할 때 쓰는 패턴입니다. it이 아닌 다른 주어를 사용해서 '…은 틀림없이 ~일 거야.' 라고 말할 수 있습니다.

SPEAKING TRAINING

- **It must be true.**
  그것은 틀림없이 사실일 거야.

- **It must be expensive.**
  그것은 틀림없이 비쌀 거야.

- **It must be raining outside.**
  지금 틀림없이 밖에 비가 오고 있을 거야.

- **You must be joking me.**
  너는 틀림없이 나를 놀리고 있어.

- **He must be a liar.**
  그는 틀림없이 거짓말쟁이야.

SPEAKING PRACTICE

1. A: I still can't believe what he just talked about.
   B: 그것은 틀림없이 사실일 거야.

   A 나는 그가 방금 얘기했던 것을 여전히 믿을 수 없어.
   B It must be true.

2. A: Look at this! It's so beautiful.
   B: 그것은 틀림없이 비쌀 거야.

   A 이것 좀 봐! 정말 아름다워.
   B It must be expensive.

3. A: What is this sound?
   B: 지금 틀림없이 밖에 비가 오고 있을 거야.

   A 이 소리가 뭐지?
   B It must be raining outside.

4. A: 너는 틀림없이 나를 놀리고 있어.
   B: You'll see that.

   A You must be joking me.
   B 너는 곧 알게 될 거야.

5. A: It's hard to believe what he mentioned.
   B: 그는 틀림없이 거짓말쟁이일 거야.

   A 그가 언급했던 것을 믿기 어려워.
   B He must be a liar.

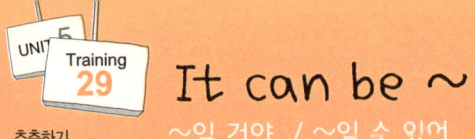

It can be ~.
~일 거야. / ~일 수 있어.

추측하기

mp3_029

It must be ~.와 마찬가지로 확실한 사실은 아니지만 '~일 거야.', '~일 수 있어.'라고 하면서 추측할 때 쓰는 패턴입니다. can be는 must be보다는 좀 더 약하게 그럴 수도 있을 것이라는 가능성을 가지고 추측할 때 쓰입니다.

SPEAKING TRAINING

- It can be **interesting**. 그것은 흥미로울 수 있어.

- It can be **James who stole the car.**
  그 차를 훔친 사람은 James일 거야.

- It can be **his house.** 그것은 그의 집일 거야.

- It can be **yours.** 그것은 네 것일 수 있어.

- He can be **a gay.** 그는 게이일 수 있어.

SPEAKING PRACTICE

1. A: The game looks boring.
   B: 그것은 흥미로울 수 있어.

   A 그 게임은 지루해 보여.
   B It can be interesting.

2. A: Do you know who stole the car?
   B: 그 차를 훔친 사람은 James일 거야.

   A 누가 그 차를 훔쳤는지 알아?
   B It can be James who stole the car.

3. A: 그것은 그의 집일 거야.
   B: I don't think so. He has no money.

   A It can be his house.
   B 난 그렇게 생각하지 않아. 그는 돈이 없거든.

4. A: It looks like the one I lost yesterday.
   B: 그것은 네 것일 수 있어.

   A 이것은 내가 어제 잃어버렸던 것과 비슷하게 생겼어.
   B It can be yours.

5. A: He hasn't kissed me yet.
   B: 그는 게이일 수 있어.

   A 그는 아직 나에게 키스를 안 했어.
   B He can be a gay.

It may be ~.
~일 지도 몰라.

추측하기

mp3_030

'~일 지도 몰라.' 라고 하면서 must be, can be보다 약하게 추측하는 패턴입니다. 확신이 거의 없이 '그럴 지도 모르지.' 라고 하면서 가장 약하게 추측할 때 쓰입니다.

SPEAKING TRAINING

- **That one may be easier.**
  저것이 좀 더 쉬운 것일 지도 몰라.

- **She may be in trouble.**
  그녀에게 문제가 생겼을 지도 몰라.

- **It may be a secret.** 그것은 비밀일 지도 몰라.

- **You may be wrong.** 네가 틀렸을 지도 몰라.

- **She may be on the way home.**
  그녀는 집으로 오고 있는 중인 지도 몰라.

Always be ready to speak these sentences confidently!

SPEAKING PRACTICE

1. A: This one also looks difficult.
   B: 저것이 좀 더 쉬운 것일 지도 몰라.

   A 이것 역시 어려워 보여.
   B That one may be easier.

2. A: She keeps calling me, but I don't want to answer it.
   B: 전화를 받아. 그녀에게 문제가 생겼을 지도 몰라.

   A 그녀는 내게 계속 전화를 걸지만, 나는 응답하고 싶지 않아.
   B Answer it. She may be in trouble.

3. A: We have to call and ask him now.
   B: 그것은 비밀일 지도 몰라.

   A 우리는 지금 그에게 전화를 걸어서 물어 봐야만 해.
   B It may be a secret.

4. A: Do what I say.
   B: 네가 틀렸을 지도 몰라.

   A 내가 말하는 대로 해 봐.
   B You may be wrong.

5. A: Do you have any idea where she is?
   B: 그녀는 집으로 오고 있는 중인 지도 몰라.

   A 그녀가 어디에 있는지 아니?
   B She may be on the way home.

Practice Makes Perfect 6

It's time to review!

우리말 문장을 보고 영어 문장이 바로 나오는지 확인해 보세요! 안 되면, 다시 돌아가서 완벽하게 연습하는 것 아시죠? 완벽하게 말할 수 있을 때까지 열심히 연습하세요!

STEP 1 앞에서 배운 표현을 복습해 보세요!

01. 너에게 잘 어울리는 것 같아.

02. 너는 내게 뭔가 할 말이 있는 것 같아.

03. 내가 듣기엔 공정한 것 같지 않아.

04. 그들이 꽤 충격을 받은 것 같아.

05. 그것은 틀림없이 사실일 거야.

06. 지금 틀림없이 밖에 비가 오고 있을 거야.

07. 그것은 흥미로울 수 있어.

08. 그 차를 훔친 사람은 James일 거야.

09. 그녀에게 문제가 생겼을 지도 몰라.

10. 네가 틀렸을 지도 몰라.

Answers
01. It seems great on you.
02. It seems like you have something to tell me.
03. It sounds unfair to me.
04. It sounds like they're pretty shocked.
05. It must be true.
06. It must be raining outside.
07. It can be interesting.
08. It can be James who stole the car.
09. She may be in trouble.
10. You may be wrong.

STEP 2 새로운 문장 만들기에 도전해 보세요!

01. **It looks(seems) ~ .** ~인 것 같아.
    1. 그는 나에게는 좋은 남자로 보여.
    2. 그들은 매우 심각한 것 같아.

02. **It sounds ~ .** ~인 것 같아.
    1. 너무 좋아서 꿈인 것만 같아.
    2. 그들은 서로 좋아하지 않는 것 같아.

03. **It must be ~ .** 틀림없이 ~일 거야.
    1. 너는 틀림없이 내가 미쳤다고 생각할 거야.
    2. 내가 어제 만났던 사람은 틀림없이 그녀일 거야.

04. **It can be ~ .** ~일 거야. / ~일 수 있어.
    1. 이런 일이 일어날 수 없어.
    2. 어떻게 그것이 사실일 수 있니?

05. **It may be ~ .** ~일 지도 몰라.
    1. 그에게 물어 보는 것이 최상의 방법일 지도 몰라.
    2. 그것은 모욕적일 지도 몰라.

Answers

01. 1. He seems like a nice guy to me.
    2. They look very serious.
02. 1. It sounds too good to be true.
    2. It sounds like they don't like each other.
03. 1. You must think I'm crazy.
    2. It must be her who I met yesterday.
04. 1. It can't be happening.
    2. How can it be true?
05. 1. It may be the best way to ask him.
    2. It may be insulting.

PART 2

UNIT 1 생각 묻기
UNIT 2 아는지 묻기
UNIT 3 있는지 묻기
UNIT 4 확인하기
UNIT 5 원하는 것 묻기
UNIT 6 허락 가능성 묻기
UNIT 7 부탁하기 & 도움 주기
UNIT 8 해야할 일 묻기
UNIT 9 궁금한 것 묻기
UNIT 10 what으로 묻기
UNIT 11 where로 묻기
UNIT 12 why로 묻기
UNIT 13 how로 묻기 (1)
UNIT 14 how로 묻기 (2)

UNIT 4 Training 31

Do you think ~?
~라고 생각하니? / ~인 것 같니?

생각 묻기

🎧 mp3_031

자신의 생각을 표현하는 패턴인 I think ~.의 의문문 형식의 패턴입니다. '~라고 생각하니?' 혹은 '~인 것 같니?' 라고 하면서 상대방의 생각이나 의견을 물을 때 보편적으로 쓰입니다.

SPEAKING TRAINING

- **Do you think** you can handle this?
  네가 이것을 처리할 수 있을 것 같니?

- **Do you think** everything's going to be okay?
  모든 일이 잘 될 것 같니?

- **Do you think** it's a good chance to get a promotion?
  그것이 승진할 수 있는 좋은 기회라고 생각하니?

- **Do you think** he's right? 그가 옳다고 생각하니?

- **Do you think** they should leave now?
  그들이 지금 떠나야 한다고 생각하니?

Always be ready to speak these sentences confidently!

SPEAKING PRACTICE

1. A: 네가 이것을 처리할 수 있을 것 같니?
   B: Of course. I will take care of it.

   A Do you think you can handle this?
   B 물론이지. 내가 그것을 처리할게.

2. A: 모든 일이 잘 될 것 같니?
   B: I hope so.

   A Do you think everything's going to be okay?
   B 그렇게 되길 바래.

3. A: 그것이 승진할 수 있는 좋은 기회라고 생각하니?
   B: I think if you miss this chance, you will probably never get it again.

   A Do you think it's a good chance to get a promotion?
   B 네가 이번 기회를 놓치면, 다시는 기회를 얻지 못할 지도 모른다고 생각해.

4. A: 그가 옳다고 생각하니?
   B: Honestly, what he's thinking doesn't make sense.

   A Do you think he's right?
   B 솔직히, 그가 생각하는 것은 말이 안 돼.

5. A: 그들이 지금 떠나야 한다고 생각하니?
   B: No, I think they should stay longer.

   A Do you think they should leave now?
   B 아니, 그들이 좀 더 머물러야 한다고 생각해.

Don't you think ~?
~라고 생각하지 않니? / ~인 것 같지 않니?

생각 묻기

Do you think ~?의 부정문 형태로, '~라고 생각하지 않니?', '~인 것 같지 않니?' 라고 하면서 상대방의 생각을 묻거나 자신의 생각에 동의를 구하려고 할 때 쓰는 패턴입니다.

SPEAKING TRAINING

- Don't you think it's time to go to bed?
  잠자리에 들어야 할 시간이라고 생각하지 않니?

- Don't you think he will come with us?
  그가 우리와 함께 갈 것 같지 않니?

- Don't you think I can open it?
  내가 이것을 열 수 있을 것 같지 않니?

- Don't you think the weather is going to be good today? 오늘 날씨가 좋을 것 같지 않니?

- Don't you think they might get divorced soon? 그들이 곧 이혼할 것 같지 않니?

Always be ready to speak these sentences confidently!

SPEAKING PRACTICE

1. A: 잠자리에 들어야 할 시간이라고 생각하지 않니?
   B: You're right. It's getting late.

2. A: 그가 우리와 함께 갈 것 같지 않니?
   B: I think he will probably come with his wife.

3. A: 내가 이것을 열 수 있을 것 같지 않니?
   B: I think you can do it. Go ahead.

4. A: 오늘 날씨가 좋을 것 같지 않니?
   B: I think it's going to be sunny today.

5. A: 그들이 곧 이혼할 것 같지 않니?
   B: Maybe. They're already separated.

A Don't you think it's time to go to bed?
B 네 말이 맞아. 시간이 점점 늦어진다.

A Don't you think he will come with us?
B 그는 아마도 그의 부인과 같이 갈 것 같은데.

A Don't you think I can open it?
B 네가 그걸 할 수 있을 것 같아. 어서 해 봐.

A Don't you think the weather is going to be good today?
B 오늘 날씨가 화창할 것 같아.

A Don't you think they might get divorced soon?
B 아마도. 이미 별거 상태잖아.

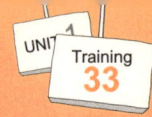

Have you ever thought about ~?

생각 묻기

~에 대해서 생각해 본 적 있니?

🎧 mp3_033

Do you think ~? 패턴의 현재완료의 경험적 용법의 의문문입니다. '~에 대해서 생각해 본 적이 있니?'라고 경험을 물으면서 동시에 상대방의 생각을 묻는 패턴입니다. 경험의 의미를 강조하기 위해서 ever를 붙여서 표현합니다.

SPEAKING TRAINING

- Have you ever thought about getting married to him?
  그와의 결혼에 대해서 생각해 본 적 있니?

- Have you ever thought about studying English?
  영어 공부할 생각을 해 본 적 있니?

- Have you ever thought about throwing a party?
  파티를 열 생각을 해 본 적 있니?

- Have you ever thought about selling your car? 네 차를 팔 생각을 해 본 적 있니?

- Have you ever thought about seeing a doctor? 병원에 가 볼 생각을 해 본 적 있니?

Always be ready to speak these sentences confidently!

SPEAKING PRACTICE

1. A: 그와의 결혼에 대해서 생각해 본 적 있니?
   B: Not yet.

   A Have you ever thought about getting married to him?
   B 아직.

2. A: I think I need to learn a foreign language.
   B: 영어 공부할 생각을 해 본 적 있니?

   A 나는 외국어를 배워야만 할 것 같아.
   B Have you ever thought about studying English?

3. A: I want to do something fun.
   B: 파티를 열 생각을 해 본 적 있니?

   A 나는 뭔가 재미있는 것을 하고 싶어.
   B Have you ever thought about throwing a party?

4. A: 네 차를 팔 생각을 해 본 적 있니?
   B: Never. I really need my car.

   A Have you ever thought about selling your car?
   B 절대 없어. 나는 내 차가 꼭 필요해.

5. A: I haven't been feeling well.
   B: 병원에 가 볼 생각을 해 본 적 있니?

   A 나는 요새 몸이 좋지 않아.
   B Have you ever thought about seeing a doctor?

What do you think about ~?

~에 대해서 어떻게 생각하니?

생각 묻기

mp3_034

Do you think ~? 패턴에서 의문사 what을 넣어서 좀 더 구체적으로 상대방의 의견을 묻는 패턴입니다. '~에 대해서 어떻게 생각하니?' 라고 하면서 상대방의 의견을 구체적으로 물을 때 많이 쓰는 질문 패턴 중 하나입니다.

SPEAKING TRAINING

- **What do you think about me?** 나에 대해서 어떻게 생각해?

- **What do you think about the offer?**
  그 제안에 대해서 어떻게 생각해?

- **What do you think about what she said?**
  그녀가 했던 말에 대해서 어떻게 생각해?

- **What do you think about me becoming a doctor?**
  내가 의사가 되는 것에 대해서 어떻게 생각해?

- **What do you think about the way he behaves?** 그가 행동하는 방식에 대해서 어떻게 생각해?

SPEAKING PRACTICE

1. A: 나에 대해서 어떻게 생각하니?
   B: You're very nice as a friend.

   A What do you think about me?
   B 친구로서 아주 좋지.

2. A: 그 제안에 대해서 어떻게 생각하니?
   B: I don't think I can accept it.

   A What do you think about the offer?
   B 그것을 받아들일 수 없을 것 같아.

3. A: 그녀가 했던 말에 대해서 어떻게 생각하니?
   B: That's insane!

   A What do you think about what she said?
   B 말도 안 되는 소리야!

4. A: 내가 의사가 되는 것에 대해서 어떻게 생각하니?
   B: Change your mind. It's not easy.

   A What do you think about me becoming a doctor?
   B 생각을 바꿔. 쉬운 일이 아니야.

5. A: 그가 행동하는 방식에 대해서 어떻게 생각하니?
   B: He's too polite.

   A What do you think about the way he behaves?
   B 그는 지나치게 예의가 발라.

How do you like ~?

~은 어떻습니까? / ~을 어떻게 해 드릴까요?

생각 묻기

🎧 mp3_035

How do you like ~?는 특히 음식에 관해서 많이 쓸 수 있는 패턴입니다. "요리를 어떻게 해 드릴까요?" 또는 "음식 맛은 어떤가요?" 라고 물을 때 자주 쓰이며 음식에 관한 것 뿐만 아니라, 무엇에 대해서 좋은지 싫은지에 대해서 상대방의 생각을 물을 때도 쓸 수 있는 유용한 패턴입니다.

SPEAKING TRAINING

- How do you like your steak?
  스테이크 굽기는 어떻게 해 드릴까요?

- How do you like this coffee?
  이 커피 맛은 어때?

- How do you like that sweater?
  저 스웨터는 어때?

- How do you like your tea?
  차는 어떻게 해 드릴까요?

- How do you like your new boyfriend?
  새로 사귄 네 남자 친구는 어때?

> Always be ready to speak these sentences confidently!

SPEAKING PRACTICE

1. A: 스테이크 굽기는 어떻게 해 드릴까요?
   B: Medium, please.

   A How do you like your steak?
   B 중간 정도로 구워 주세요.

2. A: 이 커피 맛은 어때?
   B: I love this coffee very much.

   A How do you like this coffee?
   B 이 커피 맛 정말 좋다.

3. A: 저 스웨터는 어때?
   B: Well, I think this one is better.

   A How do you like that sweater?
   B 글쎄, 나는 이것이 더 좋은데.

4. A: 차는 어떻게 해 드릴까요?
   B: Can I have it with ice?

   A How do you like your tea?
   B 차에 얼음을 넣어 주실 수 있나요?

5. A: 새로 사귄 네 남자 친구는 어때?
   B: He's not like other guys I dated. I like him very much!

   A How do you like your new boyfriend?
   B 내가 데이트해 봤던 남자들과는 달라. 나는 그가 정말 좋아!

It's time to review!

우리말 문장을 보고 영어 문장이 바로 나오는지 확인해 보세요! 안 되면, 다시 돌아가서 완벽하게 연습하는 것 아시죠? 완벽하게 말할 수 있을 때까지 열심히 연습하세요!

STEP 1 앞에서 배운 표현을 복습해 보세요!

01. 네가 이것을 처리할 수 있을 것 같니?
02. 모든 일이 잘 될 것 같니?
03. 잠자리에 들어야 할 시간이라고 생각하지 않니?
04. 그들이 곧 이혼할 것 같지 않니?
05. 파티를 열 생각을 해 본 적 있니?
06. 병원에 가 볼 생각을 해 본 적 있니?
07. 그녀가 했던 말에 대해서 어떻게 생각해?
08. 내가 의사가 되는 것에 대해서 어떻게 생각해?
09. 스테이크 굽기는 어떻게 해 드릴까요?
10. 새로 사귄 네 남자 친구는 어때?

Answers

01. Do you think you can handle this?
02. Do you think everything's going to be okay?
03. Don't you think it's time to go to bed?
04. Don't you think they might get divorced soon?
05. Have you ever thought about throwing a party?
06. Have you ever thought about seeing a doctor?
07. What do you think about what she said?
08. What do you think about me becoming a doctor?
09. How do you like your steak?
10. How do you like your new boyfriend?

STEP 2 새로운 문장 만들기에 도전해 보세요!

01. Do you think ~ ? ~라고 생각하니? / ~인 것 같니?

❶ 그것이 우리에게 좋을 것 같니?

❷ 그것이 우리에게 나쁜 영향을 준다고 생각하니?

02. Don't you think ~ ? ~라고 생각하지 않니? / ~인 것 같지 않니?

❶ 그가 괜찮은 것 같지 않니?

❷ 네가 이것을 할 수 있을 것 같지 않니?

03. Have you ever thought about ~ ? ~에 대해서 생각해 본 적 있니?

❶ 이사 나갈 생각을 해 본 적 있니?

❷ 그들에게 진실을 숨길 생각을 해 본 적 있니?

04. What do you think about ~ ? ~에 대해서 어떻게 생각하니?

❶ 이 그림에 대해서 어떻게 생각하니?

❷ 그녀가 사무실에서 했던 행동에 대해서 어떻게 생각하니?

05. How do you like ~ ? ~은 어떻습니까? / ~을 어떻게 해 드릴까요?

❶ 이 수업이 지금까지 어떤 것 같아?

❷ 이 드레스는 어떤가요?

Answers

01. ❶ Do you think it's going to be good for us?
    ❷ Do you think it has a bad effect on us?
02. ❶ Don't you think he's cool?
    ❷ Don't you think you can do this?
03. ❶ Have you ever thought about moving out?
    ❷ Have you ever thought about hiding the truth from them?
04. ❶ What do you think about this painting?
    ❷ What do you think about what she did in the office?
05. ❶ How do you like this class so far?
    ❷ How do you like this dress?

Do you know ~?
~을 아니?

UNIT Training 36
아는지 묻기

mp3_036

'~을 아니?', '~에 대해서 아니?' 라고 하면서 상대방이 어떤 사람이나 상황을 알고 있는지를 묻는 간단한 질문 패턴입니다. 구어체로는 do를 생략하고 You know ~? 라고 묻기도 합니다.

SPEAKING TRAINING

- **Do you know me?** 저를 아세요?

- **Do you know his phone number?**
  그의 전화 번호를 아니?

- **Do you know how to get there?**
  거기에 어떻게 가는지 아니?

- **Do you know what to do right now?**
  지금 당장 무엇을 해야 하는지 아니?

- **Do you know how much you have in your account?**
  너의 통장에 잔고가 얼마나 있는지 아니?

Always be ready to speak these sentences confidently!

SPEAKING PRACTICE

1. A: Hey, long time no see.
   B: 저를 아세요?

   A 이봐, 오랜만이야.
   B Do you know me?

2. A: 그의 전화 번호를 아니?
   B: Why do you need his phone number?

   A Do you know his phone number?
   B 그의 전화 번호가 왜 필요한데?

3. A: Let's go to the shopping mall.
   B: 거기에 어떻게 가는지 아니?

   A 쇼핑 몰에 가자.
   B Do you know how to get there?

4. A: 지금 당장 무엇을 해야 하는지 아니?
   B: Actually, I don't. Why don't we ask her what to do?

   A Do you know what to do right now?
   B 사실, 잘 몰라. 우리 그녀에게 무엇을 해야 하는지 물어 보는 것이 어떨까?

5. A: 너의 통장에 잔고가 얼마나 있는지 아니?
   B: I'm checking it on the internet.

   A Do you know how much you have in your account?
   B 인터넷으로 확인 중이야.

Do you know what ~?

~이 뭔지 아니?

아는지 묻기

mp3_037

Do you know ~? 패턴에서 뒤에 what이 붙은 형태로, 무엇에 대해서 아는지를 구체적으로 물을 때 쓰는 패턴입니다. 누군가와 대화를 하려고 하는 상황에서 운을 뗄 때에도 쓰입니다.

SPEAKING TRAINING

- **Do you know what** I'm saying?
  내가 무슨 말 하는지 아니?

- **Do you know what** they're doing?
  그들이 무엇을 하고 있는지 아니?

- **Do you know what** happened to your husband?
  당신 남편에게 무슨 일이 일어났는지 아세요?

- **Do you know what** we discussed this morning?
  오늘 아침에 우리가 뭘 토론했는지 아세요?

- **Do you know what** kinds of effects we may have? 우리가 어떤 영향을 받을지 아세요?

Always be ready to speak these sentences confidently!

SPEAKING PRACTICE

1. A: 내가 무슨 말 하는지 아니?
   B: Yeah, I get it.

   A Do you know what I'm saying?
   B 응, 알겠어.

2. A: 그들이 무엇을 하고 있는지 아니?
   B: I don't know. What the hell are they doing?

   A Do you know what they're doing?
   B 모르겠어. 그들은 대체 무슨 짓을 하고 있는 거야?

3. A: 당신 남편에게 무슨 일이 일어났는지 아세요?
   B: I just heard. I better go see him.

   A Do you know what happened to your husband?
   B 지금 막 들었어요. 가서 남편을 봐야겠어요.

4. A: 오늘 아침에 우리가 뭘 토론했는지 아세요?
   B: Brian just told me that briefly.

   A Do you know what we discussed this morning?
   B Brian이 제게 대충 말해 줬어요.

5. A: I know it's risky, but why don't we just try it again?
   B: 우리가 어떤 영향을 받을지 아세요?

   A 이것이 얼마나 위험할지 알지만, 다시 한번 시도해 보는 것이 어떨까요?
   B Do you know what kinds of effects we may have?

Do you know why ~?

왜 ~하는지 아니?

Training 38
아는지 묻기

mp3_038

Do you know why ~?패턴에서 뒤에 why가 붙은 형태로, 단순히 어떤 상황에 대한 이유를 아는지 묻기보다는 그 이유를 구체적으로 설명해 달라고 요구할 때 쓰입니다.

SPEAKING TRAINING

- **Do you know why they did it?**
  왜 그들이 그랬는지 아니?

- **Do you know why she left him?**
  왜 그녀가 그를 떠났는지 아니?

- **Do you know why they hate me?**
  왜 그들이 나를 싫어하는지 아니?

- **Do you know why I decided to go?**
  왜 내가 가기로 결정했는지 아니?

- **Do you know why he didn't tell us the truth?** 왜 그가 우리에게 사실을 말하지 않았는지 아니?

Always be ready to speak these sentences confidently!

SPEAKING PRACTICE

1. A: 왜 그들이 그랬는지 아니?
   B: Because you didn't accept their offer.

   A Do you know why they did it?
   B 왜냐하면 네가 그들의 제안을 받아들이지 않았기 때문이야.

2. A: 왜 그녀가 그를 떠났는지 아니?
   B: Because she met someone else.

   A Do you know why she left him?
   B 왜냐하면 그녀는 딴 남자를 만났기 때문이야.

3. A: 왜 그들이 나를 싫어하는지 아니?
   B: You don't have to care about that. They are just weird.

   A Do you know why they hate me?
   B 너는 그것에 대해서 신경 쓸 필요 없어. 그들이 그냥 이상한거야.

4. A: 왜 내가 가기로 결정했는지 아니?
   B: I have no idea. Just tell me.

   A Do you know why I decided to go?
   B 모르겠어. 나에게 말해 봐.

5. A: 왜 그가 우리에게 사실을 말하지 않았는지 아니?
   B: I don't know. They were just hiding the truth.

   A Do you know why he didn't tell us the truth?
   B 모르겠어. 그들은 그 사실을 숨기더라.

UNIT Training 39
Do you know how ~?

아는지 묻기 얼마나 / 어떻게 ~하는지 아니?

🎧 mp3_039

Do you know ~? 패턴에서 뒤에 how가 붙은 형태로, 어떻게(방법) 또는 얼마나(양) ~하는지를 아는지 물을 때 쓰입니다.

SPEAKING TRAINING

- Do you know how much I love you?
  내가 널 얼마나 사랑하는지 아니?

- Do you know how old he is? 그가 몇 살인지 아니?

- Do you know how he feels about it?
  그가 그것에 대해서 어떻게 느끼는지 아세요?

- Do you know how they could get it?
  그들이 그것을 어떻게 얻어낼 수 있었는지 아니?

- Do you know how long it takes to get there? 거기까지 가는 데 시간이 얼마나 걸리는지 아니?

* It takes + 시간 + to ~: ~하는 데 …의 시간이 걸리다

Always be ready to speak these sentences confidently!

SPEAKING PRACTICE

1. A: 내가 널 얼마나 사랑하는지 아니?
   B: I can't imagine it.

2. A: 그가 몇 살인지 아니?
   B: I don't know exactly, but he looks older than me.

3. A: 그가 그것에 대해서 어떻게 느끼는지 아니?
   B: I think we have to ask him in person.

4. A: 그들이 그것을 어떻게 얻어낼 수 있었는지 아니?
   B: They did their best to get it.

5. A: 거기까지 가는 데 시간이 얼마나 걸리는지 아니?
   B: It takes 2 hours to get there.

A Do you know how much I love you?
B 상상이 안 되는데요.

A Do you know how old he is?
B 정확히는 모르겠지만, 나보다는 많아 보여.

A Do you know how he feels about it?
B 우리가 그에게 직접 물어 봐야 할 것 같아.

A Do you know how they could get it?
B 그들은 그것을 얻기 위해서 최선을 다했어.

A Do you know how long it takes to get there?
B 거기에 도착하는 데에는 2시간이 걸려.

Do you know when ~?
언제 ~하는지 아니?

아는지 묻기

Training 40

mp3_040

Do you know ~? 패턴에서 뒤에 when이 붙은 형태로, "언제 그 커피숍이 문을 여는지 아니?"와 같이 언제 ~하게 되는 지를 물을 때 유용하게 쓰이는 패턴입니다.

SPEAKING TRAINING

- Do you know when the store opens?
  그 가게가 언제 여는지 아니?

- Do you know when they let us go?
  그들이 언제 우리를 보내 줄지 아니?

- Do you know when we start playing games?
  우리가 언제 게임을 시작하는지 아니?

- Do you know when we need to return this?
  우리가 언제 이것을 반납해야 하는지 아니?

- Do you know when I can borrow the book from him?
  내가 언제 그에게 그 책을 빌릴 수 있는지 아니?

Always be ready to speak these sentences confidently!

SPEAKING PRACTICE

1. A: 그 가게가 언제 여는지 아니?
   B: It usually opens at 9:00 a.m.

2. A: 그들이 언제 우리를 보내 줄지 아니?
   B: I hope they will let us leave here soon.

3. A: 우리가 언제 게임을 시작할 수 있는지 아니?
   B: We're not allowed to play games anymore. *be allowed to: ~하는 것이 가능하다

4. A: 우리가 언제 이것을 반납해야 하는지 아니?
   B: We have to return it by Friday.

5. A: 내가 언제 그에게 그 책을 빌릴 수 있는지 아니?
   B: Do you want me to ask him that?

A Do you know when the store opens?
B 보통 오전 9시에 열어.

A Do you know when they let us go?
B 그들이 우리를 여기서 곧 보내 주길 바래.

A Do you know when we start playing games?
B 우리는 더 이상 게임을 할 수 없어.

A Do you know when we need to return this?
B 우리는 그것을 금요일까지 반납해야 해.

A Do you know when I can borrow the book from him?
B 내가 그에게 그것을 물어 봐 줄까?

Practice Makes Perfect 8

It's time to review!

우리말 문장을 보고 영어 문장이 바로 나오는지 확인해 보세요! 안 되면, 다시 돌아가서 완벽하게 연습하는 것 아시죠? 완벽하게 말할 수 있을 때까지 열심히 연습하세요!

STEP 1 앞에서 배운 표현을 복습해 보세요!

01. 거기에 어떻게 가는지 아니?

02. 지금 당장 무엇을 해야 하는지 아니?

03. 그들이 무엇을 하고 있는지 아니?

04. 오늘 아침에 우리가 뭘 토론했는지 아세요?

05. 왜 그들이 그랬는지 아니?

06. 왜 그가 우리에게 사실을 말하지 않았는지 아니?

07. 그들이 그것을 어떻게 얻어낼 수 있었는지 아니?

08. 거기까지 가는데 시간이 얼마나 걸리는지 아니?

09. 그 가게가 언제 여는지 아니?

10. 그들이 언제 우리를 보내 줄지 아니?

Answers
01. Do you know how to get there?
02. Do you know what to do right now?
03. Do you know what they're doing?
04. Do you know what we discussed this morning?
05. Do you know why they did it?
06. Do you know why he didn't tell us the truth?
07. Do you know how they could get it?
08. Do you know how long it takes to get there?
09. Do you know when the store opens?
10. Do you know when they let us go?

STEP 2 새로운 문장 만들기에 도전해 보세요!

01. Do you know ~? ~을 아니?
    ① 성공하기 위한 특별한 전략들을 아시나요?
    ② 네가 모든 것을 다 알아?

02. Do you know what ~? ~이 뭔지 아니?
    ① 제가 뭘 의미하는지 아세요?
    ② 그들이 진정 원하는 것이 무엇인지 아세요?

03. Do you know why ~? 왜 ~하는지 아니?
    ① 그가 왜 내 말을 믿지 못하는지 아니?
    ② 그녀가 왜 그것을 취소했는지 아니?

04. Do you know how ~? 얼마나 / 어떻게 ~하는지 아니?
    ① 그가 키가 얼마나 되는지 아니?
    ② 제가 어떻게 돈을 많이 벌었는지 아세요?

05. Do you know when ~? 언제 ~하는지 아니?
    ① 우리가 언제 이곳에서 나갈 수 있는지 아세요?
    ② 시장이 언제 닫는지 아니?

Answers

01. ① Do you know special strategies to succeed?
    ② Do you know everything?
02. ① Do you know what I mean?
    ② Do you know what they really want?
03. ① Do you know why he doesn't believe me?
    ② Do you know why she canceled it?
04. ① Do you know how tall he is?
    ② Do you know how I made a lot of money?
05. ① Do you know when we can get out of here?
    ② Do you know when the market closes?

Training 41

Do you know who ~?
누가 ~하는지 아니? / 누구에게 ~하는지 아니?

아는지 묻기

mp3_041

"누가 이런 짓을 했는지 아니?", "내가 누구에게 이것을 줘야 하는지 아니?"와 같이 누가 ~하는지 (~인지) 혹은 누구에게 ~하는지를 아는지 물을 때 쓰는 패턴입니다. who는 주격 혹은 목적격으로 쓰인다는 것을 알아 두세요.

SPEAKING TRAINING

- Do you know who **made it?** 누가 그것을 만들었는지 아니?

- Do you know who **has to go first?**
  누가 먼저 시작해야 하는지 아니?

- Do you know who **is participating in the meeting?**
  누가 회의에 참석할 것인지 아니? * participate in: ~에 참석하다

- Do you know who **is in charge of the project?**
  누가 그 프로젝트를 책임지고 있는지 아니? * be in charge of: ~하는 것을 책임지다, ~의 담당자다

- Do you know who **I can talk to about this matter?**
  제가 이 문제에 대해서 누구와 얘기해야 하는지 아시나요?

  Always be ready to speak these sentences confidently!

SPEAKING PRACTICE

1. A: 누가 그것을 만들었는지 아니?
   B: I thought you did it.

   A Do you know who made it?
   B 네가 그것을 한 것으로 생각했어.

2. A: 누가 먼저 시작해야 하는지 아니?
   B: I guess he has to go first.

   A Do you know who has to go first?
   B 내 생각에는 그가 먼저 시작해야 할 것 같아.

3. A: 누가 회의에 참석할 것인지 아니?
   B: Everybody will attend the meeting.

   A Do you know who is participating in the meeting?
   B 모든 사람들이 회의에 참석할 거야.

4. A: 누가 그 프로젝트를 책임지고 있는지 아니?
   B: Actually, I am.

   A Do you know who is in charge of the project?
   B 사실, 나야.

5. A: 제가 이 문제에 대해서 누구와 얘기해야 하는지 아시나요?
   B: I'm responsible for this matter.

   A Do you know who I can talk to about this matter?
   B 제가 이 문제 담당자입니다.

Do you know if ~?
~인지 아닌지 아시나요?

아는지 묻기

mp3_042

여기에서 쓰이는 if는 '~인지 아닌지'의 뜻으로, Do you know if ~?는 ~인지 아닌지를 물을 때 쓰는 공손한 뉘앙스의 패턴입니다. if 대신에 whether를 써도 되고, 문장 끝에 or not을 붙이기도 합니다.

SPEAKING TRAINING

- Do you know if it rains a lot in the summer in Korea?
  한국의 여름에 비가 많이 오는지 아닌지 아시나요?

- Do you know if it is true or not? 그것이 사실인지 아닌지 아시나요?

- Do you know whether he's at home?
  그가 집에 있는지 없는지 아시나요?

- Do you know whether they can help us?
  그들이 우리를 도울 수 있는지 없는지 아시나요?

- Do you know if he comes over here or not? 그가 여기 올지 안 올지 아시나요?

Always be ready to speak these sentences confidently!

SPEAKING practice

1. A: 한국의 여름에 비가 많이 오는지 아닌지 아시나요?
   B: It rains a lot! We have the rainy season.

2. A: 그것이 사실인지 아닌지 아시나요?
   B: I don't think it's true.

3. A: 그가 집에 있는지 없는지 아시나요?
   B: Let me make a call to him.

4. A: 그들이 우리를 도울 수 있는지 없는지 아시나요?
   B: They already told me that they were willing to help us.

5. A: 그가 여기 올지 안 올지 아시나요?
   B: He's not coming here today.

A Do you know if it rains a lot in the summer in Korea?
B 비가 많이 와요! 장마철이 있거든요.

A Do you know if it is true or not?
B 사실이 아닌 것 같은데요.

A Do you know whether he's at home?
B 제가 그에게 전화해 볼게요.

A Do you know whether they could help us?
B 그들은 이미 제게 기꺼이 우리를 도와주겠다고 말했어요.

A Do you know if he comes over here or not?
B 그는 오늘 여기에 오지 않을 거예요.

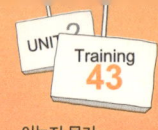

Training 43

아는지 묻기

What do you know about ~?

~에 대해서 무엇을 알고 있니?

mp3_043

어떤 사람이나, 사건, 계획안 등에 대해서 무엇을 알고 있는지를 구체적으로 물을 때 유용하게 쓰는 패턴입니다. 내용을 묻는 패턴으로, 면접에서 많이 쓰일 수 있습니다.

SPEAKING TRAINING

- What do you know about him? 그에 대해서 무엇을 알고 있니?

- What do you know about the school you applied for? 네가 지원한 학교에 대해서 무엇을 알고 있니?

- What do you know about the guy she's dating?
  그녀가 데이트하고 있는 남자에 대해서 무엇을 알고 있니?

- What do you know about this painting?
  이 그림에 대해서 무엇을 알고 있니?

- What do you know about the accident? 그 사건에 대해서 무엇을 알고 있니?

Always be ready to speak these sentences confidently!

SPEAKING PRACTICE

1. A: 그에 대해서 무엇을 알고 있니?
   B: He's a really nice person.

   A What do you know about him?
   B 그는 정말 괜찮은 사람이야.

2. A: 네가 지원한 학교에 대해서 무엇을 알고 있니?
   B: I'm still getting information about it.

   A What do you know about the school you applied for?
   B 그것에 대해 계속 정보를 얻고 있는 중이야.

3. A: 그녀가 데이트하고 있는 남자에 대해서 무엇을 알고 있니?
   B: He has a bad reputation.

   A What do you know about the guy she's dating?
   B 그는 평판이 좋지 않아.

4. A: 이 그림에 대해서 무엇을 알고 있니?
   B: I've never seen this painting.

   A What do you know about this painting?
   B 나는 이 그림을 본 적도 없어.

5. A: 그 사건에 대해서 무엇을 알고 있니?
   B: The victim just died, and the police was still looking for the suspect.

   A What do you know about the accident?
   B 피해자는 죽었고, 경찰이 여전히 용의자를 찾고 있는 중이야.

Is there ~?
~이 있니?

있는지 묻기

mp3_044

There is(are) ~.의 의문문 형태인 Is(Are) there ~?는 '~이 있니?' 라고 물을 때 쓰입니다. 불특정한 것의 존재를 나타내고, 특정물의 존재를 나타낼 때는 쓰지 않습니다. 주변에서 어느 장소나 사람을 찾을 때 이 패턴을 사용해 보세요.

SPEAKING TRAINING

- **Is there** a pharmacy around here?
  이 근처에 약국이 있나요?

- **Is there** a chance I can see him again?
  내가 그를 다시 볼 수 있는 기회가 있을까?

- **Is there** her jacket in the living room?
  거실에 그녀의 재킷이 있니?

- **Are there** many students in the classroom?
  교실에 많은 학생들이 있니?

- **Are there** some troubles in your relationship? 너희 관계에 문제가 좀 있니?

SPEAKING PRACTICE

1. A: 이 근처에 약국이 있나요?
   B: There's a pharmacy across the building.

   A Is there a pharmacy around here?
   B 건물 맞은편에 약국이 있습니다.

2. A: 내가 그를 다시 볼 수 있는 기회가 있을까?
   B: He said he would never come back.

   A Is there a chance I can see him again?
   B 그는 다시는 돌아오지 않겠다고 했어.

3. A: 거실에 그녀의 재킷이 있니?
   B: Yeah, I found it!

   A Is there her jacket in the living room?
   B 응, 내가 찾았어!

4. A: 교실에 많은 학생들이 있니?
   B: Yes, the classroom is very crowded.

   A Are there many students in the classroom?
   B 응, 교실이 굉장히 붐벼.

5. A: 너희 관계에 문제가 좀 있니?
   B: No, we're fine.

   A Are there some troubles in your relationship?
   B 아니야, 우리는 좋아.

Is there anything ~?
~하는 것이 있니?

있는지 묻기

mp3_045

이 패턴은 혹시 ~하는 것이(~할 것이) 있는지를 물을 때 쓰입니다. anything 다음에는 구나 절이 모두 다 이어질 수 있는데, 여기에서는 절이 이어지는 형태를 집중적으로 연습해 보겠습니다.

SPEAKING TRAINING

- **Is there anything** we should know?
  우리가 알아야 하는 것이 있니?

- **Is there anything** I need to prepare?
  내가 준비해야 하는 것이 있니?

- **Is there anything** you'd like to tell me?
  네가 나에게 말하고 싶은 것이 있니?

- **Is there anything** I can do to help you?
  내가 너를 돕기 위해서 할 수 있는 것이 있니?

- **Is there anything** you're interested in?
  당신이 관심있는 분야가 있나요?

Always be ready to speak these sentences confidently!

SPEAKING PRACTICE

1. A: 우리가 알아야 하는 것이 있니?
   B: There's nothing you need to know.

   A Is there anything we should know?
   B 너희들이 알아야 할 것은 없어.

2. A: 내가 준비해야 하는 것이 있니?
   B: Why don't you ask her what to prepare?

   A Is there anything I need to prepare?
   B 그녀에게 무엇을 준비해야 하는지 물어보는 것이 어때?

3. A: 네가 나에게 말하고 싶은 것이 있니?
   B: I'd like to tell you a few things.

   A Is there anything you'd like to tell me?
   B 몇 가지 얘기해 주고 싶어.

4. A: 내가 너를 돕기 위해서 할 수 있는 것이 있니?
   B: Could you please fix that for me?

   A Is there anything I can do to help you?
   B 나를 위해서 저것을 좀 고쳐 줄래?

5. A: 당신이 관심있는 분야가 있나요?
   B: I'm interested in psychology.

   A Is there anything you're interested in?
   B 심리학에 관심이 있어요.

Practice Makes Perfect 9

It's time to review!

우리말 문장을 보고 영어 문장이 바로 나오는지 확인해 보세요! 안 되면, 다시 돌아가서 완벽하게 연습하는 것 아시죠? 완벽하게 말할 수 있을 때까지 열심히 연습하세요!

STEP 1 앞에서 배운 표현을 복습해 보세요!

01. 누가 그것을 만들었는지 아니?

02. 제가 이 문제에 대해서 누구와 얘기해야 하는지 아시나요?

03. 그가 집에 있는지 없는지 아시나요?

04. 그가 여기 올지 안 올지 아시나요?

05. 그녀가 데이트하고 있는 남자에 대해서 무엇을 알고 있니?

06. 그 사건에 대해서 무엇을 알고 있니?

07. 내가 그를 다시 볼 수 있는 기회가 있을까?

08. 너희 관계에 문제가 좀 있니?

09. 네가 나에게 말하고 싶은 것이 있니?

10. 당신이 관심있는 분야가 있나요?

Answers

01. Do you know who made it?
02. Do you know who I can talk to about this matter?
03. Do you know whether he's at home?
04. Do you know if he comes over here or not?
05. What do you know about the guy she's dating?
06. What do you know about the accident?
07. Is there a chance I can see him again?
08. Are there some troubles in your relationship?
09. Is there anything you'd like to tell me?
10. Is there anything you're interested in?

STEP 2 새로운 문장 만들기에 도전해 보세요!

01. Do you know who ~? 누가 ~하는지 아니? / 누구에게 ~하는지 아니?
① 그가 누구와 약혼했는지 아니?
② 누가 그 장소의 주인인지 아니?

02. Do you know if ~? ~인지 아닌지 아시나요?
① 그 티켓이 유효한지 아닌지 아시나요?
② 그들이 이제껏 서로 보고 지냈는지 아닌지 아시나요?

03. What do you know about ~ ? ~에 대해서 무엇을 알고 있니?
① 이웃 주민들에 대해서 무엇을 알고 있니?
② 이 분야에 대해 무엇을 알고 있니?

04. Is there ~ ? ~이 있니?
① 문제가 있니?
② 재미있는 이야기가 있니?

05. Is there anything ~ ? ~하는 것이 있니?
① 한국 음식에 뭔가 특별한 것이 있나요?
② TV에서 뭐 재미있는 것 하나요?

Answers
01. ① Do you know who he's engaged to?
② Do you know who owns the place?
02. ① Do you know if the ticket's available?
② Do you know if they have seen each other?
03. ① What do you know about the neighbors?
② What do you know about this field?
04. ① Is there a problem?
② Is there an interesting story?
05. ① Is there anything special in Korean food?
② Is there anything fun on TV?

Is there anyone who ~?
~하는 사람이 있니?

있는지 묻기

mp3_046

Is there ~? 패턴에서 뒤에 anyone who가 붙은 형태로, 어떤 행동을 한 특정의 누군가를 찾을 때 쓰는 패턴입니다. who 다음에는 anyone을 설명해 주는 문장이 제시되어야 합니다.

SPEAKING TRAINING

- **Is there anyone who** has seen this before?
  전에 이것을 보았던 사람이 있니?

- **Is there anyone who** can handle this work?
  이 일을 처리할 수 있는 사람이 있나요?

- **Is there anyone who** is supposed to attend the meeting? 회의에 참석하기로 되어 있는 사람이 있나요?

- **Is there anyone who** called my name?
  제 이름을 부른 사람이 있나요?

- **Is there anyone who** can touch this?
  이것을 만질 수 있는 사람이 있니?

SPEAKING PRACTICE

1. A: 전에 이것을 보았던 사람이 있니?
   B: I've seen it before.

2. A: 이 일을 처리할 수 있는 사람이 있나요?
   B: I'm sure I can handle it.

3. A: 회의에 참석하기로 되어 있는 사람이 있나요?
   B: Why don't you ask Cindy?

4. A: 제 이름을 부른 사람이 있나요?
   B: Yes, I was looking for you.

5. A: 이것을 만질 수 있는 사람이 있니?
   B: I think James can touch it.

A Is there anyone who has seen this before?
B 내가 전에 그것을 봤어.

A Is there anyone who can handle this work?
B 제가 그것을 할 수 있어요.

A Is there anyone who is supposed to attend the meeting?
B Cindy에게 물어보지 그래요?

A Is there anyone who called my name?
B 네, 제가 당신을 찾고 있었어요.

A Is there anyone who can touch this?
B James가 만질 수 있을 것 같아.

Training 47: Is there any way ~?
~할 방법이 있니?

있는지 묻기

mp3_047

Is there ~? 패턴에서 뒤에 any way가 붙은 형태로, 어떤 행위를 할 수 있는 가능성이나 구현하는 방법을 물을 때 쓰는 패턴입니다.

SPEAKING TRAINING

- **Is there any way** I can get through this?
  이것을 극복할 수 있는 방법이 있을까?

- **Is there any way** to be fluent in English?
  영어를 유창하게 할 방법이 있을까?

- **Is there any way** to get a chance to see him?
  그를 볼 수 있는 기회를 가질 방법이 있나요?

- **Is there any way** they can get together?
  그들이 다 같이 모일 수 있는 방법이 있을까?

- **Is there any way** to support you?
  당신을 지지할 방법이 있나요?

Always be ready to speak these sentences confidently!

SPEAKING PRACTICE

1. A: 이것을 극복할 수 있는 방법이 있을까?
   B: As time goes, you will forget it. Don't worry.

   A Is there any way I can get through this?
   B 시간이 지나면서, 그것을 잊게 될 거야. 걱정하지 마.

2. A: 영어를 유창하게 할 방법이 있을까?
   B: What about going to the language institute?

   A Is there any way to be fluent in English?
   B 외국어 학원을 다녀 보는 것이 어때?

3. A: 그를 볼 수 있는 기회를 가질 방법이 있나요?
   B: You can stop by his office.

   A Is there any way to get a chance to see him?
   B 그의 사무실에 잠깐 들러 봐.

4. A: 그들이 다 같이 모일 수 있는 방법이 있을까?
   B: It will be difficult for them to get together.

   A Is there any way they can get together?
   B 그들이 다 같이 모이는 것은 어려울 거야.

5. A: 당신을 지지할 방법이 있나요?
   B: I hope you will be here for me.

   A Is there any way to support you?
   B 저를 위해 이곳에 있어 주면 되요.

Are you sure about ~?
~에 대해서 확신하니?

확인하기

mp3_048

상대방의 말이 믿기지 않거나 의심이 될 때, 또는 다시 확인하고 싶을 때 쓸 수 있는 패턴입니다. about은 전치사이므로 뒤에 명사나 명사구를 써야 하는 것에 유의하세요.

SPEAKING TRAINING

- Are you sure about this?
  이것에 대해서 확신하니?

- Are you sure about the result?
  그 결과에 대해서 확신하니?

- Are you sure about your decision?
  너의 결정에 확신하니?

- Are you sure about what you just said?
  네가 지금 말한 것에 확신하니?

- Are you sure about what he described?
  그가 묘사한 것에 대해서 확신하니?

SPEAKING PRACTICE

1. A: 이것에 대해서 확신하니?
   B: No, I am not. I was drunk last night.

   A Are you sure about this?
   B 아니. 어젯밤에 취한 상태였어.

2. A: 그 결과에 대해서 확신하니?
   B: Of course. I double-checked.

   A Are you sure about the result?
   B 당연하지. 나는 재확인했어.

3. A: 너의 결정에 확신하니?
   B: How can I be so sure about that? I just made a quick decision.

   A Are you sure about your decision?
   B 내가 어떻게 그렇게 확신할 수 있겠어? 나는 그냥 빨리 결정을 내린 거야.

4. A: 네가 지금 말한 것에 확신하니?
   B: Yeah. I remember the moment very clearly.

   A Are you sure about what you just said?
   B 응. 나는 그 순간을 선명하게 기억해.

5. A: 그가 묘사한 것에 대해서 확신하니?
   B: No, I'm not. I can't believe what he said.

   A Are you sure about what he described?
   B 아니. 나는 그가 했던 말을 믿을 수 없어.

Are you sure that ~?
~라는 것을 확신하니?

확인하기

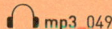

Are you sure about ~?과 같이 상대방의 말이 믿기지 않거나 의심이 될 때 또는 다시 확인하고 싶을 때 쓸 수 있는 패턴입니다. Are you sure about 다음에는 명사나 명사구가 이어지는 반면에 Are you sure that 다음에는 절이 이어집니다.

SPEAKING TRAINING

- Are you sure that it's her office?
  그것이 그녀의 사무실이라는 것을 확신하니?

- Are you sure that he's perfect for the job?
  그가 그 일에 적합하다고 확신하니?

- Are you sure that you left the book here?
  네가 그 책을 여기 둔 것이 확실하니?

- Are you sure that we're doing the right thing?
  우리가 옳은 일을 하고 있다고 확신하니?

- Are you sure that you can do this?
  네가 이것을 할 수 있다고 확신하니?

Always be ready to speak these sentences confidently!

SPEAKING PRACTICE

1. A: 그것이 그녀의 사무실이라는 것을 확신하니?
   B: According to the map, it should be the one.

   A Are you sure that it's her office?
   B 지도에 따르면, 그녀의 사무실이 확실해.

2. A: 그가 그 일에 적합하다고 확신하니?
   B: He's qualified for the job.
   *be qualified for: ~에 적합하다, ~에 적임자다

   A Are you sure that he's perfect for the job?
   B 그가 그 일에 적임자야.

3. A: 네가 그 책을 여기 둔 것이 확실하니?
   B: Yeah, I left it right here.

   A Are you sure that you left the book here?
   B 응, 나는 바로 이곳에 두었어.

4. A: 우리가 옳은 일을 하고 있다고 확신하니?
   B: Yes, we are. Stop worrying about it.

   A Are you sure that we're doing the right thing?
   B 그럼. 그것에 대해 걱정 그만해.

5. A: 네가 이것을 할 수 있다고 확신하니?
   B: I'm just doing my best. That's all.

   A Are you sure that you can do this?
   B 나는 그냥 최선을 다할 뿐이야. 그게 다야.

Do you mean ~?
~라는 말이니?

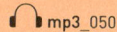

상대방의 말을 다시 확인할 때나, 상대방의 말을 확실하게 정리해서 되물을 때 많이 쓰는 패턴입니다. 어처구니 없는 일이나 뜻밖의 소식을 들었을 때도 쓸 수 있습니다.

SPEAKING TRAINING

- **Do you mean** it's yours? 그것이 네 것이라는 말이니?
- **Do you mean** you saw the accident? 네가 그 사고를 봤다는 말이니?
- **Do you mean** she's having an affair? 그녀가 바람을 피우고 있다는 거니?
- **Do you mean** I failed the test? 내가 시험에 떨어졌다는 말이야?
- **Do you mean** you don't want to see me anymore? 더 이상 나를 보고 싶지 않다는 말이야?

SPEAKING practice

1. A: Can I have this back? It used to belong to me.
   B: 그것이 지금 네 것이라는 말이니?

2. A: I can describe the accident.
   B: 네가 그 사고를 봤다는 말이니?

3. A: I think I saw her kissing another guy last night.
   B: 그녀가 바람을 피우고 있다는 거니?

4. A: You might need to take the test one more time.
   B: 내가 시험에 떨어졌다는 말이야?

5. A: 더 이상 나를 보고 싶지 않다는 말이야?
   B: I mean, we need to be separated.

A 이것을 다시 가져가도 될까? 그것은 원래 내 것이었어.
B Do you mean it's yours?

A 나는 그 사고를 묘사할 수 있어.
B Do you mean you saw the accident?

A 나는 그녀가 지난 밤에 딴 남자와 키스하는 것을 봤던 것 같아.
B Do you mean she's having an affair?

A 너는 시험을 한 번 더 봐야 할 지도 모르겠어.
B Do you mean I failed the test?

A Do you mean you don't want to see me anymore?
B 내 말은, 우리가 떨어져 지낼 필요가 있다는 거야.

Practice Makes Perfect 10

It's time to review!

우리말 문장을 보고 영어 문장이 바로 나오는지 확인해 보세요! 안 되면, 다시 돌아가서 완벽하게 연습하는 것 아시죠? 완벽하게 말할 수 있을 때까지 열심히 연습하세요!

STEP 1 앞에서 배운 표현을 복습해 보세요!

01. 전에 이것을 보았던 사람이 있니?
02. 이 일을 처리할 수 있는 사람이 있나요?
03. 그들이 다 같이 모일 수 있는 방법이 있는 거야?
04. 그를 볼 수 있는 기회를 가질 방법이 있나요?
05. 너의 결정에 확신하니?
06. 네가 지금 말한 것에 확신하니?
07. 그가 그 일에 적합하다고 확신하니?
08. 네가 이것을 할 수 있다고 확신하니?
09. 내가 시험에 떨어졌다는 말이야?
10. 더 이상 나를 보고 싶지 않다는 말이야?

Answers

01. Is there anyone who has seen this before?
02. Is there anyone who can handle this work?
03. Is there any way they can get together?
04. Is there any way to get a chance to see him?
05. Are you sure about your decision?
06. Are you sure about what you just said?
07. Are you sure that he's perfect for the job?
08. Are you sure that you can do this?
09. Do you mean I failed the test?
10. Do you mean you don't want to see me anymore?

STEP 2 새로운 문장 만들기에 도전해 보세요!

01. Is there anyone who ~ ? ~하는 사람이 있니?
① 나를 사랑해 줄 사람이 있나요?
② 이걸 한번 시도해 볼 사람이 있나요?

02. Is there any way ~ ? ~할 방법이 있니?
① 그녀가 나를 사랑하게 만들 방법이 있을까?
② 제가 영어 실력을 향상시킬 수 있는 방법이 있나요?

03. Are you sure about ~ ? ~에 대해서 확신하니?
① 그 상품의 질에 대해서 확신하니?
② 그 스케줄이 확실한 거니?

04. Are you sure that ~ ? ~라는 것을 확신하니?
① 이 일을 그만 두고 싶은 것이 확실하니?
② 우리 팀에 합류하고 싶은 것이 확실하니?

05. Do you mean ~ ? ~라는 말이니?
① 내가 다이어트를 해야 한다는 말이니?
② 내 차를 빌리고 싶다는 말이니?

Answers

01. ① Is there anyone who can love me?
   ② Is there anyone who wants to try this?
02. ① Is there any way to make her fall in love with me?
   ② Is there any way I can improve English?
03. ① Are you sure about the quality of the product?
   ② Are you sure about the schedule?
04. ① Are you sure that you're going to quit this?
   ② Are you sure that you want to join our team?
05. ① Do you mean I should go on a diet?
   ② Do you mean you'd like to borrow my car?

Are you saying ~?
~라는 말이니?

확인하기

🎧 mp3_051

Do you mean ~? 패턴과 비슷하게 상대방의 말을 정확하게 이해하지 못해서 확인할 때 쓰입니다. 뭔가 따져 묻거나 확인하려고 할 때도 쓸 수 있습니다.

SPEAKING TRAINING

- **Are you saying** you want to leave this place?
  이곳을 떠나고 싶다는 말이니?

- **Are you saying** you knew all about this?
  네가 이 모든 것을 다 알고 있었다는 말이니?

- **Are you saying** you have nothing to lose?
  너는 손해 볼 것 없다는 거야?

- **Are you saying** I'm out of my mind?
  내가 제 정신이 아니라는 말이니?

- **Are you saying** I'm not charming?
  내가 매력이 없다는 말이니?

SPEAKING PRACTICE

1. A: Why don't we find a new place to live?
   B: 이곳을 떠나고 싶다는 말이니?

2. A: 네가 이 모든 것을 다 알고 있었다는 말이니?
   B: No. I just told you what I was thinking.

3. A: 너는 손해 볼 것 없다는 거야?
   B: Don't get me wrong.

4. A: You gotta calm down now.
   B: 내가 제 정신이 아니라는 말이니?

5. A: I think it's time for you to care about your appearance.
   B: 내가 매력이 없다는 말이니?

A 우리가 살 새 집을 찾아 보는 것이 어때?
B Are you saying you want to leave this place?

A Are you saying you knew all about that?
B 아니. 나는 그냥 내가 생각하고 있었던 것을 너에게 말해 준 것 뿐이야.

A Are you saying you have nothing to lose?
B 내 말 오해하지 마.

A 넌 좀 진정해야 해.
B Are you saying I'm out of my mind?

A 내 생각에는 네가 네 외모를 신경 쓸 때가 온 것 같아.
B Are you saying I'm not charming?

Is it true ~?
~라는 것이 사실이니?

확인하기

mp3_052

Is it true you were lying to me? "네가 나에게 거짓말하고 있었다는 것이 사실이니?"의 문장처럼 어떤 상황이 사실인지 아닌지에 대해서 확인할 때 이 패턴을 씁니다. 진위 여부가 궁금할 때 Is it true ~? 패턴을 이용해서 물어 보세요.

SPEAKING TRAINING

- **Is it true** they're married?
  그들이 결혼했다는 것이 사실이니?

- **Is it true** he's got a drinking problem?
  그가 알콜 의존증이 있다는 것이 사실이니?

- **Is it true** you've started a new business?
  네가 새로운 사업을 시작했다는 것이 사실이니?

- **Is it true** she's pregnant?
  그녀가 임신했다는 것이 사실이니?

- **Is it true** you got plastic surgery?
  네가 성형수술 했다는 것이 사실이니?

SPEAKING PRACTICE

1. A: 그들이 결혼했다는 것이 사실이니?
   B: You didn't know that? They have been married for 2 years.

   A Is it true they're married?
   B 너 몰랐니? 그들은 2년째 결혼 생활을 해 오고 있어.

2. A: 그가 알콜 의존증이 있다는 것이 사실이니?
   B: Yeah, it seems pretty serious.

   A Is it true he's got a drinking problem?
   B 응, 꽤 심각해 보여.

3. A: 네가 새로운 사업을 시작했다는 것이 사실이니?
   B: Who said that? Actually, it's confidential.

   A Is it true you've started a new business?
   B 누가 그래? 사실, 그것은 비밀이야.

4. A: 그녀가 임신했다는 것이 사실이니?
   B: That's what I heard. I'm happy for her.

   A Is it true she's pregnant?
   B 나는 그렇게 들었어. 그녀의 소식에 기뻐.

5. A: 네가 성형수술 했다는 것이 사실이니?
   B: No! I've never had plastic surgery.

   A Is it true you got plastic surgery?
   B 아니야! 나는 성형수술 한 적이 없어.

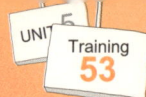

Training 53: Do you want to ~?

원하는 것 묻기 ~할래? / ~하고 싶니?

'~하는 것이 어때?'와 같이 상대방에게 무엇을 하도록 제안할 때나 '~하길 원하니?'와 같이 상대방에게 어떤 것을 하기를 원하는지를 물을 때 자주 쓰이는 패턴입니다.

SPEAKING TRAINING

- Do you want to have a cup of coffee?
  커피 한잔 할래?

- Do you want to see the movies?
  영화 보러 갈래?

- Do you want to help me with that?
  그 일을 좀 도와줄래?

- Do you want to join us?
  우리에게 합류할래?

- Do you want to try this on?
  이걸 입어 보고 싶니?

Always be ready to speak these sentences confidently!

SPEAKING PRACTICE

1. A: I have to study for the final test, but I'm so sleepy.
   B: 커피 한잔 할래?

   A 기말고사 공부를 해야 하는데, 너무 졸려.
   B Do you want to have a cup of coffee?

2. A: 영화 보러 갈래?
   B: I'd love to. What kind of movie would you like to see?

   A Do you want to see the movies?
   B 좋지. 무슨 영화를 보고 싶은데?

3. A: 그 일을 좀 도와줄래?
   B: I'd love to, but I have many things to do now.

   A Do you want to help me with that?
   B 나도 그러고 싶은데, 지금 해야 할 일들이 너무 많아.

4. A: Are you guys going for lunch?
   B: 우리에게 합류할래?

   A 너희 점심 먹으러 가니?
   B Do you want to join us?

5. A: This dress looks great!
   B: 이걸 입어 보고 싶니?

   A 이 원피스 멋져 보여!
   B Do you want to try this on?

Do you want me to ~?
내가 ~해 줄까? / 내가 ~해 주길 원하니?

원하는 것 묻기

mp3_054

상대방에게 내가 ~해 주기를 원하는지 묻는 패턴입니다. Do you want to ~?는 상대방에게 어떤 행동을 하기를 원하는지 묻는 것임에 반해, Do you want me to ~?는 상대방에게 내가 어떤 행동을 해 주길 바라는지를 물어볼 때 쓰입니다.

SPEAKING TRAINING

- Do you want me to buy you a drink? 내가 술 한잔 사 줄까?

- Do you want me to come with you? 내가 너와 함께 가 줄까?

- Do you want me to tell him that?
  내가 그에게 그걸 말해 주길 원하니?

- Do you want me to keep it a secret?
  내가 그것을 비밀로 해 줄까?

- Do you want me to learn how to make Italian food?
  내가 이탈리아 음식 만드는 법을 배울까?

Always be ready to speak these sentences confidently!

SPEAKING PRACTICE

1. A: I need something to get rid of my stress.
   B: 내가 술 한잔 사 줄까?

2. A: I'm afraid going there alone.
   B: 내가 너와 함께 가 줄까?

3. A: 내가 그에게 그걸 말해 주길 원하니?
   B: No, you don't have to.

4. A: 내가 그것을 비밀로 해 줄까?
   B: Please, do so.

5. A: 내가 이탈리아 음식 만드는 법을 배울까?
   B: What for? Do you want to make it for me?

A 스트레스를 날려 버릴 뭔가가 필요해.
B Do you want me to buy you a drink?

A 거기 혼자 가는 것이 두려워.
B Do you want me to come with you?

A Do you want me to tell him that?
B 아니야, 그럴 필요 없어.

A Do you want me to keep it a secret?
B 그렇게 좀 해 줘.

A Do you want me to learn how to make Italian food?
B 뭣 때문에? 나를 위해서 요리해 주려고?

Would you like to ~?

Training 55 — 원하는 것 묻기 — ~하고 싶나요?

mp3_055

상대방이 어떤 것을 원하는지, 하고 싶은지에 대해서 묻거나 권유할 때 쓰는 패턴입니다. Do you want to ~?와 같은 의미지만 Would you like to ~?가 좀 더 공손한 표현입니다. 따라서, 처음 만난 사이에서는 Would you like to ~?의 패턴을 더 많이 사용합니다.

SPEAKING TRAINING

- Would you like to get something to eat? 뭔가 먹고 싶나요?

- Would you like to to keep going? 계속 진행하고 싶나요?

- Would you like to dance with me?
  저와 함께 춤추고 싶나요?

- Would you like to stay with her?
  그녀와 함께 있고 싶나요?

- Would you like to to get to know them?
  그들에 대해서 알고 싶나요? * get to know ~: ~에 대해서 알아가다, 알게 되다

Always be ready to speak these sentences confidently!

SPEAKING PRACTICE

1. A: 뭔가 먹고 싶나요?
   B: Let's grab a bite here.
   * grab a bite: 샌드위치나 핫도그 등으로 간단하게 식사하다

   A Would you like to get something to eat?
   B 여기서 간단히 먹고 가요.

2. A: 계속 진행하고 싶나요?
   B: I have to. I haven't done it yet.

   A Would you like to keep going?
   B 그래야만 해요. 저는 아직 그것을 끝내지 않았어요.

3. A: 저와 함께 춤추고 싶나요?
   B: I'm sorry. I have someone else to dance with.

   A Would you like to dance with me?
   B 죄송해요. 다른 사람과 추기로 했어요.

4. A: 그녀와 함께 있고 싶나요?
   B: Of course. I'd love to.

   A Would you like to stay with her?
   B 물론이에요. 그러고 싶어요.

5. A: 그들에 대해서 알고 싶나요?
   B: Yes, but it doesn't seem easy to me.

   A Would you like to get to know them?
   B 네, 하지만 제겐 쉬워 보이지 않아요.

Practice Makes Perfect
11

It's time to review!

우리말 문장을 보고 영어 문장이 바로 나오는지 확인해 보세요! 안 되면, 다시 돌아가서 완벽하게 연습하는 것 아시죠? 완벽하게 말할 수 있을 때까지 열심히 연습하세요!

STEP 1 앞에서 배운 표현을 복습해 보세요!

01. 이곳을 떠나고 싶다는 말이니?
02. 내가 제 정신이 아니라는 말이니?
03. 그가 알콜 의존증이 있다는 것이 사실이니?
04. 네가 성형수술 했다는 것이 사실이니?
05. 그 일을 좀 도와줄래?
06. 이걸 입어 보고 싶니?
07. 내가 너와 함께 가 줄까?
08. 내가 그것을 비밀로 해 줄까?
09. 뭔가 먹고 싶나요?
10. 그녀와 함께 있고 싶나요?

Answers
01. Are you saying you want to leave this place?
02. Are you saying I'm out of my mind?
03. Is it true he's got a drinking problem?
04. Is it true you got plastic surgery?
05. Do you want to help me with that?
06. Do you want to try this on?
07. Do you want me to come with you?
08. Do you want me to keep it a secret?
09. Would you like to get something to eat?
10. Would you like to stay with her?

STEP 2 새로운 문장 만들기에 도전해 보세요!

01. Are you saying ~? ~라는 말이니?

① 그것을 포기하고 싶다는 말이니?

② 다른 사람이 생겼다는 말이니?

02. Is it true ~? ~라는 것이 사실이야?

① 당신이 곧 승진한다는 것이 사실인가요?

② 제가 곧 해고된다는 것이 사실인가요?

03. Do you want to ~? ~할래? / ~하고 싶니?

① 의사에게 진찰 받을래?

② 당신 차를 수리하고 싶나요?

04. Do you want me to ~? 내가 ~해 줄까? / 내가 ~해 주길 원하니?

① 내가 너에게 기회를 한 번 더 주길 원하니?

② 내가 너를 집까지 태워다 줄까?

05. Would you like to ~? ~하고 싶나요?

① 그 서류 작업을 저와 함께 하고 싶나요?

② 그들이 어디에 있는지 알고 싶나요?

Answers

01. ① Are you saying you want to give it up?
    ② Are you saying you met someone else?
02. ① Is it true you're going to get a promotion soon?
    ② Is it true I'm going to get fired soon?
03. ① Do you want to see a doctor?
    ② Do you want to get your car repaired?
04. ① Do you want me to give you one more chance?
    ② Do you want me to give you a ride home?
05. ① Would you like to work on the paper with me?
    ② Would you like to know where they are?

Do you feel like ~?
~하고 싶니?

원하는 것 묻기

mp3_056

Do you feel like ~?는 Do you want to ~? / Would you like to ~?와 비슷하게 ~하길 원하는지를 물어보지만, 좀 더 감정에 치우쳐서 '~하고 싶은 기분이니?' 라는 뉘앙스로 물어볼 때 쓰는 패턴입니다.

SPEAKING TRAINING

- Do you feel like eating chocolate? 초콜릿을 먹고 싶니?
- Do you feel like drinking? 술을 마시고 싶니?
- Do you feel like dining out tonight?
  저녁 때 외식하고 싶니?
- Do you feel like watching a movie?
  영화 보고 싶니?
- Do you feel like leaving this place?
  이곳을 떠나고 싶니?

SPEAKING PRACTICE

1. A: 초콜릿을 먹고 싶니?
   B: How did you know that? Eating chocolate helps me get rid of stress.

   A Do you feel like eating chocolate?
   B 어떻게 알았어? 초콜릿 먹는 것이 스트레스 제거에 도움을 주더라고.

2. A: I've been depressed since my girl friend left me.
   B: 술 마시고 싶니?

   A 내 여자 친구가 날 떠난 이후로 계속 우울해.
   B Do you feel like drinking?

3. A: What are we going to do about dinner?
   B: 저녁 때 외식하고 싶니?

   A 저녁 식사 어떻게 할까?
   B Do you feel like dining out tonight?

4. A: 영화 보고 싶니?
   B: No, I feel like singing.

   A Do you feel like watching a movie?
   B 아니, 노래 부르고 싶어.

5. A: 이곳을 떠나고 싶니?
   B: Yeah, I feel like going somewhere with you.

   A Do you feel like leaving this place?
   B 응, 나는 너와 어디론가 떠나고 싶어.

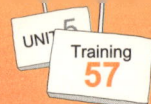

Are you in the mood ~?
~하고 싶니?

원하는 것 묻기

🎧 mp3_057

Do you feel like ~?와 마찬가지로, ~을 하고 싶은 기분인지를 묻는 패턴입니다. **Are you in the mood** 다음에는 for+명사나 동명사 혹은 to+동사원형 형태가 이어집니다.

SPEAKING TRAINING

- **Are you in the mood** for having a chat with me?
  나와 수다 떨고 싶니?

- **Are you in the mood** for shopping?
  쇼핑하고 싶니?

- **Are you in the mood** for going for a walk?
  산책 가고 싶니?

- **Are you in the mood** to play soccer?
  축구하고 싶니?

- **Are you in the mood** to kiss me?
  나와 키스하고 싶니?

Always be ready to speak these sentences confidently!

SPEAKING PRACTICE

1. A: I feel lonely.
   B: 나와 수다 떨고 싶니?

   A 나는 외로워.
   B Are you in the mood for having a chat with me?

2. A: 쇼핑하고 싶니?
   B: That sounds good. I'm going to buy sun glasses.

   A Are you in the mood for shopping?
   B 좋아. 나는 선글라스를 살 거야.

3. A: 산책 가고 싶니?
   B: I don't feel like going for a walk. I'm so tired.

   A Are you in the mood for going for a walk?
   B 산책 갈 기분이 아니야. 너무 피곤해.

4. A: 축구하고 싶니?
   B: Sure. Let's play soccer.

   A Are you in the mood to play soccer?
   B 그래. 축구하자.

5. A: 나와 키스하고 싶니?
   B: Of course. Because I love you.

   A Are you in the mood to kiss me?
   B 물론이지. 나는 너를 사랑하니까.

Would you prefer to ~?
~하는 것이 더 좋겠어요?

UNIT 5 Training 58

원하는 것 묻기

mp3_058

Would you prefer to ~?는 '~하는 것이 더 좋겠어요?'라고 하면서 상대방에게 어느 것을 더 원하는지 물을 때 쓰는 패턴입니다. do보다 would를 쓰면 좀 더 예의 바른 표현이 됩니다.

SPEAKING TRAINING

- **Would you prefer to stay inside?**
  안에 있는 것이 더 좋겠어요?

- **Would you prefer to drink tea?**
  차 마시는 것이 더 낫겠어요?

- **Would you prefer to take a taxi?**
  택시 타는 것이 더 좋겠어요?

- **Would you prefer to discuss it?**
  그것에 대해서 토론하는 것이 더 좋겠어요?

- **Would you prefer to take a break?**
  잠시 쉬는 것이 더 낫겠어요?

Always be ready to speak these sentences confidently!

SPEAKING PRACTICE

1. A: I don't want to go out.
   B: 안에 있는 것이 더 좋겠어요?

   A 밖에 나가고 싶지 않아요.
   B Would you prefer to stay inside?

2. A: I love coffee, but I'm not in the mood for drinking coffee now.
   B: 차 마시는 것이 더 낫겠어요?

   A 저는 커피를 무척 좋아하는데, 지금은 커피를 별로 마시고 싶지 않아요.
   B Would you prefer to drink tea?

3. A: 택시 타는 것이 더 좋겠어요?
   B: I think I have to. I'm already late.

   A Would you prefer to take a taxi?
   B 그래야 할 것 같아요. 전 이미 늦었어요.

4. A: 그것에 대해서 토론하는 것이 더 좋겠어요?
   B: No. I'm pretty satisfied with the result.

   A Would you prefer to discuss it?
   B 아니요. 전 그 결과에 꽤 만족해요.

5. A: It's hard to make a decision. Isn't it?
   B: 잠시 쉬는 것이 더 낫겠어요?

   A 결정하는 것이 어렵네요. 그렇죠?
   B Would you prefer to take a break?

Are you interested in ~?

~에 관심이 있니?

원하는 것 묻기

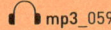
mp3_059

상대방이 어떤 것에 흥미나 관심이 있는지 물을 때 자주 쓰이는 패턴입니다. 어떤 분야에 대해 관심이 있는지, 어떤 운동에 관심이 있는지 등을 물을 때 이 패턴을 써서 표현해 보세요.

SPEAKING TRAINING

- Are you interested in **getting new information about it?** 그것에 대한 새로운 정보를 얻는 것에 관심이 있니?

- Are you interested in **working with me?**
  나와 함께 일하는 것에 관심이 있니?

- Are you interested in **studying abroad?**
  유학 가는 것에 관심이 있니?

- Are you interested in **buying a new cell phone?** 새 핸드폰 사는 것에 관심이 있니?

- Are you interested in **doing Yoga?**
  요가하는 것에 관심이 있니?

SPEAKING PRACTICE

1. A: 그것에 대한 새로운 정보를 얻는 것에 관심이 있니?
   B: Actually, I already asked him to give me new information about it.

2. A: 나와 함께 일하는 것에 관심이 있니?
   B: I think working with you will be helpful.

3. A: 유학 가는 것에 관심이 있니?
   B: Yeah, especially I'd like to study in England.

4. A: 새 핸드폰 사는 것에 관심이 있니?
   B: I'm fine with my cell phone now.

5. A: 요가하는 것에 관심이 있니?
   B: No. I'm interested in active exercise.

A Are you interested in getting new information about it?
B 사실, 나는 이미 그에게 그것에 대한 새로운 정보를 달라고 했어.

A Are you interested in working with me?
B 너와 함께 일하면 도움이 될 것 같아.

A Are you interested in studying abroad?
B 응, 특히 영국에서 공부해 보고 싶어.

A Are you interested in buying a new cell phone?
B 지금 내 핸드폰도 괜찮아.

A Are you interested in doing Yoga?
B 아니. 난 활동적인 운동에 관심이 있어.

Are you dying to ~?
~하고 싶지?

원하는 것 묻기

mp3_060

Are you dying to ~?는 직역하면 '~하고 싶어서 죽겠지?'라는 의미이므로, 상대방에게 무엇인가를 강렬하게 하고 싶은지를 물을 때 쓰는 아주 강한 강조의 패턴입니다.

SPEAKING TRAINING

* **Are you dying to** get out of here?
  여기서 나가고 싶지?

* **Are you dying to** hear from him?
  그로부터 소식을 듣고 싶지?

* **Are you dying to** eat donuts?
  도너츠 먹고 싶지?

* **Are you dying to** have a dog?
  개를 키우고 싶지?

* **Are you dying to** meet him?
  그를 만나고 싶지?

Always be ready to speak these sentences confidently!

SPEAKING PRACTICE

1. A: 여기서 나가고 싶지?
   B: I don't like being here.

   A Are you dying to get out of here?
   B 나는 여기 있는 것이 싫어.

2. A: 그로부터 소식을 듣고 싶지?
   B: I look forward to hearing from him.
   * look forward to ~ing: ~하기를 기대하다

   A Are you dying to hear from him?
   B 그에게서 소식을 듣게 되길 기대하고 있어.

3. A: 도너츠 먹고 싶지?
   B: I really want to eat sweet thing.
   Donuts would be really good.

   A Are you dying to eat donuts?
   B 단 것이 정말 먹고 싶어. 도너츠 정말 맛있겠다.

4. A: 개를 키우고 싶지?
   B: I'd love to, but my mom hates it.

   A Are you dying to have a dog?
   B 그러고 싶은데, 엄마가 개를 싫어하서.

5. A: 그를 만나고 싶지?
   B: I already saw him last night.

   A Are you dying to meet him?
   B 이미 어젯밤에 봤어.

Practice Makes Perfect 12

It's time to review!

우리말 문장을 보고 영어 문장이 바로 나오는지 확인해 보세요! 안 되면, 다시 돌아가서 완벽하게 연습하는 것 아시죠? 완벽하게 말할 수 있을 때까지 열심히 연습하세요!

STEP 1 앞에서 배운 표현을 복습해 보세요!

01. 초콜릿을 먹고 싶니?

02. 이곳을 떠나고 싶니?

03. 산책 가고 싶니?

04. 축구하고 싶니?

05. 안에 있는 것이 더 좋겠어요?

06. 그것에 대해서 토론하는 것이 더 좋겠어요?

07. 그것에 대한 새로운 정보를 얻는 것에 관심이 있니?

08. 나와 함께 일하는 것에 관심이 있니?

09. 여기서 나가고 싶지?

10. 개를 키우고 싶지?

Answers
01. Do you feel like eating chocolate?
02. Do you feel like leaving this place?
03. Are you in the mood for going for a walk?
04. Are you in the mood to play soccer?
05. Would you prefer to stay inside?
06. Would you prefer to discuss it?
07. Are you interested in getting new information about it?
08. Are you interested in working with me?
09. Are you dying to get out of here?
10. Are you dying to have a dog?

STEP 2 새로운 문장 만들기에 도전해 보세요!

01. Do you feel like ~ ? ~하고 싶니?
① 음악을 듣고 싶니?
② 해산물을 먹고 싶니?

02. Are you in the mood ~ ? ~하고 싶니?
① 게임하고 싶니?
② 빗속을 걷고 싶니?

03. Would you prefer to ~ ? ~하는 것이 더 좋겠어요?
① 서류를 훑어보는 것이 더 낫겠어요?
② 집에서 쉬는 것이 더 좋겠어요?

04. Are you interested in ~ ? ~에 관심이 있니?
① 요리하는 것에 관심이 있니?
② 봉사 활동에 관심이 있니?

05. Are you dying to ~ ? ~하고 싶지?
① 할로윈 파티에 가고 싶지?
② 콘서트 티켓을 갖고 싶지?

Answers
01. ① Do you feel like listening to music?
    ② Do you feel like eating seafood?
02. ① Are you in the mood for games?
    ② Are you in the mood to walk in the rain?
03. ① Would you prefer to go through the paper?
    ② Would you prefer to take a rest?
04. ① Are you interested in cooking?
    ② Are you interested in volunteering?
05. ① Are you dying to go to the Halloween party?
    ② Are you dying to have the concert ticket?

Can I ~?
~해도 되나요?
허락 가능성 묻기

'~해도 되나요?'라고 하면서 상대방에게 허락을 구하는 패턴입니다. 예의 바른 표현이면서도 너무 형식적이지 않게 쓸 수 있어서 보통 ~해도 되는지를 물을 때 많이 쓰입니다. 원하는 것을 하기 전에 상대방에게 이 패턴을 사용해서 물어보세요.

SPEAKING TRAINING

- Can I take it home?
  그것을 집으로 가져가도 될까요?

- Can I sit in the front?
  앞 좌석에 앉아도 될까요?

- Can I ask you your phone number?
  당신 전화번호를 여쭤봐도 될까요?

- Can I close the window?
  창문을 닫아도 될까요?

- Can I take it slowly?
  일을 천천히 진행시켜도 될까요?

SPEAKING PRACTICE

1. A: 그것을 집으로 가져가도 될까요?
   B: Sure. You can take everything here.

   A Can I take it home?
   B 물론이죠. 여기 있는 것 다 가져가도 돼요.

2. A: 앞 좌석에 앉아도 될까요?
   B: I'm sorry. It's already taken.

   A Can I sit in the front?
   B 죄송합니다. 이미 딴 분이 앉아 계십니다.

3. A: 당신 전화번호를 여쭤봐도 될까요?
   B: Sure. I'll give you my business card.

   A Can I ask you your phone number?
   B 물론이죠. 제 명함을 드릴게요.

4. A: 창문을 닫아도 될까요?
   B: Are you cold?

   A Can I close the window?
   B 추워요?

5. A: 일을 천천히 진행시켜도 될까요?
   B: Just take your time!

   A Can I take it slowly?
   B 천천히 하세요!

Is it possible ~?
~하는 것이 가능할까요?

허락 가능성 묻기

mp3_062

'~하는 것이 가능할까요?', '~해도 되나요?' 라고 물으면서 상대방에게 허락을 구하거나 어떤 행위가 가능한지를 확인할 때 쓰는 패턴입니다. 드물게 "그게 정말 가능해?"처럼 의구심을 나타낼 때도 쓸 수 있습니다.

SPEAKING TRAINING

- Is it possible to use it? 그것을 사용해도 될까요?

- Is it possible to meet him in his office?
그를 그의 사무실에서 뵐 수 있을까요?

- Is it possible to see a doctor now?
지금 진찰 받는 것이 가능할까요?

- Is it possible to buy flight tickets to New York right now?
바로 지금 뉴욕 행 비행기 표를 구하는 것이 가능할까요?

- Is it possible to cancel the reservation?
예약을 취소하는 것이 가능할까요?

SPEAKING PRACTICE

1. A: 그것을 사용해도 될까요?
   B: I'm afraid you're not allowed to use it.

   A Is it possible to use it?
   B 죄송하지만 그것을 사용해서는 안 됩니다.

2. A: 그를 그의 사무실에서 뵐 수 있을까요?
   B: He's not available at this moment.

   A Is it possible to meet him in his office?
   B 그는 지금 바쁘세요.

3. A: 지금 진찰 받는 것이 가능할까요?
   B: Let me check it for you.

   A Is it possible to see a doctor now?
   B 확인해 드릴게요.

4. A: 바로 지금 뉴욕 행 비행기 표를 구하는 것이 가능할까요?
   B: They're all sold out.

   A Is it possible to buy flight tickets to New York right now?
   B 모든 티켓이 다 팔렸어요.

5. A: 예약을 취소하는 것이 가능할까요?
   B: No problem.

   A Is it possible to cancel the reservation?
   B 그럼요.

Is it okay if ~?
~해도 될까요?

허락 가능성 묻기

mp3_063

'~해도 될까요?' 라고 물으면서 양해나 허락을 구하는 패턴으로, 조심성 있는 표현입니다. if 다음에는 주어+동사인 절의 형태가 이어져야 한다는 것에 유의하세요. okay 대신에 all right으로 바꾸어 말할 수도 있습니다.

SPEAKING TRAINING

- **Is it okay if I try this?** 이것을 먹어 봐도 될까요?

- **Is it okay if I look at your bag?**
  제가 당신 가방을 봐도 되나요?

- **Is it okay if I join you for dinner?**
  제가 여러분과 저녁 식사를 같이 해도 될까요?

- **Is it okay if I make an announcement?**
  제가 공식 발표를 해도 될까요?

- **Is it okay if I ask you a few questions?**
  당신께 몇 가지 질문을 해도 될까요?

Always be ready to speak these sentences confidently!

SPEAKING PRACTICE

1. A: 이것을 먹어 봐도 될까요?
   B: Of course. Go ahead.

   A Is it okay if I try this?
   B 물론이죠. 어서 드세요.

2. A: 제가 당신 가방을 봐도 되나요?
   B: No, it's not okay. I'm sorry, but It's my personal stuff.

   A Is it okay if I look at your bag?
   B 아니요, 괜찮지 않아요. 죄송하지만, 제 개인적인 물건이잖아요.

3. A: 제가 여러분과 저녁 식사를 같이 해도 될까요?
   B: Actually, your ex is going to join us too. Is it all right with you?

   A Is it okay if I join you for dinner?
   B 사실, 당신의 전 남자 친구도 함께 하기로 했어요. 괜찮겠어요?

4. A: 제가 공식 발표를 해도 될까요?
   B: Are you going to announce our engagement?

   A Is it okay if I make an announcement?
   B 우리의 약혼 발표를 하려고 하는 거예요?

5. A: 당신께 몇 가지 질문을 해도 될까요?
   B: Sure. You can ask me a lot.

   A Is it okay if I ask you a few questions?
   B 물론이죠. 많이 물어봐도 돼요.

Is it all right to ~?
~해도 될까요?

허락 가능성 묻기

🎧 mp3_064

Is it okay if ~?와 마찬가지로, 상대방에게 ~해도 되는지 허락을 받거나 양해를 구할 때 쓰는 패턴입니다. 단, Is it all right to 다음에는 동사원형이 온다는 것에 유의하세요.

SPEAKING TRAINING

- **Is it all right to** use your backyard?
  당신 집 뒤뜰을 사용해도 될까요?

- **Is it all right to** take a coffee break?
  커피 한잔 하면서 쉬어도 될까요?

- **Is it all right to** bring my mother?
  우리 엄마를 모셔가도 될까요?

- **Is it all right to** leave it there?
  그것을 거기에 두면 될까요?

- **Is it all right to** stay here while you're talking?
  당신들이 얘기하는 동안 여기 있어도 될까요?

SPEAKING PRACTICE

1. A: 당신 집 뒤뜰을 사용해도 될까요?
   B: We're having a party in the backyard.

   A Is it all right to use your backyard?
   B 뒤뜰에서 지금 파티 중인데요.

2. A: 커피 한잔 하면서 쉬어도 될까요?
   B: That sounds good! Let's have a break time!

   A Is it all right to take a coffee break?
   B 좋아요! 쉬는 시간을 가집시다!

3. A: 우리 엄마를 모셔가도 될까요?
   B: Sure. Bring your dad, too.

   A Is it all right to bring my mother?
   B 물론이죠. 아버지도 모셔오세요.

4. A: 그것을 거기에 두면 될까요?
   B: You can just take it with you.

   A Is it all right to leave it there?
   B 그냥 그것을 가지고 가셔도 돼요.

5. A: 당신들이 얘기하는 동안 여기 있어도 될까요?
   B: I'm sorry. We need some privacy.

   A Is it all right to stay here while you're talking?
   B 죄송해요. 저희끼리 얘기해야 해요.

Do you mind if ~?
~해도 될까요?

허락 가능성 묻기

mp3_065

Do you mind if ~?는 직역하면 '~하는 것이 싫으세요?' 입니다. mind가 '~하는 것을 꺼리다, 싫어하다'라는 뜻을 가지고 있어서 상대방에게 '~하면 안 될까요?'라고 돌려 물으면서 좀 더 정중하게 허락을 구할 때 쓸 수 있는 패턴입니다. 해석은 '~해도 될까요?'라고 하면 됩니다.

SPEAKING TRAINING

- Do you mind if I smoke here? 제가 여기서 담배 피워도 될까요?

- Do you mind if I stay in your place for 2 days?
  이틀 동안 당신 집에 머물러도 될까요?

- Do you mind if I tell him what just happened to us?
  우리에게 있었던 일을 그에게 말해도 될까요?

- Do you mind if I drive your car?
  제가 당신 차를 운전해도 될까요?

- Do you mind if I try to take care of it?
  제가 그 일을 처리해도 될까요?

Always be ready to speak these sentences confidently!

SPEAKING PRACTICE

1. A: 제가 여기서 담배 피워도 될까요?
   B: Yeah, I do mind. I'm allergic to cigarette. *be allergic to: ~에 알레르기가 있다

   A Do you mind if I smoke here?
   B 안 돼요. 저는 담배 알레르기가 있어요.

2. A: 이틀 동안 당신 집에 머물러도 될까요?
   B: No, I don't mind. I'm willing to spend time with you in my place.

   A Do you mind if I stay in your place for 2 days?
   B 그럼요. 저는 당신과 저의 집에서 같이 시간을 보내는 것이 좋아요.

3. A: 우리에게 있었던 일을 그에게 말해도 될까요?
   B: Do you really think that's a good idea?

   A Do you mind if I tell him what just happened to us?
   B 그것이 정말 좋은 아이디어라고 생각하나요?

4. A: 제가 당신 차를 운전해도 될까요?
   B: I'm sorry. I need my car right now.

   A Do you mind if I drive your car?
   B 죄송해요. 전 지금 당장 제 차가 필요해요.

5. A: 제가 그 일을 처리해도 될까요?
   B: Why not? I believe you can handle it very well.

   A Do you mind if I try to take care of it?
   B 왜 안 되겠어요? 저는 당신이 그 일을 정말 잘 처리할 거라고 믿어요.

Practice Makes Perfect 13

It's time to review!

우리말 문장을 보고 영어 문장이 바로 나오는지 확인해 보세요! 안 되면, 다시 돌아가서 완벽하게 연습하는 것 아시죠? 완벽하게 말할 수 있을 때까지 열심히 연습하세요!

STEP 1 앞에서 배운 표현을 복습해 보세요!

01. 그것을 집으로 가져가도 될까요?
02. 일을 천천히 진행시켜도 될까요?
03. 지금 진찰 받는 것이 가능할까요?
04. 바로 지금 뉴욕 행 비행기 표를 구하는 것이 가능할까요?
05. 제가 당신 가방을 봐도 되나요?
06. 제가 공식 발표를 해도 될까요?
07. 커피 한잔 하면서 쉬어도 될까요?
08. 그것을 거기에 두면 될까요?
09. 제가 여기서 담배 피워도 될까요?
10. 우리에게 있었던 일을 그에게 말해도 될까요?

Answers
01. Can I take it home?
02. Can I take it slowly?
03. Is it possible to see a doctor now?
04. Is it possible to buy flight tickets to New York right now?
05. Is it okay if I look at your bag?
06. Is it okay if I make an announcement?
07. Is it all right to take a coffee break?
08. Is it all right to leave it there?
09. Do you mind if I smoke here?
10. Do you mind if I tell him what just happened to us?

STEP 2 새로운 문장 만들기에 도전해 보세요!

01. Can I ~ ? ~해도 되나요?

❶ 이것을 돌려받을 수 있을까요?

❷ 제가 도와드릴까요?

02. Is it possible ~ ? ~하는 것이 가능할까요?

❶ 다음으로 미루는 것이 가능할까요? *take a rain check: 다음으로 미루다

❷ 상의하러 잠깐 들러도 될까요?

03. Is it okay if ~ ? ~해도 될까요?

❶ 내일까지 그 일을 완성해도 될까요?

❷ 회의를 미뤄도 될까요? *put off: ~을 미루다

04. Is it all right to ~ ? ~해도 될까요?

❶ 그들을 모아서 파티해도 될까요?

❷ 여기서 꽃 한 송이를 꺾어도 될까요?

05. Do you mind if ~ ? ~해도 될까요?

❶ 본론으로 바로 들어가도 될까요? *get to the point: 요점을 말하다, 본론으로 바로 들어가다

❷ 제가 그것을 설명해 드려도 될까요?

Answers

01. ❶ Can I return this?
    ❷ Can I give you a hand?
02. ❶ Is it possible to take a rain check?
    ❷ Is it possible to stop by for a consultation?
03. ❶ Is it okay if I get the work done by tomorrow?
    ❷ Is it okay if I put off the meeting?
04. ❶ Is it all right to get them together and have a party?
    ❷ Is it all right to pick a flower here?
05. ❶ Do you mind if I get right to the point?
    ❷ Do you mind if I explain it to you?

Can you ~?
~할 수 있니? / ~해 줄 수 있니?

부탁하기 & 도움주기

mp3_066

상대방에게 부탁할 때 쓰는 표현 중 격식이 크게 필요 없는 사이에서 편하게 많이 쓰는 패턴입니다. 여기서 can은 '가능'이 아닌 '허락'의 의미로 쓰입니다.

SPEAKING TRAINING

- Can you share it with me? 그것을 나와 함께 사용할 수 있니?

- Can you do the dishes? 설거지해 줄 수 있니?

- Can you make time for me?
  나를 위해서 시간을 내줄 수 있니? *make time for someone: ~을 위해서 시간을 내주다

- Can you tell me where to go?
  제가 어디로 가야 하는지 말해 줄 수 있나요?

- Can you come up with some brilliant ideas? 좋은 아이디어를 낼 수 있니?

  *come up with: ~을 (생각)해내다, ~을 고안해내다

Always be ready to speak these sentences confidently!

SPEAKING PRACTICE

1. A: 그것을 나와 함께 사용할 수 있니?
   B: Of course. You can use it whenever you want.

   A Can you share it with me?
   B 물론이지. 네가 사용하고 싶을 때 언제든지 사용해.

2. A: The dinner was great! Can I help you anything?
   B: 설거지해 줄 수 있니?

   A 저녁 식사가 훌륭했어! 내가 뭘 도와줄까?
   B Can you do the dishes?

3. A: You look worried. What's wrong?
   B: 나를 위해서 시간을 내줄 수 있니?

   A 너 고민 있어 보여. 무슨 일 있니?
   B Can you make time for me?

4. A: You need to go to the office.
   B: 제가 어디로 가야 하는지 말해 줄 수 있나요?

   A 당신은 사무실로 가야 해요.
   B Can you tell me where to go?

5. A: 좋은 아이디어를 낼 수 있니?
   B: It's hard, but I will give it a shot.
      *give it a shot: 한번 시도해 보다

   A Can you come up with some brilliant ideas?
   B 어렵지만, 한번 시도해 볼게.

Could you ~? & Would you ~?

~해 줄 수 있나요?

부탁하기 & 도움주기

🎧 mp3_067

Can you ~?와 마찬가지로 상대방에게 부탁할 때 쓰는 패턴입니다. Can you ~?에 비해서 좀 더 정중하게 부탁할 때 쓰는 패턴으로, 더욱 예의 바르게 부탁하고 싶다면 please를 써서 말하면 됩니다.

SPEAKING TRAINING

- **Could you** check on the baby?
  아기가 괜찮은지 확인해 줄 수 있나요? * check on: ~이 괜찮은지, 안전한지 확인하다

- **Could you** please stand up for me?
  제 편이 되어 줄 수 있나요? * stand up for: ~을 지지해 주다, ~의 편이 되어 주다

- **Could you** give me an opportunity?
  제게 기회를 한번 줄 수 있나요?

- **Would you** please run through the paper?
  서류를 한번 훑어봐 줄 수 있나요? * run through: ~을 훑어보다

- **Would you** try to find out where it is?
  그것이 어디에 있는지 찾아봐 줄 수 있나요?

> Always be ready to speak these sentences confidently!

SPEAKING PRACTICE

1. A: 아기가 괜찮은지 확인해 줄 수 있나요?
   B: I already did. She just fell asleep.

   A Could you check on the baby?
   B 이미 했어요. 지금 막 잠들었어요.

2. A: 제 편이 되어 줄 수 있나요?
   B: Why do I have to do that for you?

   A Could you please stand up for me?
   B 왜 당신을 위해서 그렇게 해야 하는데요?

3. A: 제게 기회를 한번 줄 수 있나요?
   B: I'm willing to do that.

   A Could you give me an opportunity?
   B 기꺼이 그렇게 할게요.

4. A: 서류를 한번 훑어봐 줄 수 있나요?
   B: I don't have time for that right now. Can I do that later?

   A Would you please run through the paper?
   B 지금 당장은 그럴 시간이 없어요. 나중에 해도 될까요?

5. A: 그것이 어디에 있는지 찾아봐 줄 수 있나요?
   B: I've been looking for it.

   A Would you try to find out where it is?
   B 그것을 계속 찾고 있는 중이었어요.

Can you help me ~?
~하는 것을 도와줄 수 있니?

부탁하기 & 도움주기

mp3_068

상대방에게 ~하는 것을 도와달라고 부탁할 때 쓰는 패턴으로, Can you help me 다음에는 동사나 with+명사 형태를 씁니다. help 동사는 목적어 다음에 동사가 이어질 때 to부정사나 동사원형을 둘 다 취할 수 있지만, 보통 원어민들은 동사원형을 많이 씁니다. 이 표현을 좀 더 정중하게 쓰고 싶다면 can 대신에 could나 would를 쓰면 됩니다.

SPEAKING TRAINING

- Can you help me fix my car? 내 차를 고치는 것을 도와줄 수 있니?

- Can you help me figure it out?
  그것을 해결하는 것을 도와줄 수 있니?

- Can you help me with this? 이걸 좀 도와줄 수 있니?

- Can you help me with my work?
  내 일을 도와줄 수 있니?

- Can you help me get the ideas about that? 그것에 대한 아이디어를 얻도록 도와줄래?

SPEAKING PRACTICE

1. A: 내 차를 고치는 것을 도와줄 수 있니?
   B: Sorry, I have an appointment.

   A Can you help me fix my car?
   B 미안하지만, 약속이 있어.

2. A: 그것을 해결하는 것을 도와줄 수 있니?
   B: Okay, I will help you find out a solution.

   A Can you help me figure it out?
   B 그럼, 내가 해결책을 찾는 것을 도와줄게.

3. A: 이걸 좀 도와줄 수 있니?
   B: I'm sorry, but I gotta go now.

   A Can you help me with this?
   B 미안하지만, 나는 지금 가 봐야 해.

4. A: 내 일을 도와줄 수 있니?
   B: How can I help you?

   A Can you help me with my work?
   B 어떻게 도와주면 되니?

5. A: Have you come up with some ideas?
   B: 아니. 그것에 대한 아이디어를 얻도록 도와줄래?

   A 아이디어 좀 냈니?
   B No. Can you help me get some ideas about that?

Can I help you ~?
~하는 것을 도와줄까?

부탁하기 & 도움주기

mp3_069

상대방에게 도움을 제안하는 패턴입니다. Can you help me ~?의 패턴과 마찬가지로, Can I help you 다음에는 동사원형을 쓰거나, with+명사 형태를 쓸 수 있습니다. Can I help you? 는 상점에서 손님에게 "어서오세요.", "도와드릴까요?" 라고 말할 때에도 쓰입니다.

SPEAKING TRAINING

- Can I help you find the way to get to the shopping mall? 쇼핑몰로 가는 길을 찾도록 도와줄까?

- Can I help you complete the work?
  그 일을 완성하는 것을 도와드릴까요?

- Can I help you with the project? 그 프로젝트를 도와줄까?

- Can I help you with the question?
  그 질문에 관해서 좀 도와줄까?

- Can I help you fix the copy machine?
  복사기 고치는 것을 드릴까요?

Always be ready to speak these sentences confidently!

SPEAKING PRACTICE

1. A: I don't know how to find ABC mall.
   B: 쇼핑몰로 가는 길을 찾도록 도와줄까?

   A ABC 쇼핑몰에 어떻게 찾아가야 하는지 모르겠어.
   B Can I help you find the way to get to the shopping mall?

2. A: I've been working on the job all day.
   B: 그 일을 완성하는 것을 도와드릴까요?

   A 저는 온종일 일에 매달렸어요.
   B Can I help you complete the work?

3. A: 그 프로젝트를 도와줄까?
   B: No, that's okay.

   A Can I help you with the project?
   B 아니, 괜찮아.

4. A: It's not easy to answer this question.
   B: 그 질문에 관해서 좀 도와줄까?

   A 이 질문에 대답하기가 쉽지 않네.
   B Can I help you with the question?

5. A: 복사기 고치는 것을 도와드릴까요?
   B: I already called someone to help me.

   A Can I help you fix the copy machine?
   B 저는 이미 절 도와줄 사람을 불렀어요.

Let me help you ~.
~하는 것을 도와줄게.

부탁하기 & 도움주기

mp3_070

Can I help you ~?와 마찬가지로 상대방에게 도움을 제안하는 패턴입니다. Let me help you ~.는 Can I help you ~?보다는 좀 더 편한 상대에게 쓰는 것으로, 보통 '~하는 것을 도와줄게.' 라고 말할 때 쓰입니다.

SPEAKING TRAINING

- **Let me help you** with your research.
  네가 연구 조사 하는 것을 도와줄게.

- **Let me help you** move it. 그것을 옮기는 것을 도와줄게.

- **Let me help you** find a job. 네가 일 자리 구하는 것을 도와줄게.

- **Let me help you** make a X-mas tree.
  네가 크리스마스트리 만드는 것을 도와줄게.

- **Let me help you** make lunch.
  점심 식사 준비하는 것을 도와줄게.

Always be ready to speak these sentences confidently!

SPEAKING PRACTICE

1. A: I'm doing a new research at work.
   B: 네가 연구 조사 하는 것을 도와줄게.

2. A: It's too heavy to lift.
   B: 그것을 옮기는 것을 도와줄게.

3. A: 네가 일 자리 구하는 것을 도와줄게.
   B: Please, give me an advice to find a perfect job for me.

4. A: I've always wanted to make a X-mas tree.
   B: 네가 크리스마스트리 만드는 것을 도와줄게.

5. A: 점심 식사 준비하는 것을 도와줄게.
   B: It's okay. I'm almost done.

A 나는 직장에서 새로운 연구 조사를 하고 있어.
B Let me help you with your research.

A 들기에 너무 무거워.
B Let me help you move it.

A Let me help you find a job.
B 제게 딱 맞는 직업을 찾도록 조언해 주세요.

A 나는 항상 크리스마스트리를 만들고 싶었어.
B Let me help you make a X-mas tree.

A Let me help you with lunch.
B 괜찮아. 거의 다 했어.

Practice Makes Perfect 14

It's time to review!

우리말 문장을 보고 영어 문장이 바로 나오는지 확인해 보세요! 안 되면, 다시 돌아가서 완벽하게 연습하는 것 아시죠? 완벽하게 말할 수 있을 때까지 열심히 연습하세요!

STEP 1 앞에서 배운 표현을 복습해 보세요!

01. 그것을 나와 함께 사용할 수 있니?
02. 나를 위해서 시간을 내줄 수 있니?
03. 제 편이 되어 줄 수 있나요?
04. 서류를 한번 훑어봐 줄 수 있나요?
05. 그것을 해결하는 것을 도와줄 수 있니?
06. 내 일을 도와줄 수 있니?
07. 그 일을 완성하는 것을 도와드릴까요?
08. 그 질문에 관해서 좀 도와줄까?
09. 그것을 옮기는 것을 도와줄게.
10. 점심 식사 준비하는 것을 도와줄게.

Answers
01. Can you share it with me?
02. Can you make time for me?
03. Could you please stand up for me?
04. Would you please run through the paper?
05. Can you help me figure it out?
06. Can you help me with my work?
07. Can I help you complete the work?
08. Can I help you with the question?
09. Let me help you move it.
10. Let me help you make lunch.

STEP 2 새로운 문장 만들기에 도전해 보세요!

01. **Can you ~?** ~할 수 있니? / ~해 줄 수 있니?
    ① 내게 세일 중인 그 목걸이를 사줄 수 있니?
    ② 제 질문에 대답해 줄 수 있나요?

02. **Could you ~? Would you ~?** ~해 줄 수 있나요?
    ① 그것의 복사물을 한 장 줄 수 있나요?
    ② 제 상황을 이해해 줄 수 있나요?

03. **Can you help me ~?** ~하는 것을 도와줄 수 있니?
    ① 내가 결정하는 것을 도와줄 수 있니?
    ② 그와 잘 어울릴 수 있게 도와줄 수 있니?

04. **Can I help you ~?** ~하는 것을 도와줄까?
    ① 그것을 제거하는 것을 도와줄까?
    ② 박스에 리본 붙이는 것을 도와줄까?

05. **Let me help you ~.** ~하는 것을 도와줄게.
    ① 그때 무슨 일이 있었는지 상기시키는 것을 도와줄게.
    * remind A of B: A에게 B를 상기시키다
    ② 그 상황을 잘 넘길 수 있도록 도와줄게.
    * make it through: (어려운 상황을) 잘 넘기다, 해내다

Answers
01. ① Can you get me the necklace on sale?
    ② Can you give me an answer to my question?
02. ① Could you get me a copy of that?
    ② Would you understand my situation?
03. ① Can you help me make a decision?
    ② Can you help me get along with him?
04. ① Can I help you get rid of that?
    ② Can I help you put a ribbon on the box?
05. ① Let me help you remind you of what happened.
    ② Let me help you make it through.

Do you have to ~?

~해야만 하니?

해야할 일 묻기

mp3_071

You have to ~. '~해야만 한다.'의 의문문 형태로, 상대방에게 꼭 ~해야 하는지를 물을 때 쓰는 패턴입니다. 정말 ~해야 하는지를 물을 수도 있고, '~하지 않으면 안 돼?', '꼭 ~해야 해?'라고 따지듯이 물을 때에도 많이 쓰입니다.

SPEAKING TRAINING

- **Do you have to** do this to me?   내게 이래야만 하니?

- **Do you have to** be rude to them?
  그들에게 무례하게 대해야만 하니?

- **Do you have to** give him a break time?
  그에게 쉬는 시간을 줘야만 하니?

- **Do you have to** keep in touch with her?
  그녀와 계속 연락을 유지해야만 하니?   *keep in touch with: ~와 연락을 유지하다

- **Do you have to** go over it again?
  그것을 다시 검토해야만 하니?   *go over: ~을 검토하다

SPEAKING PRACTICE

1. A: I need you to leave here now.
   B: 내게 이래야만 하니?

2. A: 그들에게 무례하게 대해야만 하니?
   B: They treat me bad.

3. A: 그에게 쉬는 시간을 줘야만 하니?
   B: I have to. He's been working for almost 3 hours.

4. A: She's leaving for China.
   B: 그녀와 계속 연락을 유지해야만 하니?

5. A: Finally, I'm done with the plan.
   B: 그것을 다시 검토해야만 하니?

A 네가 여기서 떠나 줘야 겠어.
B Do you have to do this to me?

A Do you have to be rude to them?
B 그들은 나를 잘 대해 주지 않아.

A Do you have to give him a break time?
B 그래야만 해. 그는 거의 3시간째 일하고 있어.

A 그녀는 곧 중국으로 떠나.
B Do you have to keep in touch with her?

A 드디어, 계획안을 끝냈어.
B Do you have to go over it again?

Do I have to ~?
내가 ~해야만 하니?

해야할 일 묻기

mp3_072

'내가 ~해야만 하니?' 라고 묻는 패턴입니다. 자신이 ~해야 하는지 몰라서 묻는 경우나 '내가 꼭 ~해야만 해?' 라고 하지 않아도 될 것 같다는 의미로 따지듯이 묻는 경우에 쓸 수 있습니다.

SPEAKING TRAINING 문장을 듣고, 큰소리로 따라 읽으면서 완벽하게 암기하세요!

- **Do I have to** walk them to the subway station?
  내가 그들과 함께 지하철역까지 걸어가야만 해? *walk A to B: A와 함께 B까지 걸어가다

- **Do I have to** apologize to him for that?
  내가 그것에 대해서 그에게 사과해야만 해?

- **Do I have to** hand in the paper by tomorrow?
  내가 내일까지 문서를 제출해야만 하니?

- **Do I have to** take advantage of this situation?
  내가 이 상황을 이용해야만 하니? *take advantage of: ~을 이용하다

- **Do I have to** explain it to you?
  내가 그것을 너에게 설명해야만 하니?

Always be ready to speak these sentences confidently!

SPEAKING PRACTICE

1. A: They have to go home. Why don't you take them to the subway station?
   B: 내가 그들과 함께 지하철역까지 걸어가야만 해?

2. A: 내가 그것에 대해서 그에게 사과해야만 해?
   B: I think you need to.

3. A: 내가 내일까지 문서를 제출해야만 하니?
   B: You don't have to.

4. A: 내가 이 상황을 이용해야만 하니?
   B: That's not what I'm talking!

5. A: Tell me what's going on there.
   B: 내가 그것을 너에게 설명해야만 하니?

A 그들은 집에 가야만 해. 그들을 지하철역까지 데려다 주는 게 어때?
B Do I have to walk them to the subway station?

A Do I have to apologize to him for that?
B 나는 네가 그래야 할 것 같아.

A Do I have to hand in the paper by tomorrow?
B 꼭 그러지 않아도 돼.

A Do I have to take advantage of this situation?
B 내가 말하는 것은 그것이 아냐!

A 거기서 무슨 일이 벌어지고 있는지 말해 줘.
B Do I have to explain it to you?

Training 73: Are you going to ~?

해야할 일 묻기 ~할 예정이니?

🎧 mp3_073

What are you going to do? "너는 무엇을 할 예정이니?" I'm going to visit my parents. "나는 부모님을 방문할 예정이야."의 대화에서 보듯이 Are you going to ~?는 미래에 계획하고 있는 일을 할 것인지를 물을 때 쓰는 패턴입니다.

SPEAKING TRAINING

- Are you going to take a bath tonight?
  오늘 밤에 목욕할 거니?

- Are you going to go and help him?
  가서 그를 도와줄 거니?

- Are you going to accept his suggestion?
  그의 제안을 받아들일 거니?

- Are you going to ask them to do this?
  그들에게 이것을 하라고 요구할 거니?

- Are you going to stay all day with me?
  저와 하루 종일 같이 있을 건가요?

Always be ready to speak these sentences confidently!

SPEAKING PRACTICE

1. A: 오늘 밤에 목욕할 거니?
   B: I'm just going to take a shower.

   A Are you going to take a bath tonight?
   B 난 그냥 샤워할 거야.

2. A: 가서 그를 도와줄 거니?
   B: I'm willing to help him.

   A Are you going to go and help him?
   B 나는 그를 기꺼이 도와줄 거야.

3. A: 그의 제안을 받아들일 거니?
   B: I've been thinking about it, but I haven't decided yet.

   A Are you going to accept his suggestion?
   B 계속 그것에 대해 생각해 왔지만, 아직 결정을 내리지 못했어.

4. A: 그들에게 이것을 하라고 요구할 거니?
   B: I'm already doing it alone.

   A Are you going to ask them to do this?
   B 나는 이미 혼자 작업 중이야.

5. A: 저와 하루 종일 같이 있을 건가요?
   B: Yeah, I'm going to take care of you all day.

   A Are you going to stay all day with me?
   B 응, 내가 하루 종일 너를 돌봐 줄게.

Are you planning to ~?
~할 예정이니?

해야할 일 묻기

mp3_074

Are you going to ~?와 마찬가지로 어떤 행동을 할 예정인지를 물을 때 쓰는 패턴입니다. Do you plan to ~?로 말할 수도 있지만, Are you planning to ~?가 좀 더 보편적인 형태입니다.

SPEAKING TRAINING

* Are you planning to make an appointment with my boss? 제 상사와 약속을 잡을 예정이십니까?

* Are you planning to take a bus to the office?
  사무실까지 버스 타고 갈 예정이니?

* Are you planning to go on a trip with your wife?
  부인과 함께 여행 가실 거예요?

* Are you planning to start writing a novel?
  소설책을 쓰실 계획이세요?

* Are you planning to get back to work?
  일터로 다시 돌아갈 예정이니?

Always be ready to speak these sentences confidently!

SPEAKING PRACTICE

1. A: 제 상사와 약속을 잡을 예정이십니까?
   B: I already made an appointment with him at 3.

   A Are you planning to make an appointment with my boss?
   B 저는 이미 3시에 그와 약속을 잡았는데요.

2. A: 사무실까지 버스 타고 갈 예정이니?
   B: I'm going to take a taxi.

   A Are you planning to take a bus to the office?
   B 나는 택시 타고 갈 거야.

3. A: 부인과 함께 여행 가실 거예요?
   B: Yes, we're leaving soon.

   A Are you planning to go on a trip with your wife?
   B 네, 우리는 곧 떠나요.

4. A: 소설책을 쓰실 계획이세요?
   B: No. I'm not going to write for a while.

   A Are you planning to start writing a novel?
   B 아니요, 당분간 글을 쓰지 않을 거예요.

5. A: 일터로 다시 돌아갈 예정이니?
   B: I might apply to another company.

   A Are you planning to get back to work?
   B 나는 다른 회사에 지원할 지도 몰라.

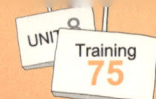

Training 75 : Are you supposed to ~?

해야할 일 묻기 ~해야만 하니? / ~할 예정이니? / ~하기로 되어 있니?

🎧 mp3_075

이 패턴은 의무(have to)와 예정(be going to), 그리고 '원래 ~한 거야.' 라는 뜻으로 일반적으로 당연시되는 일들을 표현할 때에 모두 쓸 수 있습니다.

SPEAKING TRAINING

- **Are you supposed to** get there by 7?
  7시까지 그곳에 도착할 예정이니? (예정)

- **Are you supposed to** stay at the hotel for 3 days?
  3일 동안 그 호텔에 머물 예정이니? (예정)

- **Are you supposed to** take the class this semester?
  이번 학기에 그 수업을 들어야만 하니? (의무)

- **Are you supposed to** ask them what they think?
  그들에게 어떤 생각인지를 물어봐야만 하는 건가요? (의무)

- **Aren't you supposed to** be kind to every customer?
  당신은 원래 모든 손님들에게 친절해야 하는 것 아닌가요? (당연시 되는 일)

Always be ready to speak these sentences confidently!

SPEAKING PRACTICE

1. A: 7시까지 그곳에 도착할 예정이니?
   B: I have to, but I might be a little late.

   A Are you supposed to get there by 7?
   B 그래야만 하는데, 조금 늦을 것 같아.

2. A: I'm going to stay at the hotel.
   B: 3일 동안 그 호텔에 머물 예정이니?

   A 나는 호텔에서 머물 예정이야.
   B Are you supposed to stay at the hotel for 3 days?

3. A: I'm going to take the English class.
   B: 이번 학기에 그 수업을 들어야만 하니?

   A 나는 영어 수업을 들을 거야.
   B Are you supposed to take the class this semester?

4. A: 그들에게 어떤 생각인지를 물어봐야만 하는 건가요?
   B: Yeah, their opinion is very important.

   A Are you supposed to ask them what they think?
   B 네, 그들의 의견은 굉장히 중요해요.

5. A: 당신은 원래 모든 손님들에게 친절해야 하는 것 아닌가요?
   B: Yeah, I should.

   A Aren't you supposed to be kind to every customer?
   B 네, 그래야죠.

Practice Makes Perfect 15

It's time to review!

우리말 문장을 보고 영어 문장이 바로 나오는지 확인해 보세요! 안 되면, 다시 돌아가서 완벽하게 연습하는 것 아시죠? 완벽하게 말할 수 있을 때까지 열심히 연습하세요!

STEP 1 앞에서 배운 표현을 복습해 보세요!

01. 내게 이래야만 하니?

02. 그녀와 계속 연락을 유지해야만 하니?

03. 내가 그들과 함께 지하철역까지 걸어가야만 해?

04. 내가 그것에 대해서 그에게 사과해야만 해?

05. 그의 제안을 받아들일 거니?

06. 저와 하루 종일 같이 있을 건가요?

07. 제 상사와 약속을 잡을 예정이십니까?

08. 일터로 다시 돌아갈 예정이니?

09. 7시까지 그곳에 도착할 예정이니?

10. 당신은 원래 모든 손님들에게 친절해야 하는 것 아닌가요?

Answers
01. Do you have to do this to me?
02. Do you have to keep in touch with her?
03. Do I have to walk them to the subway station?
04. Do I have to apologize to him for that?
05. Are you going to accept his suggestion?
06. Are you going to stay all day with me?
07. Are you planning to make an appointment with my boss?
08. Are you planning to get back to work?
09. Are you supposed to get there by 7?
10. Aren't you supposed to be kind to every customer?

STEP 2 새로운 문장 만들기에 도전해 보세요!

01. Do you have to ~ ? ~해야만 하니?
❶ 그것을 그만해야만 하니?
❷ 개를 산책시켜야만 하니?

02. Do I have to ~ ? 내가 ~해야만 하니?
❶ 내가 그를 만나는 것을 그만해야 하니?
❷ 내가 너를 다시 믿어 줘야 하니?

03. Are you going to ~ ? ~할 예정이니?
❶ 너는 그 일을 해결하려고 노력할 거니?   * work it out: 어떤 일이 잘 풀리게 하다
❷ 너는 Trey와의 거래를 끝낼 예정이니?   * close the deal: 거래를 끝내다

04. Are you planning to ~ ? ~할 예정이니?
❶ 증거를 보여 줄 계획이니?
❷ 그녀에게 결혼해 달라고 요구할 예정이니?

05. Are you supposed to ~ ? ~해야만 하니? / ~할 예정이니? / ~하기로 되어 있니?
❶ 그런 일이 없었다는 듯이 행동할 거니?
❷ 그것을 비밀로 해야만 하니?

Answers
01. ❶ Do you have to stop doing that?
    ❷ Do you have to take your dog for a walk?
02. ❶ Do I have to stop seeing him?
    ❷ Do I have to trust you again?
03. ❶ Are you going to try to work it out?
    ❷ Are you going to close the deal with Trey?
04. ❶ Are you planning to show the evidence?
    ❷ Are you planning to ask her to marry you?
05. ❶ Are you supposed to pretend it never happened?
    ❷ Are you supposed to keep it a secret?

I was wondering if ~.
혹시 ~인가 해서요.

궁금한 것 묻기

mp3_076

상대방에게 조심스럽게 궁금한 것을 묻는 패턴입니다. 직역하면 '~인지 아닌지 궁금했어.'라고 해석되지만, 실제로는 '혹시 ~인가 해서요.'라고 하면서 예의 바르게 상대방의 의향을 묻거나, 뭔가를 부탁할 때 쓰입니다.

SPEAKING TRAINING

- **I was wondering if** you could spend more time with us. 혹시 우리와 더 많은 시간을 보낼 수 있나 해서요.

- **I was wondering if** you could let me know that.
  혹시 제게 그것을 알려 줄 수 있나 해서요.

- **I was wondering if** you'd like to go out with me.
  혹시 저와 데이트하고 싶은가 해서요.

- **I was wondering if** you could join me.
  혹시 당신이 저와 함께 할 수 있나 해서요.

- **I was wondering if** you could help me.
  혹시 저를 도와줄 수 있나 해서요.

Always be ready to speak these sentences confidently!

SPEAKING PRACTICE

1. A: 혹시 당신이 저와 함께 할 수 있나 해서요.
   B: That sounds great.

2. A: We just discussed that.
   B: 혹시 제게 그것을 알려 줄 수 있나 해서요.

3. A: You want to say something to me?
   B: 혹시 저와 데이트하고 싶은가 해서요.

4. A: 혹시 우리와 더 많은 시간을 보낼 수 있나 해서요.
   B: I'm sorry, I can't. I have to take off now.

5. A: 혹시 저를 좀 도와줄 수 있나 해서요.
   B: I'd love to. What do you want me to do?

A I was wondering if you could join me.
B 좋아.
A 우린 막 그것에 대해서 토론했어요.
B I was wondering if you could let me know that.
A 제게 무슨 할 말 있나요?
B I was wondering if you'd like to go out with me.
A I was wondering if you could spend more time with us.
B 죄송하지만, 안 돼요. 전 지금 떠나야 해요.
A I was wondering if you could help me.
B 당연하죠. 뭘 해 주길 바라는데요?

Training 77

I'm wondering why ~.

궁금한 것 묻기 — 왜 ~인지 궁금해.

🎧 mp3_077

I'm wondering ~.에 'why 주어+동사'의 절의 형태가 이어진 것으로, 어떤 상황이나 사건 등이 왜 그렇게 되었는지 묻거나, 이해할 수 없다고 말할 때에 쓰는 패턴입니다.

SPEAKING TRAINING

- **I'm wondering why** she's avoiding us.
  왜 그녀가 우리를 피하는지 모르겠어.

- **I'm wondering why** they're still together.
  왜 그들이 아직도 만나는지 모르겠어.

- **I'm wondering why** I have to take responsibility for that.
  왜 내가 그것에 대해서 책임을 져야 하는지 모르겠어.

- **I'm wondering why** I can't see her anymore.
  왜 내가 그녀를 더 이상 볼 수 없는지 궁금해.

- **I'm wondering why** he ran away from us.
  왜 그가 우리에게서 도망쳤는지 궁금해.

Always be ready to speak these sentences confidently!

SPEAKING PRACTICE

1. A: 왜 그녀가 우리를 피하는지 모르겠어.
   B: Don't you really know that reason?

2. A: Whenever I see them, they always argue.
   B: 왜 그들이 아직도 만나는지 모르겠어.

3. A: 왜 그것에 대해서 책임을 져야 하는지 모르겠어.
   B: Think about what you've done so far.

4. A: 왜 그녀를 더 이상 볼 수 없는지 궁금해.
   B: Because she doesn't want to see you.

5. A: 왜 그가 우리에게서 도망쳤는지 궁금해.
   B: He's got our money.

A I'm wondering why she's avoiding us.
B 너 정말 그 이유를 몰라?

A 그들을 볼 때마다, 그들은 항상 싸우고 있어.
B I'm wondering why they're still together.

A I'm wondering why I have to take responsibility for that.
B 네가 이제껏 무슨 짓을 했는지 생각해 봐.

A I'm wondering why I can't see her anymore.
B 왜냐하면 그녀가 널 보길 싫어하기 때문이야.

A I'm wondering why he ran away from us.
B 그는 우리 돈을 가지고 갔어.

I wonder what ~.
~이 무엇인지 궁금해.

궁금한 것 묻기

mp3_078

I wonder ~.에 'what 주어+동사'의 절의 형태가 이어진 것으로, '~이 무엇인지 궁금해.'라고 하면서 특정한 무엇에 대해서 궁금한 것을 물을 때 쓰는 패턴입니다.

SPEAKING TRAINING

- **I wonder what** he's into.
  그가 무엇에 관심이 있는지 궁금해.

- **I wonder what** happened to them.
  그들에게 무슨 일이 일어났는지 궁금해.

- **I wonder what** kind of guy you like.
  네가 어떤 남자를 좋아하는지 궁금해.

- **I wonder what** you usually do in your free time.
  네가 자유 시간에 보통 무엇을 하는지 궁금해.

- **I wonder what** he said to you.
  그가 너에게 뭐라고 말했는지 궁금해.

Always be ready to speak these sentences confidently!

SPEAKING PRACTICE

1. A: 그가 무엇에 관심이 있는지 궁금해.
   B: Why do you even care about it?

   A I wonder what he's into.
   B 왜 신경을 쓰는 건데?

2. A: They suddenly broke up.
   B: 그들에게 무슨 일이 일어났는지 궁금해.

   A 그들은 갑자기 헤어졌어.
   B I wonder what happened to them.

3. A: 네가 어떤 남자를 좋아하는지 궁금해.
   B: The only thing I care about guys is personality.

   A I wonder what kind of guy you like.
   B 내가 남자를 볼 때 유일하게 보는 것은 성격이야.

4. A: 네가 보통 자유 시간에 무엇을 하는지 궁금해.
   B: I'm tied up with work all the time.
   * be tied up with: ~에 굉장히 바쁘다

   A I wonder what you usually do in your free time.
   B 나는 항상 일 때문에 굉장히 바빠.

5. A: I just came back from his office.
   B: 그가 너에게 뭐라고 했는지 궁금해.

   A 막 그의 사무실에 다녀 왔어.
   B I wonder what he said to you.

I'm curious about ~.

~에 대해서 궁금해.

궁금한 것 묻기

mp3_079

~에 대해서 궁금할 때 쓰는 또 다른 패턴입니다. I'm curious about ~.는 I wonder ~. 패턴보다 호기심이 가득한 느낌을 줍니다. curious 뒤에는 about을 써서 궁금한 내용이 무엇인지 말합니다.

SPEAKING TRAINING

- **I'm curious about** the medicine.   그 약에 대해서 궁금해.
- **I'm curious about** everything related to you.
  너와 관련된 모든 것이 궁금해.
- **I'm curious about** the system.
  그 체계에 대해서 궁금해.
- **I'm curious about** the ingredients they used in this spaghetti.   그들이 이 스파게티에 넣은 재료들이 궁금해.
- **I'm curious about** the new neighbor.
  새 이웃 주민에 대해서 궁금해.

Always be ready to speak these sentences confidently!

SPEAKING PRACTICE

1. A: 그 약에 대해서 궁금해.
   B: I heard that it doesn't work that well.

   A I'm curious about the medicine.
   B 내가 듣기엔 그렇게 효과가 좋지 않대.

2. A: 너에 관련된 모든 것이 궁금해.
   B: I think you're in love with me.

   A I'm curious about everything related to you.
   B 너 날 사랑하는 구나.

3. A: 그 체계에 대해서 궁금해.
   B: It's very complicated.

   A I'm curious about the system.
   B 굉장히 복잡해.

4. A: The spaghetti he made for us was really delicious.
   B: 그들이 이 스파게티에 넣은 재료들이 궁금해.

   A 그가 우릴 위해서 만들어 줬던 스파게티가 정말 맛있었어.
   B I'm curious about the ingredients they used in this spaghetti.

5. A: 새 이웃 주민에 대해서 궁금해.
   B: He seems nice.

   A I'm curious about the new neighbor.
   B 그는 좋은 사람인 것 같아.

Tell me why ~.
왜 ~인지 말해 줘.

궁금한 것 묻기

mp3_080

상대방에게 '왜 ~인지 말해 줘.' 라고 하면서 단도직입적으로 궁금한 것을 묻는 패턴입니다. 구체적인 내용을 물어볼 때 쓸 수 있습니다.

SPEAKING TRAINING

- Tell me why you can't get along with him.
  왜 그와 잘 지낼 수 없는지 말해 줘.

- Tell me why you didn't take back the money from me.
  왜 내게서 돈을 다시 가져가지 않았는지 말해 봐.

- Tell me why soup doesn't come with the main dish.
  왜 수프가 요리와 함께 나오지 않는지 말해 주세요.

- Tell me why they didn't come here.
  그들이 왜 여기에 오지 않았는지 말해 줘.

- Tell me why you're never on time.
  너는 왜 제 시간에 오지 않는지 말해 봐.

SPEAKING PRACTICE

1. A: 왜 그와 잘 지낼 수 없는지 말해 줘.
   B: He's too picky. If you spend just one day with him, then you will understand me.

2. A: 왜 내게서 돈을 다시 가져가지 않았는지 말해 봐.
   B: I just thought it wasn't right.

3. A: 왜 수프가 요리와 함께 나오지 않는지 말해 주세요.
   B: We only provide soup on Wednesday.

4. A: 그들이 왜 여기에 오지 않았는지 말해 줘.
   B: They had a lot of things at work.

5. A: I'm sorry I'm late again.
   B: 너는 왜 제 시간에 오지 않는지 말해 봐.

A Tell me why you can't get along with him.
B 그는 너무 까다로워. 네가 그와 딱 하루를 같이 보내 보면, 내 말을 이해하게 될 거야.

A Tell me why you didn't take back the money from me.
B 그냥 옳지 않은 행동이라고 생각했어.

A Tell me why soup doesn't come with the main dish.
B 수프는 수요일에만 제공합니다.

A Tell me why they didn't come here.
B 직장에서 할 일이 너무 많았대.

A 또 늦어서 미안해.
B Tell me why you're never on time.

Practice Makes Perfect 16

It's time to review!

우리말 문장을 보고 영어 문장이 바로 나오는지 확인해 보세요! 안 되면, 다시 돌아가서 완벽하게 연습하는 것 아시죠? 완벽하게 말할 수 있을 때까지 열심히 연습하세요!

STEP 1 앞에서 배운 표현을 복습해 보세요!

01. 혹시 우리와 더 많은 시간을 보낼 수 있나 해서요.
02. 혹시 제게 그것을 알려 줄 수 있나 해서요.
03. 왜 그들이 아직도 만나는지 모르겠어.
04. 왜 내가 그것에 대해서 책임을 져야 하는지 모르겠어.
05. 그가 무엇에 관심이 있는지 궁금해.
06. 그들에게 무슨 일이 일어났는지 궁금해.
07. 너와 관련된 모든 것이 궁금해.
08. 새 이웃 주민에 대해서 궁금해.
09. 왜 그와 잘 지낼 수 없는지 말해 줘.
10. 왜 수프가 요리와 함께 나오지 않는지 말해 주세요.

Answers

01. I was wondering if you could spend more time with us.
02. I was wondering if you let me know that.
03. I'm wondering why they're still together.
04. I'm wondering why I have to take responsibility for that.
05. I wonder what he's into.
06. I wonder what happened to them.
07. I'm curious about everything related to you.
08. I'm curious about the new neighbor.
09. Tell me why you can't get along with him.
10. Tell me why soup doesn't come with the main dish.

STEP 2 새로운 문장 만들기에 도전해 보세요!

01. I'm wondering if ~ . 혹시 ~인가 해서요.
❶ Sue가 혹시 휴가 중인가 해서요.
❷ 그들이 혹시 서로 만난 적이 있나 해서요.

02. I'm wondering why ~ . 왜 ~인지 궁금해.
❶ 왜 네가 경찰에 아무 말도 하지 않았는지 궁금해.
❷ 왜 그녀가 돈을 빌려야 했는지 궁금해.

03. I'm wondering what ~ . ~이 무엇인지 궁금해.
❶ 그가 무슨 생각을 하고 있는지 궁금해.
❷ Sarah가 무엇에 대해서 글을 쓰고 있는지 궁금해.

04. I'm curious about ~ . ~에 대해서 궁금해.
❶ 그 평가의 결과가 궁금해.
❷ 그가 해고 당한 이유가 궁금해.

05. Tell me why ~ . 왜 ~인지 말해 줘.
❶ 왜 네가 그렇게 늦게 잠들었는지 말해 줘.
❷ 왜 경제 상황이 나쁜지 말해 줘.

Answers

01. ❶ I'm wondering if Sue is on vacation.
    ❷ I'm wondering if they've met each other.
02. ❶ I'm wondering why you didn't say anything to the police.
    ❷ I'm wondering why she needed to borrow some money.
03. ❶ I'm wondering what he's thinking.
    ❷ I'm wondering what Sarah is writing about.
04. ❶ I'm curious about the result of the evaluation.
    ❷ I'm curious about the reason why he got fired.
05. ❶ Tell me why you went to bed so late.
    ❷ Tell me why the economic situation is bad.

UNIT Training 81 — What is ~?

what으로 묻기 ~은 뭐니?

mp3_081

be동사가 '~이다.'라는 뜻으로 쓰인 what을 이용한 의문문에서 가장 간단한 패턴입니다. 상대방의 나이, 이름, 문제의 주제 등을 간단한 명사 형태로 물을 때 쓸 수 있습니다.

SPEAKING TRAINING

- **What is your favorite food?**
  네가 가장 좋아하는 음식은 뭐니?

- **What is your point?**
  네 말의 요점은 뭐니?

- **What is your major?**
  네 전공은 뭐니?

- **What is your future plan?**
  당신의 미래 계획은 무엇인가요?

- **What are these boxes?**
  이 박스들은 뭐야?

Always be ready to speak these sentences confidently!

SPEAKING PRACTICE

1. A: 네가 가장 좋아하는 음식은 뭐니?
   B: I love all kinds of Korean food.

2. A: 네 말의 요점은 뭐니?
   B: What I'm talking about is that you need to go over it again.

3. A: 네 전공은 뭐니?
   B: I major in Business Administration.

4. A: 당신의 미래 계획은 무엇인가요?
   B: I'm planning to study abroad.

5. A: 이 박스들은 뭐야?
   B: Actually, I'm moving out.

A What is your favorite food?
B 나는 한국 음식을 다 좋아해.

A What is your point?
B 내가 하고자 하는 말은 네가 그것을 다시 검토해 봐야 한다는 거야.

A What is your major?
B 나는 경영학을 전공해.

A What is your future plan?
B 외국에서 공부할 계획을 하고 있어요.

A What are these boxes?
B 사실, 나 이사 가.

What do ~?

무엇을 ~하니?

what으로 묻기

🎧 mp3_082

'(누가) 무엇을 ~하니?' 라는 뜻으로, what을 이용한 의문문에서 동사가 일반동사일 때 쓰는 기본 패턴입니다. 평상시 습관이나 현재의 상태에 대해 물을 때 쓸 수 있습니다.

SPEAKING TRAINING

- What do you do for a living?
  당신은 직업이 뭐죠?

- What does she like about you?
  그녀는 너의 어떤 점을 좋아하는 거니?

- What do I have to study for my career?
  내 경력을 위해서 무엇을 공부해야 하지?

- What did they show you?
  그들이 너에게 무엇을 보여 줬니?

- What did he buy you for your birthday?
  네 생일 선물로 그가 너에게 무엇을 사 줬니?

SPEAKING PRACTICE

1. A: 당신은 직업이 뭐죠?
   B: My job is an English teacher.

   A What do you do for a living?
   B 제 직업은 영어 교사예요.

2. A: 그녀는 너의 어떤 점을 좋아하는 거니?
   B: She likes everything about me.

   A What does she like about you?
   B 그녀는 나에 대한 모든 것을 좋아해.

3. A: 내 경력을 위해서 무엇을 공부해야 하지?
   B: You need to learn English.

   A What do I have to study for my career?
   B 너는 영어를 배워야만 해.

4. A: 그들이 너에게 무엇을 보여 줬니?
   B: They showed me the list that I had to prepare for the meeting.

   A What did they show you?
   B 그들은 내가 회의를 위해서 준비해야 하는 목록을 보여 줬어.

5. A: 네 생일 선물로 그가 너에게 무엇을 사 줬니?
   B: He bought me a nice dress.

   A What did he buy you for your birthday?
   B 그는 내게 예쁜 드레스를 사 줬어.

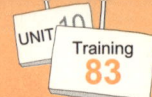

UNIT 40 Training 83
what으로 묻기

What are you -ing ~?
무엇을 ~하고 있니?

🎧 mp3_083

What do you ~?의 현재진행형 형태로, 상대방에게 "지금 무엇을 ~하고 있니?"라고 물을 때 쓸 수 있습니다. 현재진행형의 시제는 현재 진행되는 상황을 설명할 때 쓰지만 가까운 미래를 나타낼 때도 쓸 수 있습니다.

SPEAKING TRAINING

- **What are you doing** here?
  여기서 뭘 하고 있니?

- **What are you having** for lunch?
  점심으로 무엇을 먹을 거니?

- **What are you majoring** in graduate school?
  대학원에서 무엇을 전공할 건가요?

- **What are you taking** from us?
  우리에게서 무엇을 가져 가는 거야?

- **What are you standing** for?
  무엇을 대표하고 있나요? * stand for: ~을 대표하다

Always be ready to speak these sentences confidently!

SPEAKING PRACTICE

1. A: 여기서 뭘 하고 있는 거니?
   B: I'm trying to find something in the drawer.

   A What are you doing here?
   B 서랍에서 뭔가를 찾고 있어.

2. A: 점심으로 무엇을 먹을 거니?
   B: I'm having pizza for lunch.

   A What are you having for lunch?
   B 점심으로 피자를 먹을 거야.

3. A: 대학원에서 무엇을 전공할 건가요?
   B: I'm majoring in Linguistics.

   A What are you majoring in graduate school?
   B 언어학을 전공할 거예요.

4. A: 우리에게서 무엇을 가져 가는 거야?
   B: Nothing. What makes you think that?

   A What are you taking from us?
   B 아무것도 안 가져가. 무엇 때문에 그렇게 생각해?

5. A: 무엇을 대표하고 있나요?
   B: I'm standing for the poor.

   A What are you standing for?
   B 가난한 사람들을 대표하고 있어요.

What are you going to ~? 무엇을 ~할 거니?

what으로 묻기

mp3_084

What do you ~?의 미래시제 형태로, What are you going to do tonight? "오늘 밤에 무엇을 할 거니?"처럼 미래의 계획을 물을 때 쓰는 패턴입니다.

SPEAKING TRAINING

- What are you going to do for your vacation next week? 다음 주 휴가에 무엇을 할 거니?

- What are you going to send her for Christmas?
크리스마스에 그녀에게 무엇을 보낼 거니?

- What are you going to prepare for the party?
파티를 위해서 무엇을 준비할 거니?

- What are you going to make with all this stuff? 이 물건들로 무엇을 만들 거니?

- What are you going to make a speech about? 무엇에 관해서 연설할 예정이죠?

Always be ready to speak these sentences confidently!

SPEAKING PRACTICE

1. A: 다음 주 휴가에 무엇을 할 거니?
   B: I'm leaving for Singapore next week.

2. A: 크리스마스에 그녀에게 무엇을 보낼 거니?
   B: I'm sending a Christmas card to her.

3. A: 파티를 위해서 무엇을 준비할 거니?
   B: I'm going to order some food and buy some beer.

4. A: 이 물건들로 무엇을 만들 거니?
   B: I'm making a little jewelry box.

5. A: 무엇에 관해서 연설할 예정이죠?
   B: I've yet to decide.

A What are you going to do for your vacation next week?
B 다음 주에 싱가포르로 떠날 거야.

A What are you going to send her for Christmas?
B 그녀에게 크리스마스카드를 보낼 거야.

A What are you going to prepare for the party?
B 음식을 좀 주문하고 맥주를 살 거야.

A What are you going to make with all this stuff?
B 작은 보석 상자를 만들 거야.

A What are you going to make a speech about?
B 아직 결정하지 못했어요.

What should I ~?

what으로 묻기 무엇을 ~해야만 할까?

🎧 mp3_085

'~을 해야만 한다.' 라는 강제성을 나타내는 조동사 should를 넣은 형태로, What should I do? "내가 무엇을 해야만 하지?"처럼 어떤 특정한 상황에서 무엇을 해야 할 지를 물을 때 쓰는 패턴입니다. 즉, 무엇을 입고, 말하고, 준비해야 할 것인지에 관한 것들을 표현할 때 쓰입니다.

SPEAKING TRAINING

- What should I wear? 뭘 입어야 하지?
- What should I do to improve this?
  이것을 향상시키기 위해서 무엇을 해야만 할까요?
- What should we have on our first date?
  우리 첫 데이트에서 무엇을 먹어야만 할까?
- What should I give up? 무엇을 포기해야만 할까?
- What should I add to make it taste better? 이것을 좀 더 맛있게 하기 위해서 무엇을 첨가해야만 할까?

Always be ready to speak these sentences confidently!

SPEAKING PRACTICE

1. A: 뭘 입어야 하지?
   B: Why don't you wear the jacket?

2. A: 이것을 향상시키기 위해서 무엇을 해야만 할까요?
   B: It's hard to decide. You'd better ask your boss.

3. A: 우리 첫 데이트에서 무엇을 먹어야만 할까?
   B: Ask Jenny. She knows about this stuff.

4. A: 무엇을 포기해야만 할까?
   B: You don't have to give up anything.

5. A: 이것을 좀 더 맛있게 하기 위해서 무엇을 첨가해야만 할까?
   B: Try some salt.

A What should I wear?
B 그 자켓을 입는 것이 어때?

A What should I do to improve this?
B 결정하기 힘들어요. 당신 상사에게 물어보는 것이 좋을 것 같아요.

A What should we have on our first date?
B Jenny에게 물어 봐. 그녀가 이런 것은 잘 알더라.

A What should I give up?
B 너는 어떤 것도 포기할 필요가 없어.

A What should I add to make it taste better?
B 소금을 좀 넣어 봐.

Practice Makes Perfect 17

It's time to review!

우리말 문장을 보고 영어 문장이 바로 나오는지 확인해 보세요! 안 되면, 다시 돌아가서 완벽하게 연습하는 것 아시죠? 완벽하게 말할 수 있을 때까지 열심히 연습하세요!

STEP 1 앞에서 배운 표현을 복습해 보세요!

01. 네 말의 요점은 뭐니?
02. 이 박스들은 뭐야?
03. 당신은 직업이 뭐죠?
04. 네 생일 선물로 그가 너에게 무엇을 사 줬니?
05. 대학원에서 무엇을 전공할 건가요?
06. 무엇을 대표하고 있나요?
07. 다음 주 휴가에 무엇을 할 거니?
08. 무엇에 관해서 연설할 예정이죠?
09. 이것을 향상시키기 위해서 무엇을 해야만 할까요?
10. 이것을 좀 더 맛있게 하기 위해서 무엇을 첨가해야만 할까?

Answers

01. What is your point?
02. What are these boxes?
03. What do you do for a living?
04. What did he buy you for your birthday?
05. What are you majoring in graduate school?
06. What are you standing for?
07. What are you going to do for your vacation next week?
08. What are you going to make a speech about?
09. What should I do to improve this?
10. What should I add to make it taste better?

__STEP 2__ 새로운 문장 만들기에 도전해 보세요!

01. What is ~ ? ~은 뭐니?

❶ 당신의 직책이 뭐죠?
❷ 당신의 조언은 무엇인가요?

02. What do ~ ? 무엇을 ~하니?

❶ 당신은 뭐라고 말하나요? (= 당신의 생각은 어떤가요?)
❷ 당신은 그들에게 무엇을 가르치나요?

03. What are you -ing ~ ? 무엇을 ~하고 있니?

❶ 무엇을 보고 있는 거니?
❷ 그들은 무엇을 하고 있는 거니?

04. What are you going to ~ ? 무엇을 ~할 거니?

❶ 무엇을 평가할 건가요?
❷ 그녀는 오늘 밤 무엇을 입을 건가요?

05. What should I ~ ? 무엇을 ~해야만 할까?

❶ 무엇을 읽어야 하죠?
❷ 그들이 기말고사를 위해서 무엇을 공부해야 하나요?

Answers

01. ❶ What is your position?
    ❷ What is your advice?
02. ❶ What do you say?
    ❷ What do you teach them?
03. ❶ What are you looking at?
    ❷ What are they doing?
04. ❶ What are you going to evaluate?
    ❷ What is she going to wear tonight?
05. ❶ What should I read?
    ❷ What should they study for the final exam?

Where do you ~?
어디에서 ~하니?

where로 묻기

mp3_086

where 뒤에 일반동사를 쓰는 의문문 형태로, '어디에서 ~하니?'라고 장소를 물을 때 쓰는 기본 패턴입니다. 상대방이 사는 곳, 직장 혹은 현재 다니는 장소를 물을 때 쓸 수 있습니다.

SPEAKING TRAINING

- **Where do you work?**
  어디에서 일해? (직장이 어디야?)

- **Where do you live?**
  어디에 살아?

- **Where do you take a bus to school?**
  학교 가는 버스를 어디에서 타니?

- **Where do you want to stay for summer vacation?**
  여름 휴가를 어디에서 지낼 거니?

- **Where do you go shopping?**
  어디에서 쇼핑하니?

Always be ready to speak these sentences confidently!

SPEAKING PRACTICE

1. A: 어디에서 일해? (직장이 어디야?)
   B: I work at the company right over there.

   A Where do you work?
   B 바로 저기에 있는 회사에서 일해.

2. A: 어디에 살아?
   B: I live in Seoul. Do you want to know my address?

   A Where do you live?
   B 서울에 살아. 내 주소를 알고 싶은 거야?

3. A: 학교 가는 버스를 어디에서 타니?
   B: The bus station is across the street.

   A Where do you take a bus to school?
   B 버스 정류장이 바로 길 건너에 있어.

4. A: 여름 휴가를 어디에서 지낼 거야?
   B: I haven't decided yet. I need to discuss it with my husband.

   A Where do you want to stay for summer vacation?
   B 아직 결정하지 못했어. 남편과 상의해 봐야 해.

5. A: 어디에서 쇼핑하니?
   B: I usually shop at online sites.

   A Where do you go shopping?
   B 나는 보통 온라인 사이트에서 쇼핑해.

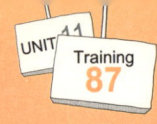

Where are you going to ~?

where로 묻기

어디에서 ~할 거니?

mp3_087

where 뒤에 be going to를 쓰는 미래시제 패턴입니다. Where are you going to stay? "너는 어디에서 머물 거니?"처럼 ~을 어디에서 할 예정인지를 물을 때 쓸 수 있습니다.

SPEAKING TRAINING

- **Where are you going to leave for?** 어디로 떠날 거니?

- **Where are you going to get your nails done?**
  어디에서 네일 아트를 받을 거니?

- **Where are you going to have a cup of coffee with me?**
  어디에서 나와 커피를 한잔 할 거니?

- **Where are you going to park?**
  어디에 주차할 거니?

- **Where are you going to propose to her?**
  어디에서 그녀에게 프로포즈할 거니?

Always be ready to speak these sentences confidently!

SPEAKING PRACTICE

1. A: 어디로 떠날 거니?
   B: I'm going to leave for Canada.

2. A: 어디에서 네일 아트를 받을 거니?
   B: I will probably try a new nail shop.

3. A: 어디에서 나와 커피를 한잔 할 거니?
   B: Let's go to the coffee shop across the street.

4. A: 어디에 주차할 거니?
   B: I'm going to park right here.

5. A: 어디에서 그녀에게 프로포즈할 거니?
   B: I'm not going to propose to her. We just broke up.

A Where are you going to leave for?
B 캐나다로 떠날 거야.

A Where are you going to get your nails done?
B 아마도 새로운 네일 샵을 시도해 볼 거야.

A Where are you going to have a cup of coffee with me?
B 길 건너편 커피숍에 가 보자.

A Where are you going to park?
B 바로 여기에 주차할 거야.

A Where are you going to propose to her?
B 그녀에게 프로포즈하지 않을 거야. 우리는 헤어졌어.

Where is the best place to~?
~하기에 가장 좋은 곳이 어디니?

where로 묻기

mp3_088

where과 the best place를 이용해서 '~하기에 가장 좋은 곳이 어디니?'라고 물을 때 쓰는 패턴입니다. 어디가 식사하기 가장 좋은지, 어디가 물건을 싸게 사기에 가장 좋은지 등 여행자가 유용한 정보를 얻을 때 쓸 수 있습니다.

SPEAKING TRAINING

- **Where is the best place to date?**
  데이트하기에 가장 좋은 곳이 어디니?

- **Where is the best place to take some pictures around here?** 이 근처에서 사진 찍기에 가장 좋은 곳이 어디죠?

- **Where is the best place to have a private conversation?**
  사적인 대화를 나눌 가장 좋은 곳이 어디죠?

- **Where is the best place to take a break?**
  잠깐 휴식 시간을 가질 가장 좋은 곳이 어디죠?

- **Where is the best place to jog?**
  조깅하기에 가장 좋은 곳이 어디죠?

SPEAKING PRACTICE

1. A: 데이트하기에 가장 좋은 곳이 어디니?
   B: Have you tried the central park?

2. A: 이 근처에서 사진 찍기에 가장 좋은 곳이 어디죠?
   B: There's a sightly spot.

3. A: 사적인 대화를 나눌 가장 좋은 곳은 어디죠?
   B: You can use my office. I will be out of the office for a while.

4. A: 잠깐 휴식 시간을 가질 가장 좋은 곳이 어디죠?
   B: Why don't you go to the lobby on the first floor?

5. A: 조깅하기에 가장 좋은 곳이 어디죠?
   B: There's a park near here.

A Where is the best place to date?
B 센트럴 파크에 가 봤니?

A Where is the best place to take some pictures around here?
B 전망 좋은 곳이 있어요.

A Where is the best place to have a private conversation?
B 제 사무실을 써도 돼요. 저는 한동안 사무실을 비울 거예요.

A Where is the best place to take a break?
B 일층에 있는 로비로 가 보는 것이 어때요?

A Where is the best place to jog?
B 이곳 근처에 공원이 있어요.

UNIT 11 Training 89
Where is the nearest ~?
가장 가까운 ~이 어디에 있니?

where로 묻기

🎵 mp3_089

where과 the nearest를 이용해서 '~하기에 가장 가까운 곳이 어디에 있죠?'라고 물을 때 쓰는 패턴입니다. 가장 가까운 현금인출기는 어디에 있는지, 가장 가까운 버스 정류장은 어디에 있는지와 같이 낯선 장소에 갔을 때 혹은 급한 상황에서 유용하게 쓸 수 있습니다.

SPEAKING TRAINING

- **Where is the nearest bank?** 가장 가까운 은행이 어디에 있죠?

- **Where is the nearest hospital?**
  가장 가까운 병원이 어디에 있죠?

- **Where is the nearest restroom?**
  가장 가까운 화장실이 어디에 있죠?

- **Where is the nearest pizza place?**
  가장 가까운 피자 가게가 어디에 있죠?

- **Where is the nearest subway station?**
  가장 가까운 지하철역이 어디에 있죠?

SPEAKING PRACTICE

1. A: 가장 가까운 은행이 어디에 있죠?
   B: There's a bank next to the restaurant.

   A Where is the nearest bank?
   B 음식점 옆에 은행이 있어요.

2. A: 가장 가까운 병원이 어디에 있죠?
   B: There's no hospital, but you can find a pharmacy behind this building.

   A Where is the nearest hospital?
   B 병원은 없고, 이 건물 뒤로 가면 약국을 찾을 수 있을 거예요.

3. A: 가장 가까운 화장실이 어디에 있죠?
   B: Go downstairs, and turn left.

   A Where is the nearest restroom?
   B 아래로 내려가서, 왼쪽으로 돌면 돼요.

4. A: 가장 가까운 피자 가게가 어디에 있죠?
   B: I've never seen any pizza places near here.

   A Where is the nearest pizza place?
   B 이 근처에서 어떤 피자 가게도 본 적이 없어요.

5. A: 가장 가까운 지하철역이 어디에 있죠?
   B: You will find it at the end of this street.

   A Where is the nearest subway station?
   B 이 길 끝에 지하철역이 있어요.

Do you know where ~?
~이 어디에 있는지 아세요?

UNIT 11 Training 90

where로 묻기

mp3_090

~이 어디에 있는지를 물을 때 쓰는 패턴으로, 의문사를 이용한 간접의문문이기 때문에 where 뒤에는 평서문 형태의 어순인 주어+동사의 절의 형태가 이어져야 합니다. ~의 장소를 물을 때 공손한 표현으로 사용할 수 있습니다.

SPEAKING TRAINING

- **Do you know where** the museum is?
  박물관이 어디에 있는지 아세요?

- **Do you know where** she is now?
  그녀가 지금 어디에 있는지 아시나요?

- **Do you know where** he lives? 그가 어디에 사는지 아세요?

- **Do you know where** I can find my mails?
  제 우편물을 어디에서 찾을 수 있는지 아시나요?

- **Do you know where** you lost your bag?
  당신 가방을 어디에서 잃어버렸는지 아시나요?

Always be ready to speak these sentences confidently!

SPEAKING PRACTICE

1. A: 박물관이 어디에 있는지 아세요?
   B: I have no idea. Why don't you ask the guy sitting at the front desk?

   A Do you know where the museum is?
   B 잘 모르겠어요. 안내 데스크에 앉아있는 남자분에게 물어보세요.

2. A: 그녀가 지금 어디에 있는지 아시나요?
   B: I can't tell you.

   A Do you know where she is now?
   B 말해 드릴 수 없어요.

3. A: 그가 어디에 사는지 아세요?
   B: He just moved out a few days ago.

   A Do you know where he lives?
   B 그는 며칠 전에 이사갔어요.

4. A: 제 우편물을 어디에서 찾을 수 있는지 아시나요?
   B: You can find them in the mailroom.

   A Do you know where I can find my mails?
   B 우편물 보관실에서 찾으실 수 있어요.

5. A: 당신 가방을 어디에서 잃어버렸는지 아시나요?
   B: I can't remember where I lost it.

   A Do you know where you lost your bag?
   B 어디서 그걸 잃어버렸는지 기억이 안 나요.

Practice Makes Perfect 18

It's time to review!

우리말 문장을 보고 영어 문장이 바로 나오는지 확인해 보세요! 안 되면, 다시 돌아가서 완벽하게 연습하는 것 아시죠? 완벽하게 말할 수 있을 때까지 열심히 연습하세요!

STEP 1 앞에서 배운 표현을 복습해 보세요!

01. 학교 가는 버스를 어디에서 타니?
02. 어디에서 쇼핑하니?
03. 어디로 떠날 거니?
04. 어디에서 그녀에게 프로포즈할 거니?
05. 이 근처에서 사진 찍기에 가장 좋은 곳이 어디죠?
06. 잠깐 휴식 시간을 가질 가장 좋은 곳이 어디죠?
07. 가장 가까운 화장실이 어디에 있죠?
08. 가장 가까운 지하철역이 어디에 있죠?
09. 그녀가 지금 어디에 있는지 아시나요?
10. 당신 가방을 어디에서 잃어버렸는지 아시나요?

Answers
01. Where do you take a bus to school?
02. Where do you go shopping?
03. Where are you going to leave for?
04. Where are you going to propose to her?
05. Where is the best place to take some pictures around here?
06. Where is the best place to take a break?
07. Where is the nearest restroom?
08. Where is the nearest subway station?
09. Do you know where she is now?
10. Do you know where you lost your bag?

<u>STEP 2</u> 새로운 문장 만들기에 도전해 보세요!

01. **Where do you ~ ?** 어디에서 ~하니?
    ❶ 보통 어디에서 이것에 대한 정보를 얻니?
    ❷ 어디에서 네 차를 고치니?

02. **Where are you going to ~ ?** 어디에서 ~할 거니?
    ❶ 어디에서 골프를 칠 건가요?
    ❷ 어디에서 이 상자를 열어 볼 거니?

03. **Where is the best place to ~ ?** ~하기에 가장 좋은 곳이 어디니?
    ❶ 춤추기에 가장 좋은 곳이 어디니?
    ❷ 택시 타기에 가장 좋은 곳이 어디니?

04. **Where is the nearest ~ ?** 가장 가까운 ~이 어디에 있니?
    ❶ 가장 가까운 쇼핑몰이 어디니?
    ❷ 가장 가까운 경찰서가 어디죠?

05. **Do you know where ~ ?** ~이 어디에 있는지 아세요?
    ❶ 서점이 어디에 있는지 아세요?
    ❷ 그가 어디에서 저를 기다리고 있는지 아세요?

Answers
01. ❶ Where do you usually get information about this?
    ❷ Where do you have your car fixed?
02. ❶ Where are you going to play golf?
    ❷ Where are you going to open this box?
03. ❶ Where is the best place to dance?
    ❷ Where is the best place to take a taxi?
04. ❶ Where is the nearest shopping mall?
    ❷ Where is the nearest police station?
05. ❶ Do you know where the bookstore is?
    ❷ Do you know where he's waiting for me?

UNIT Training 91 — Why do you ~?

why로 묻기 — 왜 ~하니?

🎧 mp3_091

상대방이 왜 ~하는지를 물을 때 쓰는 기본 패턴입니다. **Why do you like her?** "왜 그녀를 좋아하니?" **Why do you go there often?** "왜 그곳에 자주 가는 거니?"처럼 어떤 행동을 하는 이유를 물을 때 사용할 수 있습니다.

SPEAKING TRAINING

- **Why do you** say things like that?
  왜 그런 말을 하는 거니?

- **Why do you** want to cancel it?
  왜 그것을 취소하려는 거니?

- **Why do you** live here? 왜 여기에 사니?

- **Why do you** need me? 왜 나를 필요로 하니?

- **Why do you** work out so hard?
  왜 그렇게 열심히 운동하는 거니?

Always be ready to speak these sentences confidently!

SPEAKING PRACTICE

1. A: I think you need to hear someone else's opinions.
   B: 왜 그런 말을 하는 거니?

   A 네가 다른 사람의 의견들도 들을 필요가 있다고 생각해.
   B Why do you say things like that?

2. A: 왜 그것을 취소하려는 거니?
   B: I don't think I can go.

   A Why do you want to cancel it?
   B 내가 못갈 것 같아서.

3. A: 왜 여기에 사니?
   B: I love my neighbors. People are so nice.

   A Why do you live here?
   B 이웃들이 좋아. 사람들이 정말 친절해.

4. A: 왜 나를 필요로 하니?
   B: Because you're the only person who I can totally trust.

   A Why do you need me?
   B 왜냐하면 너는 내가 완전히 믿을 수 있는 유일한 사람이기 때문이야.

5. A: 왜 그렇게 열심히 운동하는 거니?
   B: I have to lose some weight.

   A Why do you work out so hard?
   B 살을 좀 빼야 해서.

Why are you going to ~?

왜 ~하려고 하니?

왜 ~하려고 하는지를 물을 때 쓰는 패턴으로 미래시제 형태입니다. **Why are you going to move out?** "왜 이사 나가려고 하는 거야?"처럼 어떤 행동을 왜 하려고 하는지를 물을 때 쓸 수 있습니다.

SPEAKING TRAINING

- **Why are you going to take a trip to London?**
  왜 런던으로 여행을 가려고 하니?

- **Why are you going to drink tonight?**
  왜 오늘 밤에 술을 마시려고 하니?

- **Why are you going to sell this house?** 왜 이 집을 팔려고 하니?

- **Why are you going to leave early?** 왜 일찍 떠나려고 하니?

- **Why are you going to take all the responsibility alone?**
  왜 혼자 이 모든 책임을 떠맡으려고 하죠?

Always be ready to speak these sentences confidently!

SPEAKING PRACTICE

1. A: 왜 런던으로 여행을 가려고 하니?
   B: A friend of mine is in London.

2. A: 왜 오늘 밤에 술을 마시려고 하니?
   B: Actually, I'm having a hard time.

3. A: 왜 이 집을 팔려고 하니?
   B: I'm broke now. I need money.

4. A: 왜 일찍 떠나려고 하니?
   B: I don't like to hang out with people here.

5. A: 왜 혼자 이 모든 책임을 떠맡으려고 하죠?
   B: I'm in charge of the project, so I have to.

A Why are you going to take a trip to London?
B 내 친구 중 한 명이 런던에 있어.

A Why are you going to drink tonight?
B 사실, 힘든 시기를 보내고 있어.

A Why are you going to sell this house?
B 나는 현재 파산했어. 돈이 필요해.

A Why are you going to leave early?
B 여기 있는 사람들과 어울리기 싫어.

A Why are you going to take all the responsibility alone?
B 제가 프로젝트 담당자라서, 그래야 해요.

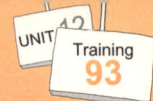

Why am I supposed to ~?

why로 묻기

내가 왜 ~해야만 하지?

mp3_093

Why am I supposed to stay here alone? "내가 왜 여기에 혼자 머물러야만 하지?"처럼 '내가 왜 ~해야만 하지?'라고 표현할 때 쓰는 패턴으로, 주로 어떤 행동을 하는 것에 있어서 불만을 토로할 때 많이 쓰입니다.

SPEAKING TRAINING

- Why am I supposed to **do this?** 내가 왜 이것을 해야만 하지?

- Why am I supposed to **be there by 3?**
  내가 왜 3시까지 거기에 있어야만 하지?

- Why am I supposed to **take the class this semester?**
  제가 왜 이번 학기에 그 과목을 수강해야만 하나요?

- Why am I supposed to **meet him?**
  내가 왜 그를 만나야만 하지?

- Why am I supposed to **get dressed tonight?** 내가 왜 오늘 밤 옷을 차려 입어야만 하지?

SPEAKING PRACTICE

1. A: 내가 왜 이것을 해야만 하지?
   B: If you don't want to, you don't have to.

   A Why am I supposed to do this?
   B 하고 싶지 않다면, 할 필요는 없어.

2. A: 내가 왜 3시까지 거기에 있어야만 하지?
   B: Because everybody will be there by 3.

   A Why am I supposed to be there by 3?
   B 왜냐하면 모든 사람들이 3시까지 거기에 있을 것이거든.

3. A: 제가 왜 이번 학기에 그 과목을 수강해야만 하나요?
   B: The class is required.

   A Why am I supposed to take the class this semester?
   B 그 과목은 전공 필수입니다.

4. A: 내가 왜 그를 만나야만 하지?
   B: He wants to talk with you.

   A Why am I supposed to meet him?
   B 그가 너와 대화하고 싶어해.

5. A: 내가 왜 오늘 밤 옷을 차려 입어야만 하지?
   B: You're going to the party tonight.

   A Why am I supposed to get dressed tonight?
   B 너는 오늘 밤에 파티에 갈 거야.

Why do you think ~?

왜 ~라고 생각하니?

UNIT 42 · Training 94

why로 묻기

mp3_094

why를 이용한 의문문에서 do you think가 삽입되어서 '왜 ~라고 생각하니?' 라고 물을 때 쓰는 패턴입니다. do you think가 문장 중간에 들어가므로, 뒤에 나오는 절은 평서문의 어순으로 이어져야 합니다.

SPEAKING TRAINING

- **Why do you think** he's been waiting for Nancy?
  왜 그가 Nancy를 계속 기다리고 있다고 생각하니?

- **Why do you think** I should apologize to him?
  왜 내가 그에게 사과해야 한다고 생각하니?

- **Why do you think** we need to learn English?
  왜 우리가 영어를 배워야 한다고 생각하니?

- **Why do you think** you can do this?
  왜 이것을 할 수 있다고 생각하니?

- **Why do you think** he's so stressed out?
  왜 그가 그토록 스트레스를 받았다고 생각하니?

Always be ready to speak these sentences confidently!

SPEAKING PRACTICE

1. A: 왜 그가 Nancy를 계속 기다리고 있다고 생각하니?
   B: I guess he's in love with her.

   A Why do you think he's been waiting for Nancy?
   B 그는 그녀와 사랑에 빠진 것 같아.

2. A: 왜 내가 그에게 사과해야 한다고 생각하니?
   B: Didn't you hurt him?

   A Why do you think I should apologize to him?
   B 네가 그에게 상처 준 것 아냐?

3. A: 왜 우리가 영어를 배워야 한다고 생각하니?
   B: English is very essential to get a job.

   A Why do you think we need to learn English?
   B 영어는 취업에 있어서 아주 기본적인 거야.

4. A: 왜 이것을 할 수 있다고 생각하니?
   B: Because I've done this before.

   A Why do you think you can do this?
   B 왜냐하면 이것을 전에 해 본 적이 있어.

5. A: 왜 그가 그토록 스트레스를 받았다고 생각하니?
   B: He's under a lot of pressure these days.

   A Why do you think he's so stressed out?
   B 그는 요즘 압박을 많이 받아.

Why did you want to ~?

왜 ~하기를 원했니?

🎧 mp3_095

Did you want to ~? '~하기를 원했니?' 라는 형태에 why 의문사를 넣어서 과거에 왜 ~하기를 원했는지를 묻는 패턴입니다. 예전에 상대방이 원했던 일에 대해서 왜 그랬는지 이유를 알고자 할 때 쓰입니다.

SPEAKING TRAINING

- **Why did you want to drop out of the course?**
  왜 그 과정을 중도에 그만 두길 원했니?

- **Why did you want to finish the work earlier than expected?** 왜 그 일을 예정보다 더 일찍 끝내길 원했니?

- **Why did you want to turn down their offer?**
  왜 그들의 제안을 거절하려고 했니? * turn down: ~을 거절하다

- **Why did you want to go home?**
  왜 집에 가려고 했니?

- **Why did you want to take some time off?**
  왜 좀 쉬려고 했죠? * take some time off: 시간을 내어서 잠시 쉬다

Always be ready to speak these sentences confidently!

SPEAKING PRACTICE

1. A: 왜 그 과정을 중도에 그만 두길 원했니?
   B: It was really tough to pass it.

2. A: 왜 그 일을 예정보다 더 일찍 끝내길 원했니?
   B: I had another work to do.

3. A: 왜 그들의 제안을 거절하려고 했니?
   B: It doesn't make any sense at all.

4. A: 왜 집에 가려고 했니?
   B: I don't want to see him.

5. A: 왜 좀 쉬려고 했죠?
   B: I've got a cold, so I needed some time to recover.

A Why did you want to drop out of the course?
B 그 과정을 통과하기가 정말로 힘들었어.

A Why did you want to finish the work earlier than expected?
B 해야 할 또 다른 작업이 있었어.

A Why did you want to turn down their offer?
B 전혀 말도 안 되는 것이야.

A Why did you want to go home?
B 그를 보고 싶지 않아서.

A Why did you want to take some time off?
B 감기에 걸려서, 회복할 시간이 필요했어요.

Practice Makes Perfect 19

It's time to review!

우리말 문장을 보고 영어 문장이 바로 나오는지 확인해 보세요! 안 되면, 다시 돌아가서 완벽하게 연습하는 것 아시죠? 완벽하게 말할 수 있을 때까지 열심히 연습하세요!

STEP 1 앞에서 배운 표현을 복습해 보세요!

01. 왜 그것을 취소하려는 거니?
02. 왜 그렇게 열심히 운동하는 거니?
03. 왜 런던으로 여행을 가려고 하니?
04. 왜 혼자 이 모든 책임을 떠맡으려고 하죠?
05. 내가 왜 3시까지 거기에 있어야만 하지?
06. 내가 왜 오늘 밤 옷을 차려 입어야만 하지?
07. 왜 그가 Nancy를 계속 기다리고 있다고 생각하니?
08. 왜 내가 그에게 사과해야 한다고 생각하니?
09. 왜 그들의 제안을 거절하려고 했니?
10. 왜 좀 쉬려고 했죠?

Answers
01. Why do you want to cancel it?
02. Why do you work out so hard?
03. Why are you going to take a trip to London?
04. Why are you going to take all the responsibility alone?
05. Why am I supposed to be there by 3?
06. Why am I supposed to get dressed tonight?
07. Why do you think he's been waiting for Nancy?
08. Why do you think I should apologize to him?
09. Why did you want to turn down their offer?
10. Why did you want to take some time off?

STEP 2 새로운 문장 만들기에 도전해 보세요!

01. Why do you ~ ? 왜 ~하니?
❶ 왜 이 무거운 것을 옮기려고 하니?
❷ 왜 그렇게 일찍 일어나니?

02. Why are you going to ~ ? 왜 ~하려고 하니?
❶ 왜 그녀를 집까지 바래다 주려고 하니?
❷ 왜 그 영화를 다시 보려고 하니?

03. Why am I supposed to ~ ? 내가 왜 ~해야만 하지?
❶ 내가 왜 그녀를 웃게 해야만 하지?
❷ 내가 왜 그를 겁줘야만 하지?

04. Why do you think ~ ? 왜 ~라고 생각하니?
❶ 그들이 왜 이혼했다고 생각하니?
❷ 우리가 왜 당신을 고용해야 한다고 생각하나요?

05. Why did you want to ~ ? 왜 ~하기를 원했니?
❶ 왜 그것을 훔치고 싶어했니?
❷ 왜 그와 함께 일하고 싶어했니?

Answers
01. ❶ Why do you carry this heavy one?
    ❷ Why do you get up so early?
02. ❶ Why are you going to give her a ride home?
    ❷ Why are you going to watch the movie again?
03. ❶ Why am I supposed to make her laugh?
    ❷ Why am I supposed to scare him?
04. ❶ Why do you think they got divorced?
    ❷ Why do you think we should hire you?
05. ❶ Why did you want to steal it?
    ❷ Why did you want to work with him?

How is ~?
~은 어때?

how로 묻기 (1)

mp3_096

how를 이용한 의문문에서 be동사가 나오는 가장 기본 패턴으로, '~은 어때?'라고 무언가의 상태에 대해 묻거나 How is everything? "어떻게 지내니?"처럼 안부를 물을 때 쓸 수 있습니다.

SPEAKING TRAINING

- How is the weather? 날씨가 어때?

- How is your new boss?
  너의 새 직장 상사는 어때?

- How is your new boyfriend?
  너의 새 남자 친구는 어때?

- How is your new workplace?
  너의 새 직장은 어때?

- How is everything going?
  모든 것이 어떻게 진행되고 있는 거야?

SPEAKING PRACTICE

1. A: 날씨가 어때?
   B: It's very cold outside.

   A How is the weather?
   B 밖은 굉장히 추워.

2. A: 너의 새 직장 상사는 어때?
   B: He's the best boss ever.

   A How is your new boss?
   B 이제껏 겪어 봤던 상사 중에 최고야.

3. A: 너의 새 남자 친구는 어때?
   B: He's a nice guy, but he makes me angry sometimes.

   A How is your new boyfriend?
   B 그는 좋은 남자인데, 가끔씩 나를 화나게 해.

4. A: 너의 새 직장은 어때?
   B: It's good so far. Everybody is nice to me.

   A How is your new workplace?
   B 지금까진 좋아. 모든 사람들이 내게 잘해 줘.

5. A: 모든 것이 어떻게 진행되고 있는 거야?
   B: Everything's just going great.

   A How is everything going?
   B 다 잘 진행되고 있어.

UNIT 43 Training 97

How do ~?

how로 묻기 (1) 어떻게 ~하니?

🎧 mp3_097

How do you get to school? "학교에 어떻게 가니?"처럼 이용하는 교통수단을 묻거나, How does she cook? "그녀는 어떻게 요리하니?"처럼 무엇을 하는 방법을 물을 때 쓰는 기본 패턴입니다.

SPEAKING TRAINING

- How do you know that? 그걸 어떻게 아니?
- How do I find the guy? 내가 어떻게 그 남자를 찾니?
- How does she act like that? 그녀는 어째서 그렇게 행동하는 거니?
- How did they get there? 그들이 어떻게 거기에 간 거니?
- How did you cope with the financial problem?
어떻게 재정적인 문제를 해결했니? * cope with: ~을 극복하다

Always be ready to speak these sentences confidently!

SPEAKING PRACTICE

1. A: 그걸 어떻게 아니?
   B: I've heard from him about what happened last night.

2. A: 내가 어떻게 그 남자를 찾니?
   B: Try to find a guy wearing a black suit with a blue tie.

3. A: 그녀는 어째서 그렇게 행동하는 거니?
   B: She's mad at us.

4. A: 그들이 어떻게 거기에 간 거니?
   B: They took a train and then transferred to a bus to get there.

5. A: 어떻게 재정적인 문제를 해결했니?
   B: I finally got a job.

A How do you know that?
B 그에게 지난 밤에 있었던 일에 대해서 들었어.

A How do I find the guy?
B 푸른색 넥타이에 검은 양복을 입은 남자를 찾아봐.

A How does she act like that?
B 그녀는 우리에게 화나 있어.

A How did they get there?
B 그들은 열차를 타고 버스로 환승해서 거기에 갔어.

A How did you cope with the financial problem?
B 나는 드디어 직장을 구했어.

How are you going to ~? 어떻게 ~할 거니?

how로 묻기 (1)

mp3_098

How are you going to propose to her? "어떻게 그녀에게 프로포즈할 예정이니?"처럼 무엇을 어떻게 할 예정인지 그 방법을 물을 때 쓸 수 있는 패턴입니다.

SPEAKING TRAINING

- How are you going to explain this to them?
  어떻게 이것을 그들에게 설명할 거니?

- How are you going to talk him into it?
  어떻게 그가 그것을 하도록 설득할 거니? *talk A into B: A에게 B를 하도록 설득하다

- How are you going to help me with that?
  어떻게 내가 그것을 하는 것을 도와줄 거니?

- How are you going to improve your English?
  어떻게 너의 영어 실력을 늘릴 거니?

- How are you going to solve the problem? 어떻게 그 문제를 해결할 거니?

Always be ready to speak these sentences confidently!

SPEAKING PRACTICE

1. A: 어떻게 이것을 그들에게 설명할 거니?
   B: I don't know how to explain.

2. A: 어떻게 그가 그것을 하도록 설득할 거니?
   B: I will tell him some good reasons why he has to do it.

3. A: 어떻게 내가 그것을 하는 것을 도와줄 거니?
   B: Just tell me what you want me to do.

4. A: 어떻게 너의 영어 실력을 늘릴 거니?
   B: I'm going to take an English class.

5. A: 어떻게 그 문제를 해결할 거니?
   B: It's hard to solve that kind of problem.

A How are you going to explain this to them?
B 어떻게 설명해야 할 지 모르겠어.

A How are you going to talk him into it?
B 그에게 왜 그것을 해야만 하는지 좋은 이유들을 제시할 거야.

A How are you going to help me with that?
B 그냥 내가 해 줬으면 하는 것을 말해 봐.

A How are you going to improve your English?
B 영어 수업을 들을 거야.

A How are you going to solve the problem?
B 그런 종류의 문제는 해결하기 힘들어.

UNIT 43 Training 99

How can I ~?

how로 묻기 (1) 어떻게 ~할 수 있을까?

🎧 mp3_099

how를 이용한 의문문에서 '~할 수 있다.' 라는 가능성의 의미가 있는 조동사 can을 넣어서 '내가 어떻게 ~할 수 있을까?' 하고 의구심을 표현하거나, 그럴 수 없다고 거절의 의사를 말할 때 쓰는 패턴입니다.

SPEAKING TRAINING

- How can I prove the truth? 어떻게 그 사실을 증명할 수 있을까?
- How can I let them know the result of the test?
  어떻게 그들이 시험 결과를 알게 할 수 있을까?
- How can I lose some weight? 어떻게 살을 뺄 수 있을까?
- How can I get you out of there?
  어떻게 너를 거기서 나오게 할 수 있을까?
- How can I get along with them?
  어떻게 그들과 잘 어울릴 수 있을까?

Always be ready to speak these sentences confidently!

SPEAKING PRACTICE

1. A: 어떻게 그 사실을 증명할 수 있을까?
   B: You've got the evidence.

   A How can I prove the truth?
   B 네가 증거품을 가지고 있잖아.

2. A: 어떻게 그들이 시험 결과를 알게 할 수 있을까?
   B: Did they fail the test?

   A How can I let them know the result of the test?
   B 그들이 시험에 떨어졌니?

3. A: 어떻게 살을 뺄 수 있을까?
   B: You know that. Eat less and exercise more.

   A How can I lose some weight?
   B 알잖아. 적게 먹고 많이 운동해.

4. A: 어떻게 너를 거기서 나오게 할 수 있을까?
   B: You can call me at around 8. You have to pretend there's an emergency situation.

   A How can I get you out of there?
   B 8시쯤 전화해 줘. 너는 비상 상황인 것처럼 얘기해야 해.

5. A: 어떻게 그들과 잘 어울릴 수 있을까?
   B: You need to go and talk to them first.

   A How can I get along with them?
   B 네가 먼저 가서 그들에게 말을 걸어 봐.

How do you feel about ~?

~에 대한 느낌이 어때? / ~에 대해서 어떻게 생각해?

howで 묻기 (1)

🎧 mp3_100

~에 대한 느낌, 생각, 의견 등을 물을 때 쓰는 패턴입니다. 대화체에서는 상대방에게 어떠한 것에 대한 감정이나 생각을 묻는 경우가 많기 때문에 이 패턴을 열심히 연습해 두도록 하세요.

SPEAKING TRAINING

- **How do you feel about** what I just did to you?
  너에게 방금 했던 행동들에 대해서 어떻게 생각해?

- **How do you feel about** living in Chicago?
  시카고에 사는 것에 대해서 어떻게 생각해?

- **How do you feel about** getting married to him?
  그와 결혼한다고 생각하니 느낌이 어때?

- **How do you feel about** buying a new car?
  새 차를 사는 것에 대해서 어떻게 생각해?

- **How do you feel about** me setting you up with someone? *set A up with B: A와 B를 소개팅해 주다
  너와 누군가를 소개팅해 주는 것에 대해서 어떻게 생각해?

SPEAKING PRACTICE

1. A: 너에게 방금 했던 행동들에 대해서 어떻게 생각해?
   B: It was embarrassing.

2. A: 시카고에 사는 것에 대해서 어떻게 생각해?
   B: It's too windy.

3. A: 그와 결혼한다고 생각하니 느낌이 어때?
   B: I don't know. I'm just not ready.

4. A: 새 차를 사는 것에 대해서 어떻게 생각해?
   B: I can't afford to buy a new car now.

5. A: 너와 누군가를 소개팅해 주는 것에 대해서 어떻게 생각해?
   B: Of course, I love it!

A How do you feel about what I just did to you?
B 당황스러웠어.

A How do you feel about living in Chicago?
B 바람이 너무 많이 불어.

A How do you feel about getting married to him?
B 잘 모르겠어. 나는 준비가 되어 있지 않아.

A How do you feel about buying a new car?
B 지금 새 차를 살 만한 돈이 없어.

A How do you feel about me setting you up with someone?
B 당연히 좋지!

Practice Makes Perfect 20

It's time to review!

우리말 문장을 보고 영어 문장이 바로 나오는지 확인해 보세요! 안 되면, 다시 돌아가서 완벽하게 연습하는 것 아시죠? 완벽하게 말할 수 있을 때까지 열심히 연습하세요!

STEP 1 앞에서 배운 표현을 복습해 보세요!

01. 너의 새 직장은 어떠니?
02. 모든 것이 어떻게 진행되고 있는 거야?
03. 그걸 어떻게 아니?
04. 그들이 어떻게 거기에 간 거니?
05. 어떻게 이것을 그들에게 설명할 거니?
06. 어떻게 그가 그것을 하도록 설득할 거니?
07. 어떻게 그들이 시험 결과를 알게 할 수 있을까?
08. 어떻게 너를 거기에서 나오게 할 수 있을까?
09. 너에게 방금 했던 행동들에 대해서 어떻게 생각해?
10. 너와 누군가를 소개팅해 주는 것에 대해서 어떻게 생각해?

Answers

01. How is your new workplace?
02. How is everything going?
03. How do you know that?
04. How did they get there?
05. How are you going to explain this to them?
06. How are you going to talk him into it?
07. How can I let them know the result of the test?
08. How can I get you out of there?
09. How do you feel about what I just did to you?
10. How do you feel about me setting you up with someone?

STEP 2 새로운 문장 만들기에 도전해 보세요!

01. How is ~? ~은 어때?
1. 당신의 하루는 어땠나요?
2. 어떻게 견딜만 하니? *hold up: 견디다 지탱하다

02. How do you ~? 어떻게 ~하니?
1. 어떻게 사람들을 행복하게 하니?
2. 어떻게 친구들을 사귀죠?

03. How are you going to ~? 어떻게 ~할 거니?
1. 어떻게 그녀를 놀라게 할 거니?
2. 어떻게 그 주제에 집중할 거니?

04. How can I ~? 어떻게 ~할 수 있을까?
1. 어떻게 그것을 믿을 수 있지?
2. 어떻게 그것들을 명확하게 할 수 있을까?

05. How do you feel about ~? ~에 대한 느낌이 어때? / ~에 대해서 어떻게 생각해?
1. 그곳으로 들어가는 것에 대한 느낌이 어때?
2. 내가 너의 오빠하고 데이트하는 것에 대해서 어떻게 생각해?

Answers
01.
1. How was your day?
2. How are you holding up?
02.
1. How do you make people happy?
2. How do you make friends?
03.
1. How are you going to surprise her?
2. How are you going to focus on the subject?
04.
1. How can I believe it?
2. How can I make things clear?
05.
1. How do you feel about getting in there?
2. How do you feel about me dating your brother?

How much ~?

how로 묻기 (2) ~이 얼마죠?

How much is this? "이것은 얼마죠?"처럼 가격을 물을 때 쓰는 패턴입니다. How much is (are) ~? 또는 How much does it cost to ~?처럼 두 가지 형태로 많이 쓰입니다. 여행을 하거나 현지에 거주할 때 자주 쓰는 패턴입니다.

SPEAKING TRAINING

- **How much** is this jacket? 이 자켓이 얼마죠?
- **How much** are these earrings? 이 귀걸이가 얼마죠?
- **How much** does it cost to fly to LA? LA까지 항공료가 얼마죠?
- **How much** does it cost to stay at this hotel?
  이 호텔에 머무는 비용이 얼마일까?
- **How much** does it cost to rent a car for a week? 일주일 동안 차를 빌리는 데 얼마죠?

Always be ready to speak these sentences confidently!

SPEAKING PRACTICE

1. A: 이 자켓이 얼마죠?
   B: It's 100 dollars.

   A How much is this jacket?
   B 100달러입니다.

2. A: 이 귀걸이가 얼마죠?
   B: They cost only 10 bucks.

   A How much are these earrings?
   B 이 귀걸이는 단지 10달러입니다.

3. A: LA까지 항공료가 얼마죠?
   B: It depends on when you want to take a flight. * depend on: ~에 따라서 달라지다

   A How much does it cost to fly to LA?
   B 언제 비행기를 탈 것인지에 따라서 달라집니다.

4. A: 이 호텔에 머무는 비용이 얼마일까?
   B: It looks very expensive. Let's try another one.

   A How much does it cost to stay at this hotel?
   B 굉장히 비싸 보이는데, 다른 곳으로 가 보자.

5. A: 일주일 동안 차를 빌리는 데 얼마죠?
   B: I'm not working here. You should ask the guy over there.

   A How much does it cost to rent a car for a week?
   B 전 여기 직원이 아닙니다. 저쪽에 있는 남자분께 물어보세요.

How many ··· do you want to ~?

얼마나 많은 ···을 ~하고 싶니?

how로 묻기 (2)

mp3_102

How many + 셀 수 있는 명사 + do you want to ~?의 형태로, '얼마나 많은 ···을 ~하고 싶니?'라고 물을 때 쓰는 패턴입니다. 어떤 행위를 얼마만큼 하기를 원하는지 알고자 할 때 쓰입니다.

SPEAKING TRAINING

- **How many times do you want to take a look at this?**
  이것을 몇 번 보고 싶니?

- **How many people do you want to invite to the party?** 파티에 몇 명을 초대하고 싶니?

- **How many shoes do you want to try on?**
  몇 켤레의 구두를 신어 보고 싶니?

- **How many classes do you want to take next semester?** 다음 학기에 얼마나 많은 수업을 듣고 싶니?

- **How many books do you want to read this year?** 올해에 얼마나 많은 책을 읽고 싶니?

> Always be ready to speak these sentences confidently!

SPEAKING PRACTICE

1. A: 이것을 몇 번 보고 싶니?
   B: I need to look at this at least 10 times.

2. A: 파티에 몇 명을 초대하고 싶니?
   B: I want to invite at least 20 people.

3. A: 몇 켤레의 구두를 신어 보고 싶니?
   B: As many as I can.

4. A: 다음 학기에 얼마나 많은 수업을 듣고 싶니?
   B: I'd like to take 4 classes next semester.

5. A: 올해에 얼마나 많은 책을 읽고 싶니?
   B: Well, I'm crazy about reading.

A How many times do you want to take a look at this?
B 적어도 이것을 10번은 봐야 해.

A How many people do you want to invite to the party?
B 난 적어도 20명은 초대하고 싶어.

A How many shoes do you want to try on?
B 내가 할 수 있는 만큼.

A How many classes do you want to take next semester?
B 다음 학기에는 4과목을 듣고 싶어.

A How many books do you want to read this year?
B 글쎄, 난 독서에 미쳐 있어.

UNIT Training 103 How often ~?

how로 묻기 (2)   얼마나 자주 ~하니?

mp3_103

How often do you see each other? "너희는 얼마나 자주 서로 보니?"처럼 얼마나 자주 ~한 행위를 하는지 그 행위의 빈도수를 묻는 패턴입니다. 주어와 시제를 다양하게 변형해서 쓸 수 있습니다.

SPEAKING TRAINING

- How often do you go to the club? 클럽에 얼마나 자주 가니?
- How often do you go out to eat?
  외식하러 얼마나 자주 가니?
- How often do you play golf? 얼마나 자주 골프를 치세요?
- How often does she come here?
  그녀는 얼마나 자주 여기에 오니?
- How often did she call you before?
  그녀는 전에 얼마나 자주 너에게 전화를 걸었니?

Always be ready to speak these sentences confidently!

SPEAKING PRACTICE

1. A: 클럽에 얼마나 자주 가니?
   B: Didn't you know I hate clubbing?

2. A: 외식하러 얼마나 자주 가니?
   B: I eat out almost every day. I don't have time to cook.

3. A: 얼마나 자주 골프를 치세요?
   B: I practice 3 times a week, but I go to the golf course twice a month.

4. A: 그녀는 얼마나 자주 여기에 오니?
   B: She used to come here often. But, she doesn't come anymore.

5. A: 그녀는 전에 얼마나 자주 너에게 전화했니?
   B: She didn't call me often.

A How often do you go to the club?
B 내가 클럽 가는 것을 싫어하는지 몰랐어?

A How often do you go out to eat?
B 나는 거의 매일 밖에서 먹어. 요리할 시간이 없어.

A How often do you play golf?
B 일주일에 3번 연습하지만, 골프장에는 한 달에 2번 가요.

A How often does she come here?
B 그녀는 여기에 자주 오곤 했었어. 하지만, 이제는 더 이상 오지 않아.

A How often did she call you before?
B 그녀는 내게 자주 전화하진 않았어.

How long does it take to ~?

~하는 데 시간이 얼마나 걸리죠?

how로 묻기 (2)

mp3_104

How long does it take to get to the park? "공원에 가는데 시간이 얼마나 걸리죠?"처럼 특정 장소까지 가는데 소요되는 시간을 물을 때 쓰는 패턴입니다.

SPEAKING TRAINING

- **How long does it take to get to the museum?**
  박물관까지 가는 데 시간이 얼마나 걸리죠?

- **How long does it take to finish the work?**
  작업을 마치는 데 시간이 얼마나 걸리죠?

- **How long does it take to make dinner?**
  저녁 식사를 준비하는 데 시간이 얼마나 걸리죠?

- **How long does it take to drive to the airport?**
  공항까지 운전해서 가는 데 시간이 얼마나 걸리죠?

- **How long does it take to get a driver license?** 운전면허를 취득하는 데 시간이 얼마나 걸리죠?

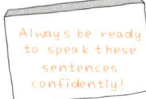

SPEAKING PRACTICE

1. A: 박물관까지 가는 데 시간이 얼마나 걸리죠?
   B: What are you going to take to get there?

   A How long does it take to get to the museum?
   B 거기까지 가는 데 무엇을 타고 가실 건데요?

2. A: 작업을 마치는 데 시간이 얼마나 걸리죠?
   B: I think it takes 2 hours to finish it.

   A How long does it take to finish the work?
   B 그것을 마치는 데 2시간이 걸릴 것 같은데요.

3. A: 저녁 식사를 준비하는 데 시간이 얼마나 걸리죠?
   B: I think it will take almost 1 hour.

   A How long does it take to make dinner?
   B 거의 1시간 정도 걸릴 것 같아요.

4. A: 공항까지 운전해서 가는 데 시간이 얼마나 걸리죠?
   B: It takes about 40 minutes.

   A How long does it take to drive to the airport?
   B 약 40분 정도 걸려요.

5. A: 운전면허를 취득하는 데 시간이 얼마나 걸리죠?
   B: It usually takes at least 1 month.

   A How long does it take to get a driver license?
   B 보통 적어도 1달은 걸려요.

How long have you p.p ~?

얼마나 오랫동안 ~했니?

mp3_105

시제가 현재완료의 계속적 용법이기 때문에 어떤 행동을 과거에서 지금까지 지속해 오는 데 얼마의 시간이 걸렸는지를 묻는 패턴입니다. How long have you known each other? "얼마나 오랫동안 서로를 알아 왔니?"와 같이 말할 때 써 보세요.

SPEAKING TRAINING

- **How long have you** been here?
  얼마나 오랫동안 여기에 있었니?

- **How long have you** stayed in the USA?
  얼마나 오랫동안 미국에 있었니?

- **How long have you** taught English?
  얼마나 오랫동안 영어를 가르쳤나요?

- **How long have you** thought about it?
  얼마나 오랫동안 그것을 생각했니?

- **How long have you** waited for him?
  얼마나 오랫동안 그를 기다렸니?

SPEAKING PRACTICE

1. A: 얼마나 오랫동안 여기에 있었니?
   B: I just got here.

   A How long have you been here?
   B 지금 막 여기 왔어.

2. A: 얼마나 오랫동안 미국에 있었니?
   B: I have stayed in the USA for 4 years.

   A How long have you stayed in the USA?
   B 4년 동안 미국에 있었어.

3. A: 얼마나 오랫동안 영어를 가르쳤나요?
   B: I have taught English for almost 10 years.

   A How long have you taught English?
   B 10년 동안 영어를 가르쳤어요.

4. A: 얼마나 오랫동안 그것을 생각했니?
   B: I haven't thought about it that long.

   A How long have you thought about it?
   B 그걸 그렇게까지 오랫동안 생각하지 않았어.

5. A: 얼마나 오랫동안 그를 기다렸니?
   B: I have been waited for him for 1 hour.

   A How long have you waited for him?
   B 1시간째 계속 그를 기다리고 있어.

Practice Makes Perfect 21

It's time to review!

우리말 문장을 보고 영어 문장이 바로 나오는지 확인해 보세요! 안 되면, 다시 돌아가서 완벽하게 연습하는 것 아시죠? 완벽하게 말할 수 있을 때까지 열심히 연습하세요!

STEP 1 앞에서 배운 표현을 복습해 보세요!

01. 이 귀걸이가 얼마죠?
02. LA까지 항공료가 얼마죠?
03. 파티에 몇 명을 초대하고 싶니?
04. 몇 켤레의 구두를 신어 보고 싶니?
05. 외식하러 얼마나 자주 가니?
06. 그녀는 얼마나 자주 여기에 오니?
07. 박물관까지 얼마의 시간이 걸리죠?
08. 운전면허를 취득하는 데 시간이 얼마나 걸리죠?
09. 얼마나 오랫동안 여기에 있었니?
10. 얼마나 오랫동안 그것을 생각했니?

Answers

01. How much are these earrings?
02. How much does it cost to fly to LA?
03. How many people do you want to invite to the party?
04. How many shoes do you want to try on?
05. How often do you go out to eat?
06. How often does she come here?
07. How long does it take to get to the museum?
08. How long does it take to get a driver license?
09. How long have you been here?
10. How long have you thought about it?

STEP 2 새로운 문장 만들기에 도전해 보세요!

01. **How much ~?** ~이 얼마죠?
    ① 이 차는 얼마예요?
    ② 머리 자르는데 얼마죠?

02. **How many … do you want to ~?** 얼마나 많은 …을 ~하고 싶니?
    ① 유치원에서 얼마나 많은 친구를 사귀고 싶니?
    ② 얼마나 많은 상자를 가져가고 싶니?

03. **How often ~?** 얼마나 자주 ~하니?
    ① 얼마나 자주 그와 데이트하니?
    ② 얼마나 자주 네 부모님께 전화 드리니?

04. **How long does it take to ~?** ~하는데 시간이 얼마나 걸리죠?
    ① 의사가 되는데 시간이 얼마나 걸리죠?
    ② 이 과정을 수료하는데 시간이 얼마나 걸리죠?

05. **How long have you p.p ~?** 얼마나 오랫동안 ~했니?
    ① 이 컴퓨터를 얼마나 오랫동안 사용했니?
    ② 이곳을 여행한지 얼마나 오래되었죠?

Answers
01. ① How much is this car?
    ② How much does it cost to get a haircut?
02. ① How many friends do you want to make in kindergarten?
    ② How many boxes do you want to take?
03. ① How often do you go out on a date with him?
    ② How often do you call your parents?
04. ① How long does it take to become a doctor?
    ② How long does it take to pass the course?
05. ① How long have you used this computer?
    ② How long have you travelled around here?

PART 3

UNIT 1 감정·상태 표현하기
UNIT 2 행복·기쁨 표현하기
UNIT 3 만족·놀라움 표현하기
UNIT 4 실망·걱정 표현하기
UNIT 5 사과·유감 표현하기
UNIT 6 심정 말하기
UNIT 7 느낌 말하기

Training 106

I'm ~.

~해. / ~하고 있어.

감정·상태 표현하기

mp3_106

I'm ~.는 be동사를 이용해서 감정과 상태를 표현하는 패턴입니다. be동사의 뜻 중에서 '~한 상태이다.'를 이용해서 자신의 감정을 간단하게, 하지만 확실하게 전달할 때 쓰입니다. 주어를 다양하게 변형해서 표현할 수 있습니다.

SPEAKING TRAINING

- **I'm** satisfied with the result. 결과에 만족해.

- **I'm** excited to see the game.
  게임을 볼 일로 흥분돼.

- **You're** totally exhausted. 너는 완전히 지쳤어.

- **He's** devastated after the break-up.
  그는 이별 후 많이 힘들어 해.

- **They're** overwhelmed with a load of work at the company.
  그들은 너무나도 많은 회사일로 어쩔 줄 몰라하고 있어.

Always be ready to speak these sentences confidently!

SPEAKING PRACTICE

1. A: Did you look at the result? How do you feel about that?
   B: 결과에 만족해.

2. A: The soccer game is about to start.
   B: 게임을 볼 일로 흥분돼.

3. A: 너는 완전히 지쳤어.
   B: I know. I think I need to take a rest.

4. A: How's he doing recently?
   B: 그는 이별 후 많이 힘들어 해.

5. A: They seem so busy.
   B: 그들은 너무나도 많은 회사일로 어쩔 줄 몰라하고 있어.

A 결과를 봤니? 그것에 대해 어떤 느낌이 들어?
B I'm satisfied with the result.

A 축구 경기는 곧 시작이야.
B I'm excited to see the game.

A You're totally exhausted.
B 그러게. 나는 좀 쉬어야 할 것 같아.

A 그는 요새 어떻게 지내?
B He's devastated after the break-up.

A 그들은 굉장히 바빠 보여.
B They're overwhelmed with a load of work at the company.

I'm kind of / sort of / a little ~.

Training 107

감정·상태 표현하기

좀(약간) ~해.

mp3_107

be동사를 활용해서 감정과 상태를 표현하는 패턴에 kind of / sort of / a little이 들어가면 '좀, 약간 ~해.'라는 뜻을 나타냅니다. 애매모호한 상태나 상황을 표현할 때도 유용하게 쓰입니다. 이 경우도 주어를 다양하게 변형해서 쓸 수 있습니다.

SPEAKING TRAINING

- **I'm kind of** disappointed with you.
  너에게 좀 실망했어. *be disappointed with: ~에 실망하다

- **I'm sort of** sick of this kind of food.
  이런 류의 음식에 약간 질렸어. *be sick of: ~에 싫증나다, 질리다

- **You're a little** out of control.
  너는 좀 통제 불가능한 상태야. *out of control: 통제 불가능한 상태인

- **She's sort** of gloomy. 그녀는 조금 우울해.

- **They're kind** of aggressive.
  그들은 다소 공격적이야.

Always be ready to speak these sentences confidently!

SPEAKING PRACTICE

1. A: You never look at me. What's going on?
   B: 너에게 좀 실망했어.

2. A: Why don't we eat fast food for lunch?
   B: 이런 류의 음식에 약간 질렸어.

3. A: 너는 조금 통제 불가능한 상태야.
   B: Can you help me to calm down?

4. A: 그녀는 좀 우울해.
   B: We can try to cheer her up.

5. A: 그들은 다소 공격적이야.
   B: I agree with you. It's hard to discuss something with them.

A 너는 나를 쳐다보지도 않더라. 무슨 일이니?
B I'm kind of disappointed with you.

A 점심으로 패스트 푸드 어때?
B I'm sort of sick of this kind of food.

A You're a little out of control.
B 내가 진정할 수 있게 도와줄래?

A She's sort of gloomy.
B 우리가 그녀의 기분이 좋아지도록 할 수 있어.

A They're kind of aggressive.
B 네 말에 동의해. 그들과 무언가에 대해서 토론하는 것은 힘들어.

I'm definitely / absolutely / totally ~.

완전히(정말/너무나도) ~해.

🎧 mp3_108

be동사를 이용해서 감정과 상태를 표현한 패턴에 definitely / absolutely / totally를 함께 쓰면 완전히(정말/너무나도) ~한 상태임을 나타냅니다. kind of / sort of / a little에 비해서 확실하고 강하게 그 감정 상태를 표현할 때 쓰입니다.

SPEAKING TRAINING

- **I'm definitely** concerned about it.
  그것이 너무나도 걱정돼.

- **I'm absolutely** frightened.
  완전히 겁에 질렸어.

- **You're totally** depressed.
  너는 너무나도 우울한 상태야.

- **She's definitely** embarrassed.
  그녀는 완전히 당황했어.

- **They're totally** conservative.
  그들은 완전히 보수적이야.

SPEAKING PRACTICE

1. A: There's something wrong with it.
   B: 그것이 너무나도 걱정돼.

   A 그것에 뭔가 잘못된 것이 있어.
   B I'm definitely concerned about it.

2. A: 완전히 겁에 질렸어.
   B: What happened to you?

   A I'm absolutely frightened.
   B 무슨 일이 있었던 거야?

3. A: 너는 너무나도 우울한 상태야.
   B: Do I look depressed? I don't feel depressed at all.

   A You're totally depressed.
   B 내가 우울해 보이니? 난 전혀 우울하지 않은데.

4. A: I feel sorry for her. How could he say things like that to her?
   B: 그녀는 완전히 당황했어.

   A 나는 그녀가 정말 안 된 것 같아. 그는 어떻게 그녀에게 그런 말들을 할 수 있니?
   B She's definitely embarrassed.

5. A: 그들은 완전히 보수적이야.
   B: They're just like their parents.

   A They're totally conservative.
   B 그들은 그들의 부모님과 똑같아.

It's kind of / sort of / a little ~.

그것은 좀(약간) ~해.

I'm kind of / sort of / a little ~.과 마찬가지로, '조금 ~한 상태이다.'를 표현할 때 쓰는 패턴이지만, 주어가 it이기 때문에 '(어떤 상황이나, 일 등이) ~한 상태이다.'를 표현할 때 주로 쓰입니다.

SPEAKING TRAINING

* **It's kind of sophisticated.**
  그것은 좀 복잡해.

* **It's sort of moving.**
  그것은 약간 감동적이야.

* **It's a little scary.**
  그것은 좀 무서워.

* **It's kind of relieving.**
  이제야 좀 안도감이 드네.

* **It's sort of horrible.**
  그것은 좀 끔찍해.

SPEAKING PRACTICE

1. A: 그것은 좀 복잡해.
   B: Let's try to make it simple.

   A It's kind of sophisticated.
   B 단순하게 만들어 보자.

2. A: I love this movie. Isn't it touching?
   B: 그것은 약간 감동적이야.

   A 이 영화 정말 좋아. 감동적이지 않니?
   B It's sort of moving.

3. A: 그것은 좀 무서워.
   B: It's okay. I'm right next to you.

   A It's a little scary.
   B 괜찮아. 내가 바로 네 옆에 있잖아.

4. A: I apologized to him.
   B: 이제야 좀 안도감이 드네.

   A 나는 그에게 사과했어.
   B It's kind of relieving.

5. A: Have you seen this movie?
   B: 그것은 좀 끔찍해.

   A 이 영화 봤니?
   B It's sort of horrible.

It's definitely / absolutely / totally ~.

그것은 완전히(정말 / 너무나도) ~해.

🎧 mp3_110

I'm definitely / absolutely / totally ~. 패턴에서 연습했던 문장들을 기억하면 쉽게 구사할 수 있는 표현입니다. 몰랐던 형용사들에 집중해서 '그것은 완전히(정말 / 너무나도) ~한 상태야.' 의 패턴을 연습해 봅시다.

SPEAKING TRAINING

- **It's definitely** unexpected.
  그것은 정말 예상하지 못한 거야.

- **It's absolutely** encouraging.
  그것은 완전히 기운을 북돋아 줘.

- **It's totally** unbelievable.
  그것은 정말 믿을 수 없어.

- **It's definitely** fascinating.
  그것은 완전히 매혹적이야.

- **It's absolutely** surprising.
  그것 정말 놀라운데.

SPEAKING PRACTICE

1. A: This party is for you.
   B: 그것은 정말 예상하지 못한 거야.

   A 이 파티는 널 위한 거야.
   B It's definitely unexpected.

2. A: His speech is always excellent.
   B: 그것은 완전히 기운을 북돋아 줘.

   A 그의 연설은 항상 훌륭해.
   B It's absolutely encouraging.

3. A: Tony's going out with Jane. Do you know that?
   B: 그것은 정말 믿을 수 없어.

   A Tony가 Jane과 사귄대. 너 그거 알아?
   B It's totally unbelievable.

4. A: Look at this beautiful scenery.
   B: 그것은 완전히 매혹적이야.

   A 이 아름다운 경치 좀 봐.
   B It's definitely fascinating.

5. A: She finally made this chair.
   B: 그것 정말 놀라운데.

   A 그녀는 마침내 이 의자를 만들었어.
   B It's absolutely surprising.

Practice Makes Perfect 22

It's time to review!

우리말 문장을 보고 영어 문장이 바로 나오는지 확인해 보세요! 안 되면, 다시 돌아가서 완벽하게 연습하는 것 아시죠? 완벽하게 말할 수 있을 때까지 열심히 연습하세요!

STEP 1 앞에서 배운 표현을 복습해 보세요!

01. 결과에 만족해.
02. 그는 이별 후 많이 힘들어 해.
03. 이런 류의 음식에 약간 질렸어.
04. 너는 좀 통제 불가능한 상태야.
05. 그것이 너무나도 걱정돼.
06. 그들은 완전 보수적이야.
07. 그것은 좀 복잡해.
08. 이제야 좀 안도감이 드네.
09. 그것은 정말 예상하지 못한 거야.
10. 그것은 완전히 매혹적이야.

Answers

01. I'm satisfied with the result.
02. He's devastated after the break-up.
03. I'm sort of sick of this kind of food.
04. You're a little out of control.
05. I'm definitely concerned about it.
06. They're totally conservative.
07. It's kind of sophisticated.
08. It's kind of relieving.
09. It's definitely unexpected.
10. It's definitely fascinating.

STEP 2 새로운 문장 만들기에 도전해 보세요!

01. **I'm ~ .** ~해 / ~하고 있어.
    ① 그녀는 회의 때 지루해 해.
    ② 너는 결정할 때 융통성이 있어.

02. **I'm kind of / sort of / a little ~ .** 좀(약간) ~해.
    ① 나는 좀 털털해.
    ② 그들은 좀 열심히 일하는 편이야.

03. **I'm definitely / absolutely / totally ~ .**
    완전히(정말 / 너무나도) ~해.
    ① 그녀는 완전히 믿음직한 사람이야.
    ② 너는 정말 정리 정돈을 잘 해.

04. **It's kind of / sort of / a little ~ .** 그것은 좀(약간) ~해.
    ① 그것은 좀 충격적이야.
    ② 그것은 좀 실망스러워.

05. **It's definitely / absolutely / totally ~ .**
    그것은 완전히(정말 / 너무나도) ~해.
    ① 그것은 정말 급박해.
    ② 그것은 너무나도 짜증나.

Answers
01. ① She's bored in the meeting.
    ② You're flexible when you make a decision.
02. ① I'm kind of easygoing.
    ② They're sort of hardworking.
03. ① She's definitely reliable.
    ② You're absolutely organized.
04. ① It's kind of shocking.
    ② It's sort of disappointing.
05. ① It's definitely urgent.
    ② It's totally annoying.

I'm so happy ~.

~에 정말 만족해. / ~해서 정말 행복해.

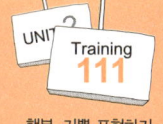

행복·기쁨 표현하기

mp3_111

행복감과 만족감을 표현할 때 쓰는 패턴으로, 뒤에 무엇이 이어지는 지에 따라서 여러 가지 형태를 띕니다. I'm so happy with+명사, I'm so happy to+동사, 또는 I'm so happy (that) 주어+동사의 형태로 주로 쓰입니다.

SPEAKING TRAINING

- **I'm so happy** with my new life in Canada.
  캐나다에서의 나의 새 생활에 정말 만족해.

- **I'm so happy** with the news from my parents.
  나의 부모님들로부터 온 소식에 정말 행복해.

- **I'm so happy** to see you.
  너를 보게 되어서 정말 행복해.

- **I'm so happy** to go on a trip to Busan with them.
  그들과 부산으로 여행가게 되어서 정말 행복해.

- **I'm so happy** that you picked me.
  네가 나를 선택해 줘서 정말 행복해.

SPEAKING PRACTICE

1. A: How about your life in Canada?
   B: 캐나다에서의 나의 새 생활에 정말 만족해.

2. A: 나의 부모님들로부터 온 소식에 정말 행복해.
   B: It definitely sounds like good news!

3. A: 너를 보게 되어서 정말 행복해.
   B: I missed you so much!

4. A: 그들과 부산으로 여행가게 되어서 정말 행복해.
   B: How long are you going to stay there?

5. A: 네가 나를 선택해 줘서 정말 행복해.
   B: I really wanted to work with you.

A 캐나다에서의 네 생활은 어때?
B I'm so happy with my new life in Canada.

A I'm so happy with the news from my parents.
B 당연히 좋은 소식처럼 들리는데!

A I'm so happy to see you.
B 난 네가 무척 그리웠어!

A I'm so happy to go on a trip to Busan with them.
B 얼마나 오랫동안 거기에 있을 건데?

A I'm so happy that you picked me.
B 정말로 너와 함께 일하고 싶었어.

I'm so glad ~.
~해서 정말 기뻐.

행복·기쁨 표현하기

🎧 mp3_112

'~해서 정말 기뻐.'라고 하면서 행복과 기쁨을 표현하는 또 다른 패턴으로, I'm so glad to ~. 또는 I'm so glad (that) 주어+동사 ~.의 형태로 주로 쓰입니다. I'm so glad that you're here. "네가 여기 와서 정말 기뻐."처럼 상대방에게 기쁜 감정을 표현할 수 있습니다.

SPEAKING TRAINING

- **I'm so glad** to meet you.
  너를 만나서 정말 기뻐.

- **I'm so glad** to hear that.
  그 소식을 들으니 정말 기뻐.

- **I'm so glad** that you like it.
  네가 그것을 좋아해서 정말 기뻐.

- **I'm so glad** that you can help me with it.
  네가 그 일로 나를 도와줄 수 있어서 정말 기뻐.

- **I'm so glad** that he finally got a job.
  그가 마침내 취업이 되어서 정말 기뻐.

Always be ready to speak these sentences confidently!

SPEAKING PRACTICE

1. A: Hi! Long time no see.
   B: 너를 만나서 정말 기뻐.

2. A: We're engaged!
   B: 그 소식을 들으니 정말 기뻐.

3. A: I really like this coat! Thank you for the present.
   B: 네가 그것을 좋아해서 정말 기뻐.

4. A: 네가 그 일로 나를 도와줄 수 있어서 정말 기뻐.
   B: Tell me whenever you need me.

5. A: He's going to start working this Wednesday.
   B: 그가 마침내 취업이 되어서 정말 기뻐.

A 안녕! 정말 오랜만이야.
B I'm so glad to meet you.

A 우리 약혼했어!
B I'm so glad to hear that.

A 이 코트가 정말 마음에 들어! 선물 고마워.
B I'm so glad that you like it.

A I'm so glad that you can help me with it.
B 언제든지 내가 필요하면 말해.

A 그는 이번 주 수요일부터 일하기 시작한대.
B I'm so glad that he finally got a job.

I'm so excited ~.
~해서 정말 흥분돼.

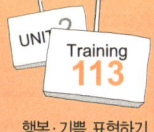

행복·기쁨 표현하기

mp3_113

'~해서 정말 흥분돼.' 라고 하면서 어떤 행위에 대해서 큰 기대감을 표현할 때 쓰는 패턴입니다. 재미있는 경기를 보기 직전이나 휴가를 보낼 기대감 등을 표현할 때 유용하게 쓸 수 있습니다.

SPEAKING TRAINING

- **I'm so excited** to see the baseball game.
  야구 경기를 보게 되어서 정말 흥분돼.

- **I'm so excited** to spend Christmas eve with you.
  너와 크리스마스이브를 같이 보내게 되어서 정말 흥분돼.

- **I'm so excited** to play football with them.
  그들과 풋볼 경기를 하게 되어서 정말 흥분돼.

- **I'm so excited** to go out with her.
  그녀와 데이트하게 되어서 정말 흥분돼.

- **I'm so excited** to have a housewarming party. 집들이하게 되어서 정말 흥분돼.

SPEAKING PRACTICE

1. A: It's time to see the game!
   B: 야구 경기를 보게 되어서 정말 흥분돼.

2. A: 너와 크리스마스이브를 같이 보내게 되어서 정말 흥분돼.
   B: Let's make it special!

3. A: Are you going to play football?
   B: 응! 그들과 풋볼 경기를 하게 되어서 정말 흥분돼.

4. A: 그녀와 데이트하게 되어서 정말 흥분돼.
   B: I hope you will be a great couple.

5. A: I just heard you're going to have a housewarming party soon.
   B: 집들이하게 되어서 정말 흥분돼.

A 경기 볼 시간이야.
B I'm so excited to see the baseball game.

A I'm so excited to spend Christmas eve with you.
B 그날을 특별하게 만들어 보자!

A 풋볼 경기를 할 거니?
B Yes! I'm so excited to play football with him.

A I'm so excited to go out with her.
B 난 너희 둘이 멋진 커플이 되길 바래.

A 네가 곧 집들이한다고 들었어.
B I'm so excited to have a housewarming party.

UNIT Training 114
It's great to ~.
~해서 좋아. / ~하는 것이 좋아.

행복·기쁨 표현하기

🎧 mp3_114

I'm (happy / glad / excited) ~.는 무엇을 하는 것에 대한 혹은 어떤 일에 대한 자신의 기쁜 감정 상태를 표현하는 패턴이고, It's great to ~.는 '어떤 행위를 하는 것 자체가 좋다.' 라는 것을 표현할 때 쓰는 패턴입니다. 앞의 패턴들과는 기쁨을 표현하는 것에 있어서는 별 차이가 없고, 자신의 감정을 더 강조할 것인지, 행위 자체를 더 강조할 것인지에 따라서 골라 쓰면 됩니다.

SPEAKING TRAINING

- It's great to have you back. 네가 돌아와서 좋아.
- It's great to take a walk with you. 너와 함께 산책해서 좋아.
- It's great to work out regularly.
  규칙적으로 운동하는 것이 좋아.
- It's great to look around here.
  이곳 주위를 둘러보는 것이 좋아.
- It's great to stay here with you.
  너와 함께 이곳에 있는 것이 좋아.

SPEAKING PRACTICE

1. A: I'm back!
   B: 네가 돌아와서 좋아.

   A 내가 돌아왔어!
   B It's great to have you back.

2. A: 너와 함께 산책해서 좋아.
   B: Why don't we go for a walk every Sunday?

   A It's great to take a walk with you.
   B 우리 일요일마다 산책 가는 것이 어때?

3. A: 규칙적으로 운동하는 것이 좋아.
   B: That's right, but it's not easy.

   A It's great to work out regularly.
   B 맞아, 하지만 쉽지 않아.

4. A: 이곳 주위를 둘러보는 것이 좋아.
   B: There are many interesting things to see here.

   A It's great to look around here.
   B 여기에 볼 만한 흥미로운 것들이 많아.

5. A: 너와 함께 이곳에 있는 것이 좋아.
   B: I'm always happy with you.

   A It's great to stay here with you.
   B 너와 함께 있는 것이 항상 행복해.

It's been nice -ing ~.
~해서 좋았어.

행복·기쁨 표현하기

mp3_115

과거에서 지금까지 어떤 행위가 지속적으로 좋았다. 라는 것을 표현할 때 쓰는 패턴입니다. It's been(It has been)은 앞에서도 배운 적이 있는 현재완료의 계속적 용법으로, '과거에서 지금까지 계속 ~했다.'라고 표현할 때 쓰는 시제입니다. 회화를 구사할 때 상당히 많이 쓰는 패턴입니다.

SPEAKING TRAINING

- **It's been nice talking to you.**
  너와 얘기해서 좋았어.

- **It's been nice spending time with you.**
  너와 함께 시간을 보내서 좋았어.

- **It's been nice hanging out with you.**
  너와 함께 시간을 보내서 좋았어. * hang out with: ~와 시간을 보내다

- **It's been nice taking care of your baby.**
  네 아기를 돌봐서 좋았어.

- **It's been nice teaching you guys.**
  너희들을 가르쳐서 좋았어.

SPEAKING PRACTICE

1. A: 너와 얘기해서 좋았어.
   B: I feel better after talking to you.

2. A: 너와 함께 시간을 보내서 좋았어.
   B: I enjoyed it, too!

3. A: 너와 함께 시간을 보내서 좋았어.
   B: I liked it, too.

4. A: 네 아기를 돌봐서 좋았어.
   B: I could get my work done because you helped me. I appreciate it.

5. A: 너희들을 가르쳐서 좋았어.
   B: We've learned a lot from you.

A It's been nice talking to you.
B 너와 얘기하고 나니 기분이 더 좋아졌어.

A It's been nice spending time with you.
B 나도 즐거웠어!

A It's been nice hanging out with you.
B 나도 좋았어.

A It's been nice taking care of your baby.
B 네가 나를 도와줘서 내 일을 끝낼 수 있었어. 정말 고마워.

A It's been nice teaching you guys.
B 선생님께 많이 배웠어요.

Practice Makes Perfect 23

It's time to review!

우리말 문장을 보고 영어 문장이 바로 나오는지 확인해 보세요! 안 되면, 다시 돌아가서 완벽하게 연습하는 것 아시죠? 완벽하게 말할 수 있을 때까지 열심히 연습하세요!

STEP 1 앞에서 배운 표현을 복습해 보세요!

01. 캐나다에서의 나의 새 생활에 정말 만족해.

02. 너를 보게 되어서 정말 행복해.

03. 그 소식을 들으니 정말 기뻐.

04. 네가 그 일로 나를 도와줄 수 있어서 정말 기뻐.

05. 야구 경기를 보게 되어서 정말 흥분돼.

06. 집들이하게 되어서 정말 흥분돼.

07. 네가 돌아와서 좋아.

08. 규칙적으로 운동하는 것이 좋아.

09. 너와 함께 시간을 보내서 좋았어.

10. 너희들을 가르쳐서 좋았어.

Answers
01. I'm so happy with my new life in Canada.
02. I'm so happy to see you.
03. I'm so glad to hear that.
04. I'm so glad that you can help me with it.
05. I'm so excited to see the baseball game.
06. I'm so excited to have a housewarming party.
07. It's great to have you back.
08. It's great to work out regularly.
09. It's been nice spending time with you.
10. It's been nice teaching you guys.

STEP 2 새로운 문장 만들기에 도전해 보세요!

01. **I'm so happy ~ .** ~에 정말 만족해. / ~해서 정말 행복해.
    ❶ 네게 추천서를 써 주게 되어서 정말 행복하구나.
    ❷ 그 결과에 정말 행복해.

02. **I'm so glad ~ .** ~해서 정말 기뻐.
    ❶ 너희 모두를 보게 되어서 정말 기뻐.
    ❷ 네가 우리의 상황을 이해해 줘서 정말 기뻐.

03. **I'm so excited ~ .** ~해서 정말 흥분돼.
    ❶ 오늘 밤에 영화 보러 가게 되어서 정말 흥분돼.
    ❷ 새 차를 사게 되어서 정말 흥분돼.

04. **It's great to ~ .** ~해서 좋아. / ~하는 것이 좋아.
    ❶ 네가 웃는 모습을 봐서 좋아.
    ❷ 좋은 아이디어를 얻게 되어서 좋아.

05. **It's been nice -ing ~ .** ~해서 좋았어.
    ❶ 너와 함께 일해서 좋았어.
    ❷ 당신께 배워서 좋았어요.

Answers

01. ❶ I'm so happy to write a recommendation letter for you.
    ❷ I'm so happy with the result.
02. ❶ I'm so glad to see you all.
    ❷ I'm so glad that you understand our situation.
03. ❶ I'm so excited to go to the movies tonight.
    ❷ I'm so excited to buy a new car.
04. ❶ It's great to see you smile.
    ❷ It's great to have such a nice idea.
05. ❶ It's been nice working with you.
    ❷ It's been nice learning from you.

I'm satisfied with ~.

만족·놀라움 표현하기   ~에 만족해.

🎧 mp3_116

시험 결과나 새로 산 옷 등과 같이 어떠한 대상에 대한 만족감을 표현할 때 쓰는 패턴입니다. I'm satisfied with 다음에는 명사나 동명사를 쓰고, I'm satisfied that 뒤에는 주어+동사의 절의 형태를 씁니다.

SPEAKING TRAINING

- **I'm satisfied with** this going-away party.
  이 송별회에 만족해.

- **I'm satisfied with** this present. 이 선물에 만족해.

- **I'm satisfied with** all the classes this semester.
  이번 학기에 듣는 모든 수업들에 만족해.

- **I'm satisfied with** my appearance.
  나의 외모에 만족해.

- **I'm satisfied with** with my marriage.
  나의 결혼 생활에 만족해.

SPEAKING PRACTICE

1. A: Do you like it?
   B: 이 선물에 만족해.

2. A: Are you enjoying the party?
   B: 이 송별회에 만족해.

3. A: How are the classes you're taking this semester?
   B: 이번 학기에 듣는 모든 수업들에 만족해.

4. A: You're so beautiful.
   B: 나도 그렇게 생각해. 나의 외모에 만족해.

5. A: 나의 결혼 생활에 만족해.
   B: Can you tell me how to have a happy marriage?

A 그것이 마음에 드니?
B I'm satisfied with this present.

A 파티를 잘 즐기고 있는 거야?
B I'm satisfied with this going-away party.

A 이번 학기에 듣는 수업들은 어떠니?
B I'm satisfied with all the classes this semester.

A 너는 정말 아름다워.
B I think so, too. I'm satisfied with my appearance.

A I'm satisfied with my marriage.
B 어떻게 행복한 결혼 생활을 할 수 있는지 알려 줄래?

I'm proud of ~.
~이 자랑스러워.

만족·놀라움 표현하기

mp3_117

I'm proud of my daughter. '내 딸이 자랑스러워.'처럼 ~에 대해서 자랑스러움이나 긍지와 같은 감정을 표현하거나 ~을 뽐내고 싶을 때 쓰는 패턴입니다.

SPEAKING TRAINING

- **I'm proud of** you.
  네가 자랑스러워.

- **I'm proud of** my career as a teacher.
  교사라는 나의 직업이 자랑스러워.

- **I'm proud of** my fluency in English.
  나의 유창한 영어 실력이 자랑스러워.

- **I'm proud of** being Korean.
  한국인임에 긍지를 가지고 있어.

- **I'm proud of** the work they've done.
  그들이 해낸 작품이 자랑스러워.

SPEAKING PRACTICE

1. A: I finally made it.
   B: 네가 자랑스러워.

2. A: You seem like you're enjoying your job.
   B: 교사라는 나의 직업이 자랑스러워.

3. A: Your English has been improved a lot.
   B: 나의 유창한 영어 실력이 자랑스러워.

4. A: 한국인임에 긍지를 가지고 있어.
   B: I feel the same way.

5. A: 그들이 해낸 작품이 자랑스러워.
   B: It's absolutely great!

A 나는 드디어 그것을 해냈어.
B I'm proud of you.

A 너는 너의 일을 즐기는 것처럼 보여.
B I'm proud of my career as a teacher.

A 너의 영어 실력이 많이 향상되었구나.
B I'm proud of my fluency in English.

A I'm proud of being Korean.
B 나도 같은 마음이야.

A I'm proud of the work they've done.
B 정말로 굉장하더라!

I'm surprised to ~.

만족·놀라움 표현하기 ~하다니 놀라워.

mp3_118

'~하다니 놀라워.' 라고 하면서 놀란 이유를 설명하는 동시에 감정을 표현하는 패턴입니다. I'm surprised to look at his face. "그의 얼굴을 보다니 놀라워."처럼 to 다음에는 놀라게 된 이유를 말하면 됩니다. be동사를 과거시제로 사용하면 과거에 놀랐던 일에 대해서 말할 수 있습니다.

SPEAKING TRAINING

- I'm surprised to hear that.
  그것을 들으니 놀라워.

- I'm surprised to see him here.
  그가 여기에 있는 것을 보다니 놀라워.

- I was surprised to watch them stealing.
  그들이 도둑질하는 것을 보고 놀랐어.

- I was surprised to taste the cake.
  케이크를 맛보고 놀랐어.

- I was surprised to meet her in person.
  그녀를 직접 만나 보고 놀랐어.

SPEAKING PRACTICE

1. A: 그것을 들으니 놀라워.
   B: Me, too.

   A I'm surprised to hear that.
   B 나도 그래.

2. A: 그가 여기에 있는 것을 보다니 놀라워.
   B: Why is he here?

   A I'm surprised to see him here.
   B 그가 왜 여기에 있는데?

3. A: 그들이 도둑질하는 것을 보고 놀랐어.
   B: Where did you see that?

   A I was surprised to watch them stealing.
   B 어디서 그것을 본 거야?

4. A: Have you tried the cake?
   B: 응, 케이크를 맛보고 놀랐어.

   A 그 케이크 먹어 봤어?
   B Yeah, I was surprised to taste the cake.

5. A: 그녀를 직접 만나 보고 놀랐어.
   B: What made you surprised?

   A I was surprised to meet her in person.
   B 무엇이 너를 그렇게 놀라게 한 거야?

I can't believe ~.
~을 믿을 수 없어.

만족·놀라움 표현하기

mp3_119

'~을 믿을 수 없어.'라고 하면서 믿기지 않는 상황에 대해서 말할 때 쓰는 패턴입니다. 또한, '어쩜, 그럴 수 있니.'라고 하면서 어떤 행위에 대해서 황당함과 놀라움을 표현할 때에도 많이 쓰입니다.

SPEAKING TRAINING

- **I can't believe you did this.**
  어쩜, 네가 이런 짓을 할 수 있니.

- **I can't believe you said that to me.**
  어쩜, 네가 나에게 그런 말을 할 수 있니.

- **I can't believe I failed the exam.**
  내가 시험에 실패했다는 사실을 믿을 수 없어.

- **I can't believe this happened to us.**
  이런 일이 우리에게 일어났다니 믿을 수 없어.

- **I can't believe she left me.**
  그녀가 나를 떠났다니 믿을 수 없어.

SPEAKING PRACTICE

1. A: 어쩜, 네가 이런 짓을 할 수 있니.
   B: Relax! Listen to me.

2. A: 어쩜, 네가 나에게 그런 말을 할 수 있니.
   B: Why not? Don't you remember what you said to me last night?

3. A: Do you know you failed the test?
   B: 내가 시험에 떨어졌다는 사실을 믿을 수 없어.

4. A: 이런 일이 우리에게 일어났다니 믿을 수 없어.
   B: Don't worry. We'll get through it.

5. A: Did she break up with you?
   B: 그녀가 나를 떠났다니 믿을 수 없어.

A I can't believe you did this.
B 진정해! 내 말 좀 들어 봐.

A I can't believe you said that to me.
B 왜 안 돼? 지난 밤 네가 나에게 했던 말을 기억 못하는 거야?

A 네가 시험에 떨어진 거 아니?
B I can't believe I failed the exam.

A I can't believe this happened to us.
B 걱정하지 마. 우리는 그걸 잘 이겨낼 거야.

A 그녀가 너에게 헤어지자고 했니?
B I can't believe she left me.

I'm shocked to ~.

만족·놀라움 표현하기 ~하다니 충격적이야.

mp3_120

~해서 놀랐다 정도가 아니라, 예상치 못한 일로 충격을 받았음을 표현할 때 쓰는 패턴입니다. I'm shocked that 주어+동사 ~.의 형태로도 쓸 수 있고, 과거시제로도 쓸 수 있습니다.

SPEAKING TRAINING

- **I'm shocked to** see her in this classroom.
  그녀가 이 교실에 있는 것을 보다니 충격적이야.

- **I'm shocked to** find out he's cheating on her.
  그가 그녀를 두고 바람피우는 것을 알게 되다니 충격적이야.

- **I'm shocked to** know what's going on here.
  이곳에서 무슨 일이 일어나고 있는지를 알게 되다니 충격적이야.

- **I was shocked that** she got pregnant.
  그녀가 임신했다는 것에 충격 받았어.

- **I was shocked that** they were separated.
  그들이 별거했다는 것에 충격 받았어.

Always be ready to speak these sentences confidently!

SPEAKING PRACTICE

1. A: She's here!
   B: 그녀가 이 교실에 있는 것을 보다니 충격적이야.

   A 그녀가 여기 있네!
   B I'm shocked to see her in this classroom.

2. A: 그가 그녀를 두고 바람피우는 것을 알게 되니 충격적이야.
   B: How dare he could do that to her!

   A I'm shocked to find out he's cheating on her.
   B 어떻게 감히 그가 그녀에게 그런 짓을 할 수 있니!

3. A: 이곳에서 무슨 일이 일어나고 있는지를 알게 되다니 충격적이야.
   B: What's going on here?

   A I'm shocked to know what's going on here.
   B 이곳에 무슨 일이 벌어지고 있는 건데?

4. A: 그녀가 임신했다는 것에 충격 받았어.
   B: I know! She's too young.

   A I was shocked that she got pregnant.
   B 알아! 그녀는 너무 어려.

5. A: 그들이 별거했다는 것에 충격 받았어.
   B: I hope they will get back together.

   A I was shocked that they were separated.
   B 그들이 다시 합치게 되길 바래.

   * get back together: 헤어졌던 연인이나 부부가 다시 합치다

Practice Makes Perfect 24

It's time to review!

우리말 문장을 보고 영어 문장이 바로 나오는지 확인해 보세요! 안 되면, 다시 돌아가서 완벽하게 연습하는 것 아시죠? 완벽하게 말할 수 있을 때까지 열심히 연습하세요!

STEP 1 앞에서 배운 표현을 복습해 보세요!

01. 이번 학기에 듣는 모든 수업들에 만족해.

02. 나의 결혼 생활에 만족해.

03. 교사라는 나의 직업이 자랑스러워.

04. 그들이 해낸 작품이 자랑스러워.

05. 그가 여기에 있는 것을 보다니 놀라워.

06. 그들이 도둑질하는 것을 보고 놀랐어.

07. 어쩜, 네가 이런 짓을 할 수 있니.

08. 이런 일이 우리에게 일어났다니 믿을 수 없어.

09. 그가 그녀를 두고 바람피우는 것을 알게 되다니 충격적이야.

10. 그들이 별거했다는 것에 충격 받았어.

Answers

01. I'm satisfied with all the classes this semester.
02. I'm satisfied with my marriage.
03. I'm proud of my career as a teacher.
04. I'm proud of the work they've done.
05. I'm surprised to see him here.
06. I was surprised to watch them stealing.
07. I can't believe you did this.
08. I can't believe this happened to us.
09. I'm shocked to find out he's cheating on her.
10. I was shocked that they were separated.

STEP 2 새로운 문장 만들기에 도전해 보세요!

01. I'm satisfied with ~ . ~에 만족해.
- ❶ 이 물건에 만족해.
- ❷ 너의 그대로의 모습에 만족해.

02. I'm proud of ~ . ~이 자랑스러워.
- ❶ 나의 아들이 자랑스러워.
- ❷ 그에게 좋은 차가 있다는 것이 자랑스러워.

03. I'm surprised to ~ . ~하다니 놀라워.
- ❶ 네게 선물을 받다니 놀라워.
- ❷ 그녀가 우는 것을 보고 놀랐어.

04. I can't believe ~ . ~을 믿을 수 없어.
- ❶ 네가 이런 말을 내게 하고 있다는 것을 믿을 수 없어.
- ❷ 그녀가 이것을 만들었다니 믿을 수 없어.

05. I'm shocked to ~ . ~하다니 충격적이야.
- ❶ 기회를 잃게 되다니 충격적이야.
- ❷ 살이 이렇게 많이 쪘다니 충격적이야.

Answers

01. ❶ I'm satisfied with this product.
    ❷ I'm satisfied with the way you are.
02. ❶ I'm proud of my son.
    ❷ I'm proud of him having a nice car.
03. ❶ I'm surprised to get a present from you.
    ❷ I was surprised to see her cry.
04. ❶ I can't believe you're saying this to me.
    ❷ I can't believe she made this.
05. ❶ I'm shocked to lose the chance.
    ❷ I'm shocked to gain a lot of weight.

I'm disappointed with ~.
~에 실망스러워.

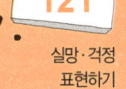

실망·걱정 표현하기

mp3_121

'~에 실망스러워.' 라는 뜻으로, 어떤 것에 대한 실망스러운 감정을 나타낼 때 쓰는 패턴입니다. with 뒤에 나오는 대상은 사람 혹은 특정한 상황이나 사물 등이 모두 나올 수 있습니다.

SPEAKING TRAINING

- **I'm disappointed with** your final paper.
  네 기말 보고서가 실망스러워.

- **I'm disappointed with** his education plans.
  그의 교육 계획들이 실망스러워.

- **I'm disappointed with** what you've done so far.
  네가 이제껏 해 왔던 것이 실망스러워.

- **I'm disappointed with** him.
  그에게 실망스러워.

- **I'm disappointed with** the pictures you took yesterday. 어제 네가 찍은 사진들이 실망스러워.

SPEAKING PRACTICE

1. A: 네 기말 보고서가 실망스러워.
   B: What's wrong with my paper?

2. A: 그의 교육 계획들이 실망스러워.
   B: Really? I liked it.

3. A: I think I've done an excellent job. What do you think?
   B: 네가 이제껏 해 왔던 것이 실망스러워.

4. A: 그에게 실망스러워.
   B: What happened? What did he wrong?

5. A: 어제 네가 찍은 사진들이 실망스러워.
   B: That's so frustrating.

A I'm disappointed with your final paper.
B 제 보고서가 뭐가 문제인가요?

A I'm disappointed with his education plans.
B 정말? 나는 그것이 괜찮았는데.

A 나는 내가 이제껏 일을 잘 해 온 것 같아. 너의 생각은 어때?
B I'm disappointed with what you've done so far.

A I'm disappointed with him.
B 무슨 이야야? 그가 뭘 잘못한 거야?

A I'm disappointed with the pictures you took yesterday.
B 정말 좌절인데.

Training 122

It's disappointing ~. / ~ is disappointing.

실망·걱정 표현하기

실망스러운 ~야. / ~은 실망스러워.

🎧 mp3_122

I'm disappointed with ~.와 마찬가지로 실망스러움을 나타내는 패턴입니다. 그러나 I'm disappointed with ~.는 '내가 ~에 실망스러운 감정을 느꼈다.' 라고 하면서 자신의 감정에 초점을 맞춘 것이고, It's disappointing ~. / ~ is disappointing.은 '~이 실망스럽다.' 라고 하면서 어떤 행위나 결과가 실망스럽다는 것을 강조한 것입니다.

SPEAKING TRAINING

- **The news is so disappointing.** 그 소식은 정말 실망스러워.

- **The English class is so disappointing.**
  영어 수업은 정말 실망스러워.

- **It's a disappointing marriage.** 실망스러운 결혼 생활이야.

- **It's a disappointing result for our team.**
  우리 팀에 실망스러운 결과야.

- **It's disappointing to watch them yell at each other.**
  그들이 서로에게 소리 지르는 것을 보다니 실망스러워.

Always be ready to speak these sentences confidently!

SPEAKING PRACTICE

1. A: Did you hear the news from her?
   B: 응! 그 소식은 정말 실망스러워.

2. A: How do you like your English class?
   B: 영어 수업은 정말 실망스러워.

3. A: How about your marriage so far?
   B: 실망스러운 결혼 생활이야.

4. A: We haven't had a win so far this season.
   B: 우리 팀에 실망스러운 결과야.

5. A: 그들이 서로 소리지르는 것을 보다니 실망스러워.
   B: They're always like that.

A 그녀로부터 소식을 들었니?
B Yeah! The news is so disappointing.

A 네 영어 수업은 어때?
B The English class is so disappointing.

A 지금까지 네 결혼 생활은 어때?
B It's a disappointing marriage.

A 이번 시즌에 여태껏 이기지 못했어.
B It's a disappointing result for our team.

A It's disappointing to watch them yell at each other.
B 그들은 항상 그런 식이야.

It's frustrating ~. / ~ is frustrating.

짜증나는 ~야. / ~에 좌절돼.

UNIT Training 123

실망·걱정 표현하기

mp3_123

'~이 짜증나.(좌절돼.)'라고 할 때 쓰는 패턴으로, It's disappointing ~. / ~ is disappointing.과 같은 형태의 문장 구조를 갖습니다. 잘 풀리지 않는 일, 시험 결과 등에 좌절감이 느껴질 때 사용하면 됩니다.

SPEAKING TRAINING

- **It's a frustrating job.** 짜증나는 직업이야.

- **It's a frustrating experience.**
  짜증나는 경험이야.

- **The score of the exam is so frustrating.**
  시험 점수에 무척 좌절돼.

- **The relationship between us is frustrating.**
  우리의 관계가 실망스러워.

- **The head injury is frustrating.**
  뇌 손상이라는데 좌절돼요.

Always be ready to speak these sentences confidently!

SPEAKING PRACTICE

1. A: What do you think about this job?
   B: 짜증나는 직업이야.

   A 이 직업에 대해서 어떻게 생각해?
   B It's a frustrating job.

2. A: 짜증나는 경험이야.
   B: I bet you can learn something from this experience.

   A It's a frustrating experience.
   B 네가 분명히 이 경험을 통해서 뭔가를 배울 수 있다고 확신해.

3. A: Did you get your report card? Did you see the score?
   B: 시험 점수에 무척 좌절돼.

   A 성적표 받았어? 점수를 봤니?
   B The score of the exam is so frustrating.

4. A: 우리의 관계가 실망스러워.
   B: But, we love each other.

   A The differences between us are frustrating.
   B 그래도, 우리는 서로 사랑하잖아.

5. A: He's got a serious head injury.
   B: 뇌 손상이라는데 좌절돼요.

   A 그는 심각한 뇌 손상을 입었어요.
   B The head injury is frustrating.

I'm worried about ~.

UNIT Training 124

실망 · 걱정 표현하기

~이 걱정돼.

🎧 mp3_124

~에 대해서 염려하거나 걱정되는 마음을 표현할 때 쓰는 패턴입니다. 어떠한 상황에 대해서 불안하고 초조할 때 이 패턴을 이용해서 말해 보세요.

SPEAKING TRAINING

- **I'm worried about** you.
  네가 걱정돼.

- **I'm worried about** the test.
  시험이 걱정돼.

- **I'm worried about** the date tonight.
  오늘 밤 데이트가 걱정돼.

- **I'm worried about** your health.
  네 건강이 걱정돼.

- **I'm worried about** what he did yesterday. 어제 그가 한 행동이 걱정돼.

Always be ready to speak these sentences confidently!

SPEAKING PRACTICE

1. A: 네가 걱정돼.
   B: I will be fine.

   A I'm worried about you.
   B 나는 괜찮을 거야.

2. A: 그 시험이 걱정돼.
   B: Don't worry about it. You've studied very hard for the test.

   A I'm worried about the test.
   B 그것에 대해 걱정하지 마. 너는 시험에 대비해서 열심히 공부해 왔잖아.

3. A: 오늘 밤 데이트가 걱정돼.
   B: Why? Aren't you excited?

   A I'm worried about the date tonight.
   B 왜? 기대되지 않아?

4. A: 네 건강이 걱정돼.
   B: Don't worry. I'm totally fine.

   A I'm worried about your health.
   B 걱정 마. 난 정말 괜찮아.

5. A: 어제 그가 한 행동이 걱정돼.
   B: There's nothing to worry about. Just believe him.

   A I'm worried about what he did yesterday.
   B 걱정할 것 없어. 그냥 그를 믿어.

I'm afraid of ~.
~이 두려워. / ~이 걱정돼. / ~라서 유감이야.

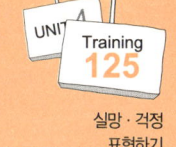

UNIT Training **125**

실망 · 걱정
표현하기

mp3_125

'~이 두렵다.', '~이 걱정된다.' 라고 표현할 때 쓰는 패턴입니다. 또한 I'm afraid that 주어+동사 ~.의 형태는 '~을 유감으로(미안하다고) 생각한다.' 라고 하면서 어떠한 일에 대한 안타까움을 표현하기도 합니다.

SPEAKING TRAINING

- **I'm afraid of cats.**
  고양이가 무서워.

- **I'm afraid of dying.**
  죽음이 두려워.

- **I'm afraid of being fired.**
  해고 당할까봐 두려워.

- **I'm afraid that you just missed the train.**
  유감이지만 막 열차를 놓치셨어요.

- **I'm afraid that I can't go there with you.**
  미안하지만 너와 함께 그곳에 갈 수 없어.

Always be ready to speak these sentences confidently!

SPEAKING PRACTICE

1. A: Do you like cats?
   B: 아니, 고양이가 무서워.

   A 고양이를 좋아하니?
   B No, I'm afraid of cats.

2. A: 나는 죽음이 두려워.
   B: Why are you saying that?

   A I'm afraid of dying.
   B 왜 그런 말을 해?

3. A: Many people are getting fired.
   B: 해고 당할까봐 두려워.

   A 많은 사람들이 해고 당하고 있어.
   B I'm afraid of being fired.

4. A: Where is the gate for the train?
   B: 유감이지만 막 열차를 놓치셨어요.

   A 열차를 탈 수 있는 출입구가 어디죠?
   B I'm afraid that you just missed the train.

5. A: Are you going to go there with me?
   B: 미안하지만 너와 함께 그곳에 갈 수 없어.

   A 나와 함께 그곳에 갈 거야?
   B I'm afraid that I can't go there with you.

Practice Makes Perfect 25

It's time to review!

우리말 문장을 보고 영어 문장이 바로 나오는지 확인해 보세요! 안 되면, 다시 돌아가서 완벽하게 연습하는 것 아시죠? 완벽하게 말할 수 있을 때까지 열심히 연습하세요!

STEP 1 앞에서 배운 표현을 복습해 보세요!

01. 네 기말 보고서가 실망스러워.
02. 네가 이제껏 해 왔던 것이 실망스러워.
03. 그 소식은 정말 실망스러워.
04. 실망스러운 결혼 생활이야.
05. 짜증나는 경험이야.
06. 우리의 관계가 실망스러워.
07. 시험이 걱정돼.
08. 어제 그가 한 행동이 걱정돼.
09. 해고 당할까봐 두려워.
10. 유감이지만 막 열차를 놓치셨어요.

Answers

01. I'm disappointed with your final paper.
02. I'm disappointed with what you've done so far.
03. The news is so disappointing.
04. It's a disappointing marriage.
05. It was a frustrating experience.
06. The relationship between us are frustrating.
07. I'm worried about the test.
08. I'm worried about what he did yesterday.
09. I'm afraid of being fired.
10. I'm afraid that you just missed the train.

STEP 2 새로운 문장 만들기에 도전해 보세요!

01. **I'm disappointed with ~ .** ~에 실망스러워.
    ❶ 시험 결과가 실망스러워.
    ❷ 그의 태도가 실망스러워.

02. **It's disappointing ~ ./ ~ is disappointing.**
    실망스러운 ~야. / ~은 실망스러워.
    ❶ 실망스러운 회의야.
    ❷ 그녀의 말투가 실망스러워.

03. **It's frustrating ~ . / ~ is frustrating.**
    짜증나는 ~야. / ~에 좌절돼.
    ❶ 내 룸메이트와 같이 사는 것은 짜증나.
    ❷ 살기에 짜증나는 곳이야.

04. **I'm worried about ~ .** ~이 걱정돼.
    ❶ 우리의 미래가 걱정돼.
    ❷ 그의 아내가 된다는 것이 걱정돼.

05. **I'm afraid of ~ .** ~이 두려워. / ~이 걱정돼. / ~라서 유감이야.
    ❶ 혼자 어둠 속에 있는 것이 두려워.
    ❷ 죄송하지만 그것은 전부 팔렸어요.

Answers
01. ❶ I'm disappointed with the test result.
    ❷ I'm disappointed with his attitude.
02. ❶ It's a disappointing conference.
    ❷ The way she talks is disappointing.
03. ❶ Living with my roommate is frustrating.
    ❷ It's a frustrating place to live.
04. ❶ I'm worried about our future.
    ❷ I'm worried about being his wife.
05. ❶ I'm afraid of being alone in the dark.
    ❷ I'm afraid that it's all sold out.

UNIT 5 Training 126
I'm sorry to / for ~.
~해서 미안해.

사과·유감 표현하기

🎧 mp3_126

'~해서 미안해.'라는 뜻으로, 사과할 때 쓰는 패턴입니다. to 다음에는 동사원형이 오고, for 다음에는 명사 혹은 동명사가 옵니다. 때에 따라서는 I'm sorry to hear that. "그것을 들으니 유감이야."와 같이 '유감이다.'라는 뜻으로도 쓸 수 있습니다.

SPEAKING TRAINING

- I'm sorry to bother you. 너를 방해해서 미안해.

- I'm sorry to keep you waiting.
  너를 기다리게 해서 미안해.

- I'm sorry to disappoint you.
  실망시켜 드려서 죄송해요.

- I'm sorry for the inconvenience.
  불편하게 해 드려서 죄송해요.

- I'm sorry for being late. 늦어서 미안해.

Always be ready to speak these sentences confidently!

SPEAKING PRACTICE

1. A: I don't have enough time to answer your question.
   B: 너를 방해해서 미안해.

   A 너의 질문에 답해 줄 충분한 시간이 없어.
   B I'm sorry to bother you.

2. A: I've been waiting for you for almost one hour.
   B: 너를 기다리게 해서 미안해.

   A 너를 거의 한 시간 동안 기다리고 있었어.
   B I'm sorry to keep you waiting.

3. A: I can't believe you did this.
   B: 실망시켜 드려서 죄송해요.

   A 네가 어떻게 이런 짓을 할 수 있니.
   B I'm sorry to disappoint you.

4. A: 불편하게 해 드려서 죄송해요.
   B: It's okay. I'm totally fine.

   A I'm sorry for the inconvenience.
   B 괜찮아요. 저는 정말 좋아요.

5. A: What time were you supposed to be here?
   B: 늦어서 미안해.

   A 너 이곳에 몇 시까지 오기로 했었지?
   B I'm sorry for being late.

I'm sorry that ~.
~해서 미안해.

사과·유감 표현하기

mp3_127

I'm sorry to / for ~.와 마찬가지로 사과할 때 쓰는 패턴으로, 차이점은 that 다음에 '주어+동사'의 절이 온다는 것입니다. 미안함의 이유를 문장을 통해서 표현해야 할 때, I'm sorry that ~.을 쓰면 됩니다.

SPEAKING TRAINING

- I'm sorry that I hurt you.
  상처 줘서 미안해.

- I'm sorry that I can't help you.
  도와주지 못해서 미안해.

- I'm sorry that it's taking so long.
  너무 오래 걸려서 미안해.

- I'm sorry that I woke you up.
  깨워서 미안해.

- I'm sorry that I made a noise.
  시끄럽게 해서 죄송해요.

SPEAKING PRACTICE

1. A: You hurt me!
   B: 상처 줘서 미안해.

2. A: I really need your help.
   B: 도와주지 못해서 미안해.

3. A: 너무 오래 걸려서 미안해.
   B: Just take your time.

4. A: 깨워서 미안해.
   B: It's fine. It's time to wake up anyway.

5. A: Can you be a little quiet in here? Everybody's studying now.
   B: 시끄럽게 해서 죄송해요.

A 너 내게 상처 줬어!
B I'm sorry that I hurt you.

A 너의 도움이 꼭 필요해.
B I'm sorry that I can't help you.

A I'm sorry that it's taking so long.
B 그냥 천천히 해.

A I'm sorry that I woke you up.
B 괜찮아. 어쨌든 일어나야 할 시간이야.

A 이 안에서 좀 조용히 해 줄래요? 지금 다들 공부하고 있잖아요.
B I'm sorry that I made a noise.

I apologize for ~.

Training 128
사과·유감 표현하기

~에 사과할게.

mp3_128

I'm sorry for ~.보다 좀 더 정중하고 예의 바르게 사과할 때 쓰는 패턴입니다. '~에게'라는 사과하려고 하는 대상이 제시될 때는 I apologize to+사람 목적어+for+사과의 이유.의 형식으로 말하면 됩니다.

SPEAKING TRAINING

- **I apologize for** my mistake.
  나의 실수에 대해서 사과할게.

- **I apologize for** what I said.
  내가 했던 말에 사과할게.

- **I apologize for** insulting you.
  너를 모욕 줬던 것에 대해서 사과할게.

- **I apologize to** you **for** his rudeness.
  당신에게 그의 무례함에 대해서 사과드립니다.

- **I apologize to** everyone **for** the delay.
  모든 분들께 늦어지는 것에 대해서 사과드립니다.

Always be ready to speak these sentences confidently!

SPEAKING PRACTICE

1. A: How could you do that to me?
   B: 나의 실수에 대해서 사과할게.

   A 너 어떻게 나에게 그런 짓을 하니?
   B I apologize for my mistake.

2. A: 내가 했던 말에 사과할게.
   B: That's okay. I understand what you were feeling.

   A I apologize for what I said.
   B 괜찮아. 네가 어떤 심정이었을지 이해해.

3. A: 너를 모욕 줬던 것에 대해서 사과할게.
   B: I hope it won't happen again.

   A I apologize for insulting you.
   B 그런 일이 다시는 일어나지 않길 바래.

4. A: He insulted me in front of everyone.
   B: 당신에게 그의 무례함에 대해서 사과드립니다.

   A 그는 사람들 앞에서 제게 모욕을 줬어요.
   B I apologize to you for his rudeness.

5. A: 모든 분들께 늦어지는 것에 대해서 사과드립니다.
   B: I hate this kind of situation.

   A I apologize to everyone for the delay.
   B 나는 이런 상황이 싫어.

I feel sorry for ~.
~이 안타까워.

사과·유감 표현하기

sorry는 '미안하다'는 뜻 이외에도 '참 안됐군요.' 라는 의미가 있어서, **I feel sorry for him.**은 "나는 그에게 미안하다."는 뜻이 아니라, "그가 참 안됐군요." 라는 뜻이 됩니다. 주변인이 힘든 일을 당했거나, 불쌍한 사람을 봤을 때 안타까움을 표현하기 좋은 패턴입니다.

SPEAKING TRAINING

- **I feel sorry for him.**
  그가 안타까워.

- **I feel sorry for your loss.**
  너의 상실이 안타까워. (삼가 고인의 명복을 빕니다.)

- **I feel sorry for the accident.**
  그 사고에 마음이 아파.

- **I feel sorry for your difficulties.**
  너의 고난들이 안타까워.

- **I feel sorry for the unhappy marriage.**
  그런 불행한 결혼 생활을 하다니 딱하구나.

Always be ready to speak these sentences confidently!

SPEAKING PRACTICE

1. A: He's having a hard time.
   B: 그가 안타까워.

   A 그는 힘든 시간을 보내고 있어.
   B I feel sorry for him.

2. A: My father passed away.
   B: 너의 상실이 안타까워. (삼가 고인의 명복을 빕니다.)

   A 아버지가 돌아가셨어.
   B I feel sorry for your loss.

3. A: 그 사고에 마음이 아파.
   B: It's a terrible accident.

   A I feel sorry for the accident.
   B 끔찍한 사고야.

4. A: I've been going through a lot.
   B: 너의 고난들이 안타까워.

   A 요새 많은 일들을 겪고 있어.
   B I feel sorry for your difficulties.

5. A: I'm not happy with my husband.
   B: 그런 불행한 결혼 생활을 하다니 딱하구나.

   A 난 내 남편과 별로 행복하지 않아.
   B I feel sorry for the unhappy marriage.

It's too bad that ~.

~하다니 너무 안됐어.

사과·유감 표현하기

🎧 mp3_130

I feel sorry for ~.와 마찬가지로 이 패턴도 '~하다니 너무 안됐어.'라고 하면서 어떤 일에 대한 안타까운 심정을 표현할 때 쓸 수 있습니다.

SPEAKING TRAINING

- It's too bad that she's sick. 그녀가 아프다니 너무 안됐어.

- It's too bad that he's fired. 그가 해고되다니 너무 안됐어.

- It's too bad that you didn't trust each other.
  너희가 서로를 믿지 못했다니 너무 안됐어.

- It's too bad that you missed the great opportunity.
  그 좋은 기회를 놓쳤다니 너무 안됐어.

- It's too bad that you didn't pass the course. 그 과정을 통과하지 못했다니 너무 안됐어.

SPEAKING PRACTICE

1. A: Do you know she's really sick?
   B: 그녀가 아프다니 너무 안됐어.

   A 그녀가 많이 아프다는 거 아니?
   B It's too bad that she's sick.

2. A: He has to find a new job because he's fired.
   B: 그가 해고되다니 너무 안됐어.

   A 그는 해고되어서 새 직장을 구해야 해.
   B It's too bad that he's fired.

3. A: 너희가 서로를 믿지 못했다니 너무 안됐어.
   B: That's why we broke up.

   A It's too bad that you didn't trust each other.
   B 그래서 우리가 헤어진 거야.

4. A: 그 좋은 기회를 놓쳤다니 너무 안됐어.
   B: I'm pretty sure there will be another chance.

   A It's too bad that you missed the great opportunity.
   B 또 다른 기회가 분명히 있을 거야.

5. A: I failed the course. What am I going to do?
   B: 그 과정을 통과하지 못했다니 너무 안됐어.

   A 난 그 과정에 실패했어. 내가 뭘 해야 하지?
   B It's too bad that you didn't pass the course.

Practice Makes Perfect 26

It's time to review!

우리말 문장을 보고 영어 문장이 바로 나오는지 확인해 보세요! 안 되면, 다시 돌아가서 완벽하게 연습하는 것 아시죠? 완벽하게 말할 수 있을 때까지 열심히 연습하세요!

STEP 1 앞에서 배운 표현을 복습해 보세요!

01. 너를 방해해서 미안해.
02. 늦어서 미안해.
03. 너무 오래 걸려서 미안해.
04. 깨워서 미안해.
05. 나의 실수에 대해서 사과할게.
06. 모든 분들께 늦어지는 것에 대해서 사과드립니다.
07. 그 사고에 마음이 아파.
08. 너의 고난들이 안타까워.
09. 그가 해고되다니 너무 안됐어.
10. 그 과정을 통과하지 못했다니 너무 안됐어.

Answers

01. I'm sorry to bother you.
02. I'm sorry for being late.
03. I'm sorry that it's taking so long.
04. I'm sorry that I woke you up.
05. I apologize for my mistake.
06. I apologize to everyone for the delay.
07. I feel sorry for the accident.
08. I feel sorry for your difficulties.
09. It's too bad that he's fired.
10. It's too bad that you didn't pass the course.

STEP 2 새로운 문장 만들기에 도전해 보세요!

01. I'm sorry to / for ~. ~해서 미안해.
❶ 기분 상하게 해서 미안해.
❷ 이런 불편한 상황을 만들어서 미안해.

02. I'm sorry that ~. ~해서 미안해.
❶ 네 감정을 상하게 해서 미안해.
❷ 일찍 오지 못해서 미안해.

03. I apologize for ~. ~에 사과할게.
❶ 너를 비웃었던 것에 대해서 사과할게.
❷ 너는 비판했던 것에 대해서 사과할게.

04. I feel sorry for ~. ~이 안타까워.
❶ 내가 이제껏 겪은 일들이 안타까워.
❷ 그 프로젝트에 발생했던 일들이 유감스러워.

05. It's too bad that ~. ~하다니 너무 안됐어.
❶ 그 아이가 실종됐다니 너무 안됐어.
❷ 그들이 오지 못했다니 너무 안됐어.   * make it: 오기로 한 약속을 지키다

Answers

01. ❶ I'm sorry to upset you.
    ❷ I'm sorry for this uncomfortable situation.
02. ❶ I'm sorry that I hurt your feelings.
    ❷ I'm sorry that I didn't come early.
03. ❶ I apologize for laughing at you.
    ❷ I apologize for judging you.
04. ❶ I feel sorry for what you've been through.
    ❷ I feel sorry for what happened to the project.
05. ❶ It's too bad that the child is missing.
    ❷ It's too bad that they couldn't make it.

I feel like -ing ~.
~하고 싶어.

심정 말하기

🎧 mp3_131

기분상 '~하고 싶다.' 라고 말할 때 쓰는 패턴입니다. 단순히 '원한다' 라는 뉘앙스보다는 "나는 술 마시고 싶어."와 같이 ~하고 싶은 기분과 느낌을 표현할 때 쓸 수 있습니다.

SPEAKING TRAINING

- **I feel like** eat**ing** something.
  뭔가를 먹고 싶어.

- **I feel like** drink**ing**.
  술 마시고 싶어.

- **I feel like** cry**ing**.
  울고 싶어.

- **I feel like** danc**ing**.
  춤추고 싶어.

- **I feel like** vomit**ing**.
  토하고 싶어.

SPEAKING PRACTICE

1. A: Why are you eating again?
   B: 뭔가를 먹고 싶어.

   A 왜 또 먹는 거야?
   B I feel like eating something.

2. A: 술 마시고 싶어.
   B: You look so sad. What's wrong?

   A I feel like drinking.
   B 너 무척 슬퍼 보여. 무슨 일 있어?

3. A: I heard that you argued with your boss.
   B: 울고 싶어.

   A 네 직장 상사와 다퉜다고 들었어.
   B I feel like crying.

4. A: 춤추고 싶어.
   B: Let's go to the club tonight.

   A I feel like dancing.
   B 오늘 밤에 클럽에 가자.

5. A: You drank too much.
   B: 토하고 싶어.

   A 넌 술을 너무 많이 마셨어.
   B I feel like vomiting.

I don't feel like -ing ~.
~하고 싶지 않아.

심정 말하기

Training 132

mp3_132

I feel like -ing ~.의 부정문으로, '~하고 싶지 않아.', '~할 기분이 아니야.' 라고 표현할 때 쓰는 패턴입니다. 이 패턴 역시도 ~할 기분이나 분위기에 초점을 맞춘 것입니다.

SPEAKING TRAINING

- **I don't feel like talking.**
  말할 기분이 아니야.

- **I don't feel like doing anything.**
  어떤 것도 하고 싶지 않아.

- **I don't feel like working out.**
  운동할 기분이 아니야.

- **I don't feel like studying.**
  공부하고 싶지 않아.

- **I don't feel like going to school today.**
  오늘은 학교에 가고 싶지 않아요.

Always be ready to speak these sentences confidently!

SPEAKING PRACTICE

1. A: Do you want to talk about it?
   B: 말할 기분이 아니야.

2. A: We have a lot of things to do.
   B: 어떤 것도 하고 싶지 않아.

3. A: It's time to go to the gym.
   B: 운동할 기분이 아니야.

4. A: We need to study for the final exam.
   B: 공부하고 싶지 않아.

5. A: Are you ready to go to school?
   B: 오늘은 학교에 가고 싶지 않아요.

A 그것에 대해서 얘기 좀 해 볼래?
B I don't feel like talking.

A 우리는 할 일이 많아.
B I don't feel like doing anything.

A 운동하러 갈 시간이야.
B I don't feel like working out.

A 우리는 기말 시험을 위해서 공부해야만 해.
B I don't feel like studying.

A 학교 갈 준비 됐니?
B I don't feel like going to school today.

Do you feel like -ing?
~하고 싶니? / ~하는 것 어때?

심정 말하기

mp3_133

I feel like -ing ~.의 의문문으로, '~하고 싶니?', '~하고 싶은 기분이야?'라고 물을 때 쓰는 패턴입니다. Do you want to ~?처럼 이 패턴은 '~하는 것 어때?'라고 하면서 상대방에게 제안할 때도 많이 쓰입니다.

SPEAKING TRAINING

- **Do you feel like skiing?**
  스키 타고 싶니?

- **Do you feel like singing?**
  노래 부르고 싶니?

- **Do you feel like taking a bath?**
  목욕하는 것 어때?

- **Do you feel like walking in the snow?**
  눈 속을 걷는 것 어때?

- **Do you feel like playing tennis?**
  테니스 치는 것 어때?

SPEAKING PRACTICE

1. A: 스키타고 싶니?
   B: I'd love to go skiing.

   A Do you feel like skiing?
   B 스키타러 가고 싶어.

2. A: 노래 부르고 싶니?
   B: I feel like singing and dancing.

   A Do you feel like singing?
   B 노래 부르면서 춤추고 싶어.

3. A: I'm exhausted. I need to relax.
   B: 목욕하는 것 어때?

   A 지쳤어. 쉬고 싶어.
   B Do you feel like taking a bath?

4. A: It's snowing a lot.
   B: 눈 속을 걷는 것 어때?

   A 눈이 많이 와.
   B Do you feel like walking in the snow?

5. A: 테니스 치는 것 어때?
   B: Can I take a rain check? I've gotta go now. *rain check: 후일의 약속

   A Do you feel like playing tennis?
   B 다음으로 미뤄도 될까? 나는 지금 가 봐야 해.

I'm in the mood for ~.
~하고 싶은 기분이야.

심정 말하기

mp3_134

I feel like -ing ~.와 마찬가지로 '~할 기분이야.', '~하고 싶어.' 라고 표현할 때 쓰는 패턴입니다. '~할 기분이 아니야.', '별로 ~하고 싶지 않아.' 라고 말할 때에는 I'm not in the mood for ~.로 표현하면 됩니다.

SPEAKING TRAINING

- **I'm in the mood for** shopping.
  쇼핑하고 싶어.

- **I'm in the mood for** seeing a scary movie.
  무서운 영화를 보고 싶어.

- **I'm not in the mood for** a joke.
  농담할 기분이 아니야.

- **I'm not in the mood for** Chinese food.
  중국 음식은 별로 먹고 싶지 않아.

- **I'm not in the mood for** cooking.
  요리할 기분이 아니야.

SPEAKING PRACTICE

1. A: Do you feel like doing anything?
   B: 쇼핑하고 싶어.

   A 뭔가를 하고 싶니?
   B I'm in the mood for shopping.

2. A: What kind of movie would you like to see tonight?
   B: 무서운 영화를 보고 싶어.

   A 오늘 밤에 무슨 영화를 보고 싶니?
   B I'm in the mood for seeing a scary movie.

3. A: 농담할 기분이 아니야.
   B: What's the matter?

   A I'm not in the mood for a joke.
   B 무슨 일 있니?

4. A: How about Chinese food tonight?
   B: 중국 음식은 별로 먹고 싶지 않아.

   A 저녁으로 중국 음식 어때?
   B I'm not in the mood for Chinese food.

5. A: 요리할 기분이 아니야.
   B: You don't have to cook. Let's eat out.

   A I'm not in the mood for cooking.
   B 요리할 필요 없어. 외식하자.

It feels like ~.
~인 것 같은 느낌이 들어.

심정 말하기

mp3_135

I feel like ~.는 '나는 ~하고 싶어.' 라는 의미인 반면에, It feels like ~.는 '~인 것 같은 느낌이 들어.' 라고 하면서 어떤 것에 대한 자신의 추측을 나타낼 때 쓰는 패턴입니다.

SPEAKING TRAINING

- **It feels like** wood.
  나무 같은 느낌이 들어.

- **It feels like** it's going to rain today.
  오늘 비가 올 것 같은 느낌이 들어.

- **It feels like** a great opportunity.
  좋은 기회일 것 같은 느낌이 들어.

- **It feels like** they don't like me.
  그들이 나를 좋아하지 않는 것 같은 느낌이 들어.

- **It feels like** something bad will happen.
  나쁜 일이 일어날 것 같은 느낌이 들어.

Always be ready to speak these sentences confidently!

SPEAKING PRACTICE

1. A: What do you think it is?
   B: 나무 같은 느낌이 들어.

   A 그것이 무엇인 것 같아?
   B It feels like wood.

2. A: 오늘 비가 올 것 같은 느낌이 들어.
   B: I like a rainy day.

   A It feels like it's going to rain today.
   B 나는 비 오는 날이 좋아.

3. A: I heard that he offered you to work with him.
   B: 응. 좋은 기회일 것 같은 느낌이 들어.

   A 그가 너에게 함께 일하자는 제의를 했다고 들었어.
   B Yeah. It feels like a great opportunity.

4. A: 그들이 나를 좋아하지 않는 것 같은 느낌이 들어.
   B: They absolutely like you.

   A It feels like they don't like me.
   B 그들은 분명히 너를 좋아해.

5. A: 나쁜 일이 일어날 것 같은 느낌이 들어.
   B: Why do you feel that way?

   A It feels like something bad will happen.
   B 왜 그렇게 느끼는데?

Practice Makes Perfect 27

It's time to review!

우리말 문장을 보고 영어 문장이 바로 나오는지 확인해 보세요! 안 되면, 다시 돌아가서 완벽하게 연습하는 것 아시죠? 완벽하게 말할 수 있을 때까지 열심히 연습하세요!

STEP 1 앞에서 배운 표현을 복습해 보세요!

01. 뭔가를 먹고 싶어.

02. 울고 싶어.

03. 말할 기분이 아니야.

04. 운동할 기분이 아니야.

05. 목욕하는 것 어때?

06. 눈 속을 걷는 것 어때?

07. 쇼핑하고 싶어.

08. 중국 음식은 별로 먹고 싶지 않아.

09. 좋은 기회일 것 같은 느낌이 들어.

10. 나쁜 일이 일어날 것 같은 느낌이 들어.

Answers

01. I feel like eating something.
02. I feel like crying.
03. I don't feel like talking.
04. I don't feel like working out.
05. Do you feel like taking a bath?
06. Do you feel like walking in the snow?
07. I'm in the mood for shopping.
08. I'm not in the mood for Chinese food.
09. It feels like a great opportunity.
10. It feels like something bad will happen.

STEP 2 새로운 문장 만들기에 도전해 보세요!

01. I feel like -ing ~. ~하고 싶어.
    ① 여기에 머물고 싶어.
    ② 이 경치를 즐기고 싶어.

02. I don't feel like -ing ~. ~하고 싶지 않아.
    ① 너와 언쟁하고 싶지 않아.
    ② 그들과 놀러 다니고 싶지 않아.

03. Do you feel like -ing ~? ~하고 싶니? / ~하는 것 어때?
    ① 컴퓨터 게임 하고 싶니?
    ② 음악 듣는 것 어때?

04. I'm in the mood for ~. ~하고 싶은 기분이야.
    ① 클럽 가서 놀고 싶은 기분이야.
    ② 청소하고 싶은 기분이야.

05. It feels like ~. ~인 것 같은 느낌이 들어.
    ① 뭔가 큰 업적인 것 같은 느낌이 들어.
    ② 내가 큰 실수를 저지르고 있는 것 같은 느낌이 들어.

Answers

01. ① I feel like staying here.
    ② I feel like enjoying this scenery.
02. ① I don't feel like arguing with you.
    ② I don't feel like hanging out with them.
03. ① Do you feel like playing computer games?
    ② Do you feel like listening to music?
04. ① I'm in the mood for clubbing.
    ② I'm in the mood for cleaning.
05. ① It feels like a big accomplishment.
    ② It feels like I'm making a huge mistake.

I'm interested ~. / ~ is interesting.

~에 흥미가 있어. / ~은 흥미로워.

mp3_136

interested와 interesting은 둘 다 interest라는 동사에서 나온 분사 형용사입니다. interesting은 능동형의 형용사 즉, '흥미있는'의 뜻이고, interested는 수동형의 형용사 즉, '~에 흥미가 있는(~에 흥미를 느끼게 된)'이란 뜻이 됩니다. 때문에 I'm interested ~.는 '나는 ~에 흥미가 있다.'이고, It's interesting.은 '~이 흥미로워.'가 됩니다.

SPEAKING TRAINING

- I'm interested in her.
  그녀에게 관심이 있어.

- I'm interested in learning languages.
  언어를 배우는 것에 흥미가 있어.

- It's an interesting class. 흥미로운 수업이야.

- The subject is very interesting.
  그 주제는 무척 흥미로워.

- The result of the study is interesting.
  연구 결과가 흥미로워.

Always be ready to speak these sentences confidently!

SPEAKING PRACTICE

1. A: What do you think about her?
   B: 그녀에게 관심이 있어.

   A 그녀에 대해서 어떻게 생각해?
   B I'm interested in her.

2. A: Do you have something that interests you?
   B: 언어를 배우는 것에 흥미가 있어.

   A 너에게 흥미를 주는 것이 있니?
   B I'm interested in learning languages.

3. A: How is the English class?
   B: 흥미로운 수업이야.

   A 영어 수업은 어때?
   B It's an interesting class.

4. A: We're going to discuss the subject.
   B: 그 주제는 무척 흥미로워.

   A 우리는 그 주제에 대해서 토론할 거야.
   B The subject is very interesting.

5. A: Have you got the result of the study?
   B: 연구 결과가 흥미로워.

   A 연구 결과가 나왔니?
   B The result of the study is interesting.

I'm bored ~. / ~ is boring.

~에 따분해. / ~은 따분해.

느낌 말하기

mp3_137

bore 동사가 '지루하게 하다', '따분하게 하다' 라는 뜻이므로, boring은 능동형 형용사 즉, '지루함을 느끼게 하는', '따분하게 하는'이란 뜻이 되고, bored는 수동형 형용사 즉, '지루한', '심심한'의 뜻이 됩니다. 따라서, I'm bored.는 "나는 심심해."이고, It is boring.은 "그것은 따분해."가 됩니다.

SPEAKING TRAINING

- I'm bored I could die. 따분해서 죽겠어.

- I'm bored with computer games. 컴퓨터 게임이 지루해.

- It's a boring match. 따분한 시합이야.

- The meeting is boring. 회의가 따분해.

- He's a boring person. 그는 따분한 사람이야.

SPEAKING PRACTICE

1. A: Do you enjoy the party?
   B: 따분해서 죽겠어.

   A 파티를 즐기고 있니?
   B I'm bored I could die.

2. A: 컴퓨터 게임이 지루해.
   B: How about buying something exciting?

   A I'm bored with computer games.
   B 뭔가 흥미진진한 걸 사지 그래?

3. A: How is the match going?
   B: 따분한 시합이야.

   A 시합은 어떻게 되어가니?
   B It's a boring match.

4. A: 회의가 따분해.
   B: Try to focus on the meeting.

   A The meeting is boring.
   B 회의에 집중하려고 해 봐.

5. A: 그는 따분한 사람이야.
   B: You don't know him well. He's pretty funny.

   A He's a boring person.
   B 너는 그를 잘 몰라. 그는 꽤 재미있는 사람이야.

I'm surprised ~. / ~ is surprising.

~에 놀라워. / ~은 놀라워.

느낌 말하기

mp3_138

surprise 동사가 '놀라게 하다', '놀래키다'라는 뜻이므로, surprising은 능동형 형용사 즉, '놀라게 하는'이란 뜻이 되고, surprised는 수동형 형용사 즉, '~에 의해서 놀라게 된', '놀란'의 뜻이 됩니다. 따라서 I'm surprised.는 "놀라운데."이고 It is surprising.은 "그것은 놀라워."가 됩니다.

SPEAKING TRAINING

- I'm surprised to hear the news.
  그 소식을 듣다니 놀라운데.

- I'm surprised to see you.
  너를 보게 되다니 놀라운데.

- I'm surprised by him saying that.
  그가 그런 말을 하는 것이 놀라운데.

- It's a surprising party for you.
  그것은 너를 위한 깜짝 파티야.

- The news is very surprising.
  그 소식은 정말 놀라운데.

SPEAKING PRACTICE

1. A: 그 소식을 듣다니 놀라운데.
   B: There are some more surprising news.

   A I'm surprised to hear the news.
   B 더 놀랄 만한 소식들이 있어.

2. A: I'm back.
   B: 너를 보게 되다니 놀라운데.

   A 내가 돌아왔어.
   B I'm surprised to see you.

3. A: 그가 그런 말을 하는 것이 놀라운데.
   B: He has changed.

   A I'm surprised by him saying that.
   B 그는 변했어.

4. A: 그것은 너를 위한 깜짝 파티야.
   B: Thank you. It's fun!

   A It's a surprising party for you.
   B 고마워. 재미있어!

5. A: Have you heard the news? He's coming back to this office.
   B: 그 소식은 정말 놀라운데.

   A 그 소식 들었어? 그가 이 사무실로 돌아온대.
   B The news is very surprising.

I'm embarrassed ~. / ~ is embarrassing.

~에 당황스러워. / ~은 당황스러워.

UNIT 7 Training 139
느낌 말하기

🎧 mp3_139

embarrass 동사가 '당황시키다'라는 뜻으로, embarrassing은 '당황시키는'이란 뜻이 되고, embarrassed는 '당황한'의 뜻이 됩니다. 따라서 I'm embarrassed.는 "당황스러워.", "창피해."이고, It is embarrassing.은 "그것은 당황스러워."가 됩니다.

SPEAKING TRAINING

- I'm so embarrassed. 정말 창피해.

- I'm embarrassed to ask, but can you lend me some money? 물어보기 무안하지만, 돈 좀 빌려 줄 수 있니?

- What you're saying is embarrassing.
  네가 하는 말은 당황스러운 걸.

- It's a very embarrassing moment.
  굉장히 당황스러운 순간이죠.

- It's an embarrassing situation.
  당황스러운 상황이군요.

Always be ready to speak these sentences confidently!

SPEAKING PRACTICE

1. A: I'm sorry to yell at you in front of people.
   B: 조용히 해! 정말 창피해.

2. A: 물어보기 무안하지만, 돈 좀 빌려 줄 수 있니?
   B: Sorry, I can't.

3. A: 네가 하는 말은 당황스러운 걸.
   B: What makes you think so?

4. A: How do you feel when your students ask you a difficult question?
   B: 굉장히 당황스러운 순간이죠.

5. A: 당황스러운 상황이군요.
   B: How will you handle it?

A 사람들 앞에서 소리 질러서 미안해.
B Shut up! I'm so embarrassed.

A I'm embarrassed to ask, but can you lend me some money?
B 미안하지만, 할 수 없어.

A What you're saying is embarrassing.
B 뭣 때문에 그렇게 생각하는데?

A 당신 학생들이 당신에게 어려운 질문을 하면 기분이 어떤가요?
B It's a very embarrassing moment.

A It's an embarrassing situation.
B 그 상황을 어떻게 처리할 건가요?

I'm disappointed ~. / ~ is disappointing.

~에 실망스러워. / ~은 실망스러워.

mp3_140

disappoint 동사가 '실망시키다', '좌절시키다'라는 뜻이므로, disappointing은 '실망시키는', '좌절하게 하는'이란 뜻이 되고, disappointed는 '실망한', '좌절한'의 뜻이 됩니다. 따라서 I'm disappointed.는 "실망했어."이고, It is disappointing.은 "그것은 실망스러워."가 됩니다.

SPEAKING TRAINING

- I'm disappointed with her. 그녀에게 실망스러워.
- I'm disappointed with his attitude. 그의 태도에 실망스러워.
- It is disappointing. 실망스러워.
- His lecture is disappointing. 그의 강의가 실망스러워.
- What you just said is very disappointing.
  네가 방금 했던 말은 정말 실망스러워.

> Always be ready to speak these sentences confidently!

SPEAKING PRACTICE

1. A: 그녀에게 실망스러워.
   B: Why? Did she do anything wrong?

   A I'm disappointed with her.
   B 왜? 그녀가 뭔가 잘못했니?

2. A: 그의 태도에 실망스러워.
   B: Why don't you ask him what's wrong?

   A I'm disappointed with his attitude.
   B 뭐가 문제인지 그에게 물어보는 것이 어때?

3. A: How's your school record?
   B: 실망스러워. 나는 창피해.

   A 네 학교 성적은 어때?
   B It is disappointing. I'm ashamed.

4. A: 그의 강의가 실망스러워.
   B: I don't think his lecture is well prepared.

   A His lecture is disappointing.
   B 그의 강의가 잘 준비된 것 같지 않아.

5. A: 네가 방금 했던 말은 정말 실망스러워.
   B: What did I say?

   A What you just said is very disappointing.
   B 내가 뭐라고 말했는데?

Practice Makes Perfect 28

It's time to review!

우리말 문장을 보고 영어 문장이 바로 나오는지 확인해 보세요! 안 되면, 다시 돌아가서 완벽하게 연습하는 것 아시죠? 완벽하게 말할 수 있을 때까지 열심히 연습하세요!

STEP 1 앞에서 배운 표현을 복습해 보세요!

01. 언어를 배우는 것에 흥미가 있어.
02. 흥미로운 수업이야.
03. 컴퓨터 게임이 지루해.
04. 그는 따분한 사람이야.
05. 너를 보게 되다니 놀라운데.
06. 그것은 너를 위한 깜짝 파티야.
07. 정말 창피해.
08. 당황스러운 상황이군요.
09. 그녀에게 실망스러워.
10. 네가 방금 했던 말은 정말 실망스러워.

Answers

01. I'm interested in learning languages.
02. It's an interesting class.
03. I'm bored with computer games.
04. He's a boring person.
05. I'm surprised to see you.
06. It's a surprising party for you.
07. I'm so embarrassed.
08. It's an embarrassing situation.
09. I'm disappointed with her.
10. What you just said is very disappointing.

STEP 2 새로운 문장 만들기에 도전해 보세요!

01. **I'm interested ~ . / ~ is interesting.** ~에 흥미가 있어. / ~은 흥미로워.
    ① 나는 차에 무척 흥미가 있어.
    ② 너는 정말 흥미로운(재미있는) 사람이야.

02. **I'm bored ~ . / ~ is boring.** ~에 따분해. / ~은 따분해.
    ① 난 네게 지쳤어.
    ② 그 영화는 지루해.

03. **I'm surprised ~ . / ~ is surprising.** ~에 놀라워. / ~은 놀라워.
    ① 너의 작품이 놀라워.
    ② 그 문제를 해결하는 방식이 정말 놀라워.

04. **I'm embarrassed ~ . / ~ is embarrassing.**
    ~에 당황스러워. / ~은 당황스러워.
    ① 나는 너 때문에 무안해.
    ② 많은 사람들 앞에서 춤추는 것은 당황스러워.

05. **I'm disappointed ~ . / ~ is disappointing.**
    ~에 실망스러워. / ~은 실망스러워.
    ① 나는 그 패션쇼가 실망스러워.
    ② 그의 태도는 정말 실망스러워.

Answers
01. ① I'm very interested in cars.
    ② You're a very interesting person.
02. ① I'm bored with you.
    ② The movie is boring.
03. ① I'm surprised by your work.
    ② The way to solve the problem is surprising.
04. ① I'm embarrassed by you.
    ② It is embarrassing to dance in front of many people.
05. ① I'm disappointed with the fashion show.
    ② His attitude is disappointing.

UNIT 1 That's ~.로 말하기
UNIT 2 예정 말하기
UNIT 3 How+형용사로 묻기
UNIT 4 조동사+have p.p로 말하기
UNIT 5 진행형으로 말하기
UNIT 6 현재완료로 말하기
UNIT 7 현재완료진행형으로 말하기
UNIT 8 주요 동사 1 – take
UNIT 9 주요 동사 2 – get
UNIT 10 동사+목적어+to ~로 말하기
UNIT 11 사역동사로 말하기
UNIT 12 지각동사로 말하기

That's what ~.

That's ~로 말하기   그것이 바로 ~야.

🎧 mp3_141

'그것이 바로 ~야.'라고 하면서 상대방의 말에 동조하거나 받아칠 때 유용하게 쓰는 패턴입니다.
예를 들어, That's what I'm talking about. "내 말이 바로 그거야."와 같이 말하면 됩니다.

SPEAKING TRAINING

- **That's what** I said.
  그것이 바로 제가 한 말이잖아요.

- **That's what** she asked.
  그것이 바로 그녀가 물어봤던 거야.

- **That's what** they have done.
  그것이 바로 그들이 했던 거야.

- **That's what** we talked about.
  그것이 바로 우리가 얘기했던 거야.

- **That's what** I heard from him.
  그것이 바로 내가 그에게서 들었던 거야.

SPEAKING PRACTICE

1. A: Is it true they might get fired?
   B: 그것이 바로 제가 한 말이잖아요.

2. A: 그것이 바로 그녀가 물어봤던 거야.
   B: Did you answer that?

3. A: It looks like this house has been cleaned by someone.
   B: 그것이 바로 그들이 했던 거야.

4. A: We should try to get the chance.
   B: 그것이 바로 우리가 얘기했던 거야.

5. A: Do you know he lost his driver license?
   B: 그것이 바로 내가 그에게서 들었던 거야.

A 그들이 해고될 수도 있다는 게 사실인가요?
B That's what I said.

A That's what she asked.
B 그것에 대해서 대답했니?

A 누군가가 이 집을 청소한 것 같아.
B That's what they have done.

A 우리는 그 기회를 잡으려고 노력해야 해.
B That's what we talked about.

A 그가 운전면허를 잃어버렸다는 걸 아니?
B That's what I heard from him.

That's how ~.
바로 그렇게 ~하는 거야.

That's ~.로 말하기

mp3_142

'바로 그렇게 ~하는 거야.', '그것이 바로 ~하게 된 방법이야.' 라고 하면서 무엇에 관한 방법을 설명하는 패턴입니다. 간단하면서도 강조하듯이 어떤 행위에 대한 방법을 설명할 때 쓸 수 있습니다.

SPEAKING TRAINING

- **That's how** I did it.
  바로 그렇게 내가 그것을 했던 거야.

- **That's how** they're made.
  바로 그렇게 그것들이 만들어졌어.

- **That's how** we solved the problem.
  바로 그렇게 우리가 그 문제를 해결했어.

- **That's how** they met each other.
  바로 그렇게 그들은 서로를 만나게 되었어.

- **That's how** he started a new business.
  바로 그렇게 그가 새로운 사업을 시작하게 되었어.

Always be ready to speak these sentences confidently!

SPEAKING PRACTICE

1. A: 바로 그렇게 내가 그것을 했던 거야.
   B: I bet you put a lot of efforts into it.

   A That's how I did it.
   B 네가 그것에 많은 노력을 들였다고 확신해.

2. A: We have to follow these steps to make them.
   B: 바로 그렇게 그것들이 만들어졌어.

   A 우리는 그것들을 만들기 위해서 이 단계들을 따라야 해.
   B That's how they're made.

3. A: I heard you guys spent a lot of time on talking.
   B: 바로 그렇게 우리가 그 문제를 해결했어.

   A 너희들이 대화하는 데 많은 시간을 보냈다고 들었어.
   B That's how we solved the problem.

4. A: Did they go to the same college?
   B: 바로 그렇게 그들은 서로를 만나게 되었어.

   A 그들은 같은 대학에 다녔지?
   B That's how they met each other.

5. A: 바로 그렇게 그가 새로운 사업을 시작하게 되었어.
   B: I hope he'll succeed it this time.

   A That's how he started a new business.
   B 그가 이번에는 사업을 성공하길 바래.

That's where ~.

That's ~.로 말하기 바로 거기서 ~한 거야.

mp3_143

'바로 거기서 ~한 거야.', '바로 그곳이 ~한 장소야.' 라고 하면서 어떤 일이 일어난 장소를 설명하거나 대화 도중 앞서 나온 장소에 대해서 언급할 때 유용한 패턴입니다.

SPEAKING TRAINING

- **That's where** I worked before.
  내가 전에 일했던 곳이 바로 거기야.

- **That's where** she had a car accident.
  바로 거기서 그녀가 차 사고를 당했어.

- **That's where** they fell down the stairs.
  그들이 계단에서 넘어졌던 곳이 바로 거기야.

- **That's where** we used to study together.
  우리가 함께 공부했던 곳이 바로 거기야.

- **That's where** he proposed to me.
  바로 거기서 그가 나에게 프로포즈했어.

Always be ready to speak these sentences confidently!

SPEAKING PRACTICE

1. A: That is one of the biggest companies in Korea.
   B: 내가 전에 일했던 곳이 바로 거기야.

2. A: 바로 거기서 그녀가 차 사고를 당했어.
   B: It looks pretty dangerous.

3. A: These stairs look so slippery.
   B: 그들이 계단에서 넘어졌던 곳이 바로 거기야.

4. A: This library is a good place to read.
   B: 우리가 함께 공부했던 곳이 바로 거기야.

5. A: 바로 거기서 그가 나에게 프로포즈했어.
   B: How romantic! You must have been happy then.

A 저곳이 한국에서 가장 큰 회사들 중 하나야.
B That's where I worked before.

A That's where she had a car accident.
B 꽤 위험해 보여.

A 이 계단은 매우 미끄러워 보여.
B That's where they fell down the stairs.

A 이 도서관은 독서하기에 좋은 곳이야.
B That's where we used to study together.

A That's where he proposed to me.
B 로맨틱하다! 너는 그때 행복했겠다.

That's why ~.
그래서 ~인 거야.

That's ~.로 말하기

🎧 mp3_144

'그래서(그 결과) ~인 거야.'라고 하면서 어떤 일로 인해 생겨난 결과에 대해서 말할 때 쓰는 패턴입니다. 보통 앞 문장에 원인에 관한 이야기가 나온 뒤 '바로 그래서 그런 일이 생겨난 거야.'라고 결과적인 일을 설명할 때 효과적으로 쓸 수 있는 패턴입니다.

SPEAKING TRAINING

- **That's why** I like you.
  그래서 내가 너를 좋아하는 거야.

- **That's why** I decided to learn English.
  그래서 내가 영어를 공부하겠다고 결심한 거야.

- **That's why** they gave it up.
  그래서 그들이 그것을 포기하게 된 거야.

- **That's why** she left him.
  그래서 그녀가 그를 떠나게 된 거야.

- **That's why** they don't trust each other.
  그래서 그들이 서로를 믿지 않는 거야.

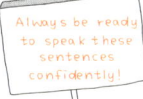

Always be ready to speak these sentences confidently!

SPEAKING PRACTICE

1. A: This is a present for you.
   B: 그래서 내가 너를 좋아하는 거야.

   A 이건 널 위한 선물이야.
   B That's why I like you.

2. A: Fluency in English is very important to get a promotion.
   B: 그래서 내가 영어를 공부하겠다고 결심한 거야.

   A 영어를 유창하게 하는 것은 승진하는데 있어서 아주 중요해.
   B That's why I decided to learn English.

3. A: It takes a lot of time to get it.
   B: 그래서 그들이 그것을 포기하게 된 거야.

   A 그것을 얻기 위해서는 많은 시간이 걸려.
   B That's why they gave it up.

4. A: He didn't take care of her.
   B: 그래서 그녀가 그를 떠나게 된 거야.

   A 그는 그녀를 잘 챙기지 않았어.
   B That's why she left him.

5. A: 그래서 그들이 서로를 믿지 않는 거야.
   B: They need to be honest to each other first.

   A That's why they don't trust each other.
   B 그들은 먼저 서로에게 솔직해져야 해.

That's because ~.

That's ~.로 말하기 ~해서 그런 거야.

mp3_145

That's because ~.는 That's why ~.와 반대로 '~해서 그런 거야.'라고 하면서 어떤 행동의 이유가 되는 것에 대해서 명확하게 설명할 때 쓰입니다. because 다음에는 이유에 해당하는 문장을 말하면 됩니다.

SPEAKING TRAINING

- **That's because** you never listen to me.
  네가 내 말을 결코 듣지 않아서 그런 거야.

- **That's because** she explains well.
  그녀가 설명을 잘 해서 그런 거야.

- **That's because** you don't really try hard.
  네가 정말로 열심히 노력하지 않아서 그런 거야.

- **That's because** I didn't have enough money. 돈이 별로 없었으니까 그렇지.

- **That's because** I'm not good looking.
  내가 잘생기지 않아서 그런 거야.

SPEAKING PRACTICE

1. A: I don't feel like I'm doing right.
   B: 네가 내 말을 결코 듣지 않아서 그런 거야.

   A 내가 제대로 하고 있다는 느낌이 들지 않아.
   B That's because you never listen to me.

2. A: You always ask her difficult questions.
   B: 그녀가 설명을 잘 해서 그런 거야.

   A 너는 그녀에게 항상 어려운 질문을 하더라.
   B That's because she explains well.

3. A: I never get good grades.
   B: 네가 정말로 열심히 노력하지 않아서 그런 거야.

   A 나는 결코 성적을 잘 받지 못해.
   B That's because you don't really try hard.

4. A: Why didn't you buy that?
   B: 돈이 별로 없었으니까 그렇지.

   A 왜 그것을 사지 않았니?
   B That's because I didn't have enough money.

5. A: 내가 잘생기지 않아서 그런 거야.
   B: Don't say that. You're a very attractive man.

   A That's because I'm not good looking.
   B 그런 소리하지 마. 넌 정말 매력적인 남자야.

Practice Makes Perfect 29

It's time to review!

우리말 문장을 보고 영어 문장이 바로 나오는지 확인해 보세요! 안 되면, 다시 돌아가서 완벽하게 연습하는 것 아시죠? 완벽하게 말할 수 있을 때까지 열심히 연습하세요!

STEP 1 앞에서 배운 표현을 복습해 보세요!

01. 그것이 바로 그들이 했던 거야.
02. 그것이 바로 내가 그에게서 들었던 거야.
03. 바로 그렇게 우리가 그 문제를 해결했어.
04. 바로 그렇게 그가 새로운 사업을 시작하게 되었어.
05. 바로 거기서 그녀가 차 사고를 당했어.
06. 바로 거기서 그가 나에게 프로포즈했어.
07. 그래서 내가 영어를 공부하겠다고 결심한 거야.
08. 그래서 그녀가 그를 떠나게 된 거야.
09. 네가 내 말을 결코 듣지 않아서 그런 거야.
10. 돈이 별로 없었으니까 그렇지.

Answers

01. That's what they have done.
02. That's what I heard from him.
03. That's how we solved the problem.
04. That's how he started a new business.
05. That's where she had a car accident.
06. That's where he proposed to me.
07. That's why I decided to learn English.
08. That's why she left him.
09. That's because you never listen to me.
10. That's because I didn't have enough money.

STEP 2 새로운 문장 만들기에 도전해 보세요!

01. **That's what ~.** 그것이 바로 ~야.
    ① 그것이 바로 내가 말하려던 것이야.
    ② 그것이 바로 그녀가 의미했던 거야.

02. **That's how ~.** 바로 그렇게 ~하는 거야.
    ① 바로 그렇게 그가 나를 대해.
    ② 바로 그렇게 일이 진행되는 거야.

03. **That's where ~.** 바로 거기서 ~한 거야.
    ① 바로 거기서 우리가 키스했어.
    ② 바로 거기서 그가 나를 기다리고 있었어.

04. **That's why ~.** 그래서 ~인 거야.
    ① 그래서 난 네가 싫어.
    ② 그래서 그들이 돌아온 거야.

05. **That's because ~.** ~해서 그런 거야.
    ① 내가 감기에 걸려서 그런 거야.
    ② 그가 그 일에 적합하지 않아서 그런 거야.

Answers

01. ① That's what I'm trying to say.
    ② That's what she meant.
02. ① That's how he treats me.
    ② That's how it works.
03. ① That's where we kissed.
    ② That's where he was waiting for me.
04. ① That's why I hate you.
    ② That's why they came back.
05. ① That's because I have a cold.
    ② That's because he's not qualified for the job.

You're supposed to ~.
원래 ~해야 해.

UNIT Training 146

예정 말하기

mp3_146

be동사 supposed to~.는 '원래 ~해야 해.', '원래 ~하기로 되어 있어.'와 같이 예정되어 있거나(be going to) 계획상 그렇게 해야만 하는 경우(should)를 표현할 때 쓰는 패턴입니다. 원어민들이 자주 쓰는 중요한 패턴입니다.

SPEAKING TRAINING

- **I'm supposed to** learn something here.
  나는 원래 여기서 뭔가를 배워야 해.

- **She's supposed to** return this book to the library.
  그녀는 원래 이 책을 도서관에 반납해야 해.

- **We're supposed to** finish it by tomorrow.
  우리는 원래 내일까지 그것을 끝내기로 되어 있어.

- **You're supposed to** arrive there by 3.
  너는 원래 3시까지 거기에 도착해야 해.

- **They're supposed to** come here by now.
  그들은 원래 지금 여기에 오기로 되어 있어.

Always be ready to speak these sentences confidently!

SPEAKING PRACTICE

1. A: 나는 원래 여기서 뭔가를 배워야 해.
   B: You will learn something useful here.

   A I'm supposed to learn something here.
   B 너는 여기서 뭔가 유용한 것을 배울 거야.

2. A: Does this book belong to her?
   B: 아니. 그녀는 원래 이 책을 도서관에 반납해야 해.

   A 이 책은 그녀의 것이니?
   B No. She's supposed to return this book to the library.

3. A: 우리는 원래 내일까지 그것을 끝내기로 되어 있어.
   B: We'd better hurry to finish it.

   A We're supposed to finish it by tomorrow.
   B 우리는 서둘러서 그것을 끝내는 게 좋겠어.

4. A: What time am I supposed to get there?
   B: 너는 원래 3시까지 거기에 도착해야 해.

   A 몇 시에 내가 거기에 도착하기로 되어 있지?
   B You're supposed to arrive there by 3.

5. A: Where are they now?
   B: 그들은 원래 지금 여기에 오기로 되어 있어.

   A 그들은 지금 어디에 있지?
   B They're supposed to come here by now.

Training 147

You were supposed to ~.

예정 말하기 원래 ~해야 했어.

🎧 mp3_147

be동사 supposed to ~. 패턴의 연습입니다. 자주 쓰이는 중요한 패턴이므로 다양하게 연습해 보기 위해 과거시제인 was(were) supposed to ~.를 연습해 봅시다.

SPEAKING TRAINING

- **I was supposed to** get the information about it.
  나는 원래 그것에 대한 정보를 얻어야 했어.

- **You were supposed to** be here 2 hours ago.
  너는 원래 2시간 전에 이곳에 와 있어야 했어.

- **They were supposed to** eat this. 그들은 원래 이것을 먹었어야 했어.

- **She was supposed to** tell me that.
  그녀는 원래 그것을 나에게 말해 줬어야 했어.

- **We were supposed to** get the computer back.
  우리는 원래 컴퓨터를 되찾아 와야 했어.

> Always be ready to speak these sentences confidently!

SPEAKING PRACTICE

1. A: You haven't got the information yet.
   B: 나는 원래 그것에 대한 정보를 얻어야 했어.

2. A: I'm sorry I'm late.
   B: 너는 원래 2시간 전에 이곳에 와 있어야 했어.

3. A: Who was supposed to eat this?
   B: 그들이 원래 이것을 먹었어야 했어.

4. A: Didn't you know that? I thought you knew this.
   B: 그녀는 원래 그것을 나에게 말해 줬어야 했어.

5. A: Where is the computer? It's supposed to be in here by now.
   B: 우리는 원래 컴퓨터를 되찾아 와야 했어.

A 너는 아직 그 정보를 얻지 못했구나.
B I was supposed to get the information about it.

A 늦어서 죄송해요.
B You were supposed to be here 2 hours ago.

A 누가 이것을 먹기로 했었니?
B They were supposed to eat this.

A 너 그거 몰랐어? 난 네가 그것을 알고 있는 줄 알았어.
B She was supposed to tell me that.

A 컴퓨터가 어디에 있어? 지금쯤 여기에 있어야 하는데.
B We were supposed to get the computer back.

You're not supposed to ~. 원래 ~해서는 안 돼.

예정 말하기

mp3_148

be동사 supposed to ~.의 부정문 형태의 패턴입니다. 원래 '~해서는 안 돼.', '원래 ~하지 않기로 되어 있어.' 등을 표현할 때 쓰입니다.

SPEAKING TRAINING

* **I'm not supposed to** help you.
  나는 원래 너를 도와줘서는 안 돼.

* **You're not supposed to** do that.
  너는 원래 그런 행동을 해서는 안 돼.

* **You're not supposed to** judge others.
  너는 다른 사람들을 함부로 판단해서는 안 돼.

* **She's not supposed to** call him again.
  그녀는 원래 그에게 다시는 전화해서는 안 돼.

* **We're not supposed to** eat too much.
  우리는 원래 너무 많이 먹어서는 안 돼.

SPEAKING PRACTICE

1. A: Could you please give me a hand?
   * give someone a hand: 누구를 도와주다
   B: 나는 원래 너를 도와줘서는 안 돼.

   A 나 좀 도와줄 수 있니?
   B I'm not supposed to help you.

2. A: 너는 원래 그런 행동을 해서는 안 돼.
   B: What else can I do?

   A You're not supposed to do that.
   B 그 밖에 내가 뭘 할 수 있는데?

3. A: 너는 다른 사람들을 함부로 판단해서는 안 돼.
   B: I've never done that.

   A You're not supposed to judge others.
   B 나는 그런 행동을 해 본 적이 없어.

4. A: I think she wants to make a call to him.
   B: 그녀는 원래 그에게 다시는 전화해서는 안 돼.

   A 그녀가 그에게 전화하고 싶어하는 것 같아.
   B She's not supposed to call him again.

5. A: The food in this restaurant is so delicious.
   B: 우리는 원래 너무 많이 먹어서는 안 돼.

   A 이 식당에 있는 음식은 정말 맛있어.
   B We're not supposed to eat too much.

Training 149: Are you supposed to ~?

예정 말하기 — 원래 ~해야 하는 거야?

🎧 mp3_149

이번에는 의문문 형태 연습으로, '원래 ~해야만 하는 거야?', '원래 ~하기로 되어 있는 거야?' 등을 표현하는 be동사 supposed to ~?를 연습해 봅시다.

SPEAKING TRAINING

- **Am I supposed to cancel it?**
  내가 원래 그것을 취소해야 하는 걸까?

- **Are you supposed to take care of it?**
  네가 원래 그 일을 처리해야 하는 거야?

- **Are we supposed to have a conversation here?**
  우리가 원래 여기서 대화를 나눠야 하는 거야?

- **Is it supposed to be funny?**
  이거 원래 웃긴 거야? (이게 지금 웃기니?)

- **Isn't it supposed to start at 3?**
  그것은 원래 3시에 시작하기로 되어 있는 거 아니야?

SPEAKING PRACTICE

1. A: I don't think you can get there on time.
   B: 내가 원래 그것을 취소해야 하는 걸까?

   A 네가 거기에 정각에 도착할 수 있을 것 같지 않아.
   B Am I supposed to cancel it?

2. A: 네가 원래 그 일을 처리해야 하는 거야?
   B: No. He's the one who's supposed to take care of it.

   A Are you supposed to take care of it?
   B 아니. 그가 그 일을 처리하기로 되어 있는 사람이야.

3. A: 우리가 원래 여기서 대화를 나눠야 하는 거야?
   B: Yeah, I think I need to.

   A Are we supposed to have a conversation here?
   B 응, 그래야 할 것 같아.

4. A: 이거 원래 웃긴 거야? (이게 지금 웃기니?)
   B: Isn't it? I thought it was hilarious.
   * hilarious: 몹시 재미있는

   A Is it supposed to be funny?
   B 안 웃겨? 난 이것이 정말 웃기다고 생각했는데.

5. A: 그것은 원래 3시에 시작하기로 되어 있는 거 아니야?
   B: That's what I heard.

   A Isn't it supposed to start at 3?
   B 나는 그렇게 들었어.

What are you supposed to ~?

UNIT Training **150**

예정 말하기

원래 무엇을 ~하기로 되어 있는 거야?

mp3_150

be supposed to ~.에 what이 있는 의문문 형태로, What are you supposed to do? "너는 원래 무엇을 해야 하는 거야?", "너는 원래 무엇을 하기로 되어 있는 거니?"와 같이 계획되어 있는 것이 무엇인지를 물을 때 유용하게 쓰이는 패턴입니다.

SPEAKING TRAINING

- What am I supposed to do? 내가 원래 뭘 해야 하는 거지?

- What are you supposed to wear tonight?
  너는 원래 오늘 밤 무엇을 입어야 하니?

- What are we supposed to make for dinner?
  우리는 원래 저녁으로 뭘 만들어야 하지?

- What are they supposed to say to her?
  그들은 원래 그녀에게 뭐라고 말해야 하는 거야?

- What were you supposed to get from the meeting? 너는 원래 회의에서 뭘 알아냈어야 했던 거야?

SPEAKING PRACTICE

1. A: 내가 원래 뭘 해야 하는 거지?
   B: You need to call an ambulance.

   A What am I supposed to do?
   B 구급차를 불러야 해.

2. A: 너는 원래 오늘 밤 무엇을 입어야 하니?
   B: I have to wear a nice dress for a party.

   A What are you supposed to wear tonight?
   B 나는 멋진 파티용 드레스를 입어야 해.

3. A: 우리는 원래 저녁으로 뭘 만들어야 하지?
   B: Why don't we try to make Italian food?

   A What are we supposed to make for dinner?
   B 이탈리아 음식을 한번 시도해 보는 것이 어떨까?

4. A: 그들은 원래 그녀에게 뭐라고 말해야 하는 거야?
   B: They're supposed to apologize to her first.

   A What are they supposed to say to her?
   B 그들은 우선 그녀에게 사과부터 해야 해.

5. A: 너는 원래 회의에서 뭘 알아냈어야 했던 거야?
   B: I was trying to get some brilliant ideas.

   A What were you supposed to get from the meeting?
   B 나는 좀 기막힌 아이디어를 얻고자 했어.

Practice Makes Perfect 30

It's time to review!

우리말 문장을 보고 영어 문장이 바로 나오는지 확인해 보세요! 안 되면, 다시 돌아가서 완벽하게 연습하는 것 아시죠? 완벽하게 말할 수 있을 때까지 열심히 연습하세요!

STEP 1 앞에서 배운 표현을 복습해 보세요!

01. 나는 원래 여기서 뭔가를 배워야 해.

02. 너는 원래 3시까지 거기에 도착해야 해.

03. 그녀가 원래 그것을 나에게 말해 줬어야 했어.

04. 우리는 원래 컴퓨터를 되찾아 와야 했어.

05. 너는 원래 그런 행동을 해서는 안 돼.

06. 우리는 원래 너무 많이 먹어서는 안 돼.

07. 네가 원래 그 일을 처리해야 하는 거야?

08. 이거 원래 웃긴 거야? (이게 지금 웃기니?)

09. 내가 원래 뭘 해야 하는 거지?

10. 너는 원래 오늘 밤 무엇을 입어야 하니?

Answers

01. I'm supposed to learn something here.
02. You're supposed to arrive there by 3.
03. She was supposed to tell me that.
04. We were supposed to get the computer back.
05. You're not supposed to do that.
06. We're not supposed to eat too much.
07. Are you supposed to take care of it?
08. Is it supposed to be funny?
09. What am I supposed to do?
10. What are you supposed to wear tonight?

STEP 2 　새로운 문장 만들기에 도전해 보세요!

01. **You're supposed to ~ .** 원래 ~해야 해.
    ① 그는 원래 TV 쇼에 나오기로 되어 있어.
    ② 결혼은 원래 행복해야 해.

02. **You were supposed to ~ .** 원래 ~해야 했어.
    ① 네가 원래 그 프로젝트를 해야 했어.
    ② 그들은 그 문제에 대해서 토론하기로 되어 있었어.

03. **You're not supposed to ~ .** 원래 ~해서는 안 돼.
    ① 원래 그를 홀로 남겨 두고 떠나서는 안 돼.
    ② 그녀는 그 수업을 포기하면 안 돼.

04. **Are you supposed to ~ ?** 원래 ~해야 하는 거야?
    ① 너 원래 이것을 사용해야 하는 거야?
    ② 우리 원래 다 같이 재미있게 놀기로 한 거 아니었어?

05. **What are you supposed to ~ ?** 원래 무엇을 ~하기로 되어 있는 거야?
    ① 너는 원래 그에게 무엇을 물어보기로 되어 있는 거야?
    ② 우리는 여기서 무엇을 보기로 되어 있는 거야?

Answers

01. ① He's supposed to be in the TV show.
    ② Marriage is supposed to be happy.
02. ① You were supposed to work on the project.
    ② They were supposed to discuss the matter.
03. ① You aren't supposed to leave him behind.
    ② She isn't supposed to drop the class.
04. ① Are you supposed to use it?
    ② Aren't we supposed to have fun together?
05. ① What are you supposed to ask him?
    ② What are we supposed to watch here?

How many times ~?

How+형용사로 묻기 몇 번이나 ~하니?

mp3_151

'몇 번이나 ~하니?', '얼마나 많이 ~하니?' 라고 하면서 어떤 행위를 보통 몇 번 하는지 물을 때 쓰는 패턴입니다. 상대방이 특정 장소에 몇 번 가는지 궁금할 때 이 패턴을 사용해 보세요.

SPEAKING TRAINING

- How many times do you visit your parents a year?
  일년에 몇 번이나 네 부모님을 찾아 뵙니?

- How many times do you go out for a drink?
  술 마시러 몇 번이나 가니?

- How many times do you go to the movies a month?
  한 달에 몇 번이나 영화 보러 가니?

- How many times does she go out with him?
  그녀는 몇 번이나 그와 데이트하러 가니?

- How many times do they get together a year?
  그들은 일년에 몇 번이나 다 같이 모이니?

Always be ready to speak these sentences confidently!

SPEAKING PRACTICE

1. A: 일년에 몇 번이나 네 부모님을 찾아뵙니?
   B: I visit my parents every weekend.

   A How many times do you visit your parents a year?
   B 나는 주말마다 부모님을 찾아뵈.

2. A: 술 마시러 몇 번이나 가니?
   B: I go to the bar almost every night.

   A How many times do you go out for a drink?
   B 나는 거의 매일 밤 술집에 가.

3. A: 한 달에 몇 번이나 영화 보러 가니?
   B: I don't like to go to the movies.

   A How many times do you go to the movies a month?
   B 나는 영화 보러 가는 걸 좋아하지 않아.

4. A: 그녀는 몇 번이나 그와 데이트하러 가니?
   B: She dates him every Saturday.

   A How many times does she go out with him?
   B 그녀는 토요일마다 그와 데이트해.

5. A: 그들은 일년에 몇 번이나 다 같이 모이니?
   B: They hardly get together.

   A How many times do they get together a year?
   B 그들은 거의 모이지 못해.

How much ~?
얼마나 많은 …을 ~하니?

How+형용사로 묻기

mp3_152

How much wine does he drink? "그는 얼마나 많은 와인을 마시나요?"처럼 얼마나 많은 …을 ~하는지 물을 때 쓰는 패턴입니다. How many는 셀 수 있는 명사 앞에, How much는 셀 수 없는 명사 앞에 쓰입니다.

SPEAKING TRAINING

- How much money do you want?
  얼마나 많은 돈을 원하니?

- How much water do you need?
  얼마나 많은 물을 필요로 하니?

- How much time do you spend on exercising?
  얼마나 많은 시간을 운동하는데 쓰니?

- How much beer do you drink?
  얼마나 많은 맥주를 마시니?

- How much bread do you usually have?
  보통 얼마나 많은 빵을 먹니?

Always be ready to speak these sentences confidently!

SPEAKING PRACTICE

1. A: 얼마나 많은 돈을 원하니?
   B: As much as I can have.

   A How much money do you want?
   B 내가 가질 수 있는 한 많이.

2. A: 얼마나 많은 물을 필요로 하니?
   B: I need enough water for 5 adults.

   A How much water do you need?
   B 5명 성인이 먹을 만큼 충분한 물이 필요해.

3. A: 얼마나 많은 시간을 운동하는 데 쓰니?
   B: I spend 2 hours on working out.

   A How much time do you spend on exercising?
   B 나는 2시간 동안 운동을 해.

4. A: 얼마나 많은 맥주를 마시니?
   B: I usually drink 4 bottles once.

   A How much beer do you drink?
   B 나는 보통 한번에 4병 정도 마셔.

5. A: 보통 얼마나 많은 빵을 먹니?
   B: I don't eat bread anymore. I'm on a diet.

   A How much bread do you usually have?
   B 나는 더 이상 빵을 먹지 않아. 나는 다이어트 중이야.

Training 153 : How often ~?

How+형용사로 묻기 얼마나 자주 ~하니?

🎧 mp3_153

often이 '종종', '자주'라는 뜻이므로, How often ~?은 얼마나 자주 그곳에 가는지, 얼마나 자주 만나는지 등 어떤 행위에 대해서 그 빈도수를 물을 때 쓰는 패턴입니다.

SPEAKING TRAINING

- **How often** do you go there?
  얼마나 자주 그곳에 가니?

- **How often** do you take a taxi?
  얼마나 자주 택시를 타니?

- **How often** does it happen?
  얼마나 자주 그런 일이 벌어지니?

- **How often** does she come here?
  그녀는 얼마나 자주 이곳에 오니?

- **How often** do they eat out?
  그들은 얼마나 자주 외식을 하니?

SPEAKING PRACTICE

1. A: 얼마나 자주 그곳에 가니?
   B: I hardly go there.

   A How often do you go there?
   B 나는 거의 그곳에 가지 않아.

2. A: 얼마나 자주 택시를 타니?
   B: I don't often take a taxi because it costs too much.

   A How often do you take a taxi?
   B 요금이 너무 비싸서 택시를 자주 타지 않아.

3. A: 얼마나 자주 그런 일이 벌어지니?
   B: It happens very often. It's very annoying.

   A How often does it happen?
   B 그런 일이 아주 자주 일어나. 정말 짜증나.

4. A: 그녀는 얼마나 자주 이곳에 오니?
   B: She comes here every second week.

   A How often does she come here?
   B 그녀는 이곳에 2주에 한 번씩 와.

5. A: 그들은 얼마나 자주 외식을 하니?
   B: They eat out when they need to celebrate something.

   A How often do they eat out?
   B 그들은 뭔가 축하해야 할 때 외식을 해.

How long does it take to ~?

~하는 데 얼마나 걸리니?

How+형용사로 묻기

mp3_154

무엇을 하는 데 얼마의 시간이 걸리는지를 묻는 패턴입니다. 앞으로 얼마나 걸릴지를 물을 때에는 How long will it take to ~?라고 하면 됩니다. 여행을 갈 경우 자주 쓰게 될 필수 패턴이므로 열심히 연습해 두세요.

SPEAKING TRAINING

- How long does it take to get to the park?
  공원까지 가는 데 얼마나 걸리니?

- How long does it take to complete this?
  이것을 완성하는 데 얼마나 걸리니?

- How long does it take to drive to the building?
  그 건물까지 운전해서 가는 데 얼마나 걸리니?

- How long will it take to move this stuff to the office?
  이 물건을 사무실로 옮기는 데 얼마나 걸릴까?

- How long will it take to get prepared for the party? 파티를 준비하는 데 얼마나 걸릴까?

Always be ready to speak these sentences confidently!

SPEAKING PRACTICE

1. A: 공원까지 가는 데 얼마나 걸리니?
   B: It takes almost 1 hour to get the park.

2. A: 이것을 완성하는 데 얼마나 걸리니?
   B: It might take more than one week.

3. A: 그 건물까지 운전해서 가는 데 얼마나 걸리니?
   B: It takes 20 minutes to drive there.

4. A: 이 물건을 사무실로 옮기는 데 얼마나 걸릴까?
   B: It will take only 30 minutes.

5. A: 파티를 준비하는 데 얼마나 걸릴까?
   B: It will take all day to get ready for the party.

A How long does it take to get to the park?
B 공원에 도착하는데 거의 1시간이 걸려.

A How long does it take to complete this?
B 일주일 이상 걸릴지도 몰라.

A How long does it take to drive to the building?
B 운전해서 거기에 가는데 20분 걸려.

A How long will it take to move this stuff to the office?
B 옮기는데 30분밖에 걸리지 않을 거야.

A How long will it take to get prepared for the party?
B 파티 준비하는데 하루 종일 걸릴 거야.

How long have you p.p ~?

How+형용사로 묻기 ~한 지 얼마나 되었니?

🎧 mp3_155

have p.p(현재완료)의 계속적 용법이 How long ~?과 합쳐진 패턴으로, '이제껏 ~을 해 온 지 얼마나 되었니?'라고 물을 때 쓸 수 있습니다. 어떤 행동을 얼마나 오랫동안 해 왔는지, 어떤 상태가 얼마나 오랫동안 지속되었는지 등을 알고자 할 때 사용해 보세요.

SPEAKING TRAINING

- **How long have you been** together?
  사귄 지 얼마나 되었니?

- **How long have you been** married?
  결혼한 지 얼마나 되었나요?

- **How long have you worked** together?
  함께 일한 지 얼마나 되었나요?

- **How long have they known** each other?
  그들은 서로를 안 지 얼마나 되었니?

- **How long has she waited** for him?
  그녀는 그를 기다린 지 얼마나 되었니?

Always be ready to speak these sentences confidently!

SPEAKING PRACTICE

1. A: 사귄 지 얼마나 되었니?
   B: We've been together for 1 year.

2. A: 결혼한 지 얼마나 되었나요?
   B: We have been married for 10 years.

3. A: 함께 일한 지 얼마나 되었나요?
   B: We just started working together.

4. A: 그들은 서로를 안 지 얼마나 되었니?
   B: We've known each other for a long time.

5. A: 그녀는 그를 기다린 지 얼마나 되었니?
   B: It looks like she just got here.

A How long have you been together?
B 우리는 사귄 지 1년이 되었어.

A How long have you been married?
B 우리는 결혼한 지 10년이 되었어요.

A How long have you worked together?
B 우리는 막 일을 함께 시작했어요.

A How long have they known each other?
B 우리는 오랫동안 알아 왔어.

A How long has she waited for him?
B 그녀는 지금 막 여기 온 것 같은데.

Practice Makes Perfect 31

It's time to review!

우리말 문장을 보고 영어 문장이 바로 나오는지 확인해 보세요! 안 되면, 다시 돌아가서 완벽하게 연습하는 것 아시죠? 완벽하게 말할 수 있을 때까지 열심히 연습하세요!

STEP 1 앞에서 배운 표현을 복습해 보세요!

01. 일년에 몇 번이나 네 부모님을 찾아 뵙니?
02. 그녀는 몇 번이나 그와 데이트하러 가니?
03. 얼마나 많은 시간을 운동하는데 쓰니?
04. 보통 얼마나 많은 빵을 먹니?
05. 얼마나 자주 그런 일이 벌어지니?
06. 그들은 얼마나 자주 외식을 하니?
07. 그 건물까지 운전해서 가는 데 얼마나 걸리니?
08. 파티를 준비하는 데 얼마나 걸릴까?
09. 사귄지 얼마나 되었니?
10. 그들은 서로를 안 지 얼마나 되었니?

Answers

01. How many times do you visit your parents a year?
02. How many times does she go out with him?
03. How much time do you spend on exercising?
04. How much bread do you usually have?
05. How often does it happen?
06. How often do they eat out?
07. How long does it take to drive to the building?
08. How long will it take to get prepared for the party?
09. How long have you been together?
10. How long have they known each other?

STEP 2 새로운 문장 만들기에 도전해 보세요!

01. **How many times ~ ?** 몇 번이나 ~하니?
    1. 커피를 몇 번이나 마시니?
    2. 그들은 얼마나 자주 산책을 가니?

02. **How much ~ ?** 얼마나 많은 …을 ~하니?
    1. 그들을 위해서 얼마나 많은 음식이 필요한 거니?
    2. 그는 얼마나 많은 우유를 마시니?

03. **How often ~ ?** 얼마나 자주 ~하니?
    1. 얼마나 자주 쇼핑을 가니?
    2. 그녀에게 얼마나 자주 거짓말을 하니?

04. **How long does it take to ~ ?** ~하는 데 시간이 얼마나 걸리니?
    1. 모든 것을 치우는 데 시간이 얼마나 걸리죠?
    2. 서로를 알게 되는 데 시간이 얼마나 걸리죠?

05. **How long have you p.p ~ ?** ~한 지 얼마나 되었니?
    1. 여기 머문 지 얼마나 되었니?
    2. 그들이 그를 후원한 지 얼마나 되었죠?

Answers
01. 1. How many times do you drink coffee?
    2. How many times do you go for a walk?
02. 1. How much food do you need for them?
    2. How much milk does he drink?
03. 1. How often do you go shopping?
    2. How often do you lie to her?
04. 1. How long does it take to get everything cleaned?
    2. How long does it take to get to know each other?
05. 1. How long have you stayed here?
    2. How long have they supported him?

must've p.p
~했었음에 틀림없어.

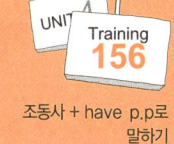

조동사 + have p.p로 말하기

mp3_156

must have p.p는 강한 과거의 추측으로, '~했었음에 틀림없어.'라고 하면서 과거에 한 사실에 대해서 강한 확신을 가지고 말할 때 유용하게 쓰는 패턴입니다. 원어민들은 must have를 줄여서 must've (머스트-ㅂ) 라고 합니다.

SPEAKING TRAINING

- **He must've missed the train.**
  그는 열차를 놓쳤음에 틀림없어.

- **He must've done a better job.**
  그는 틀림없이 더 잘했을 거야.

- **She must've been sick.**
  그녀는 아팠음에 틀림없어.

- **That man must've stolen your wallet.**
  저 남자가 너의 지갑을 훔쳤음에 틀림없어.

- **They must've studied English hard.**
  그들은 영어를 열심히 공부했음에 틀림없어.

SPEAKING PRACTICE

1. A: Why is he late?
   B: 그는 열차를 놓쳤음에 틀림없어.

2. A: 그는 틀림없이 더 잘했을 거야.
   B: I think we need to give him another chance.

3. A: Why didn't she show up?
   B: 그녀는 아팠음에 틀림없어.

4. A: I lost my wallet.
   B: 저 남자가 너의 지갑을 훔쳤음에 틀림없어.

5. A: 그들은 영어를 열심히 공부했음에 틀림없어.
   B: Why can't they speak English?

A 그는 왜 늦는 거야?
B He must've missed the train.

A He must've done a better job.
B 우리는 그에게 또 다른 기회를 줘야 할 것 같아.

A 그녀는 왜 오지 않았지?
B She must've been sick.

A 지갑을 잃어버렸어.
B That man must've stolen your wallet.

A They must've studied English hard.
B 근데 그들은 왜 영어를 못하는데?

UNIT Training 157

would've p.p

조동사 + have p.p로 분명히 ~했었을 거야. 말하기

mp3_157

would have p.p는 must have p.p보다는 약하지만 '분명히 ~했었을 거야.'라고 하면서 과거의 행동에 대한 강한 추측을 나타낼 때 쓰입니다. would have도 원어민들은 would've (우르-ㅂ) 라고 말한다는 것에 유의하세요.

SPEAKING TRAINING

- I would've liked it. 난 분명히 그것을 좋아했었을 거야.

- I would've been a really good boyfriend.
  난 분명히 좋은 남자 친구가 되었을 거야.

- They would've appreciated it. 그들은 분명히 그것에 감사했었을 거야.

- Nobody would've stopped you.
  분명히 어느 누구도 너를 멈출 수 없었을 거야.

- We would've paid more attention
  to you. 우리는 분명히 너에게 더 많이 집중했었을 거야.

Always be ready to speak these sentences confidently!

SPEAKING PRACTICE

1. A: Didn't you see that before?
   B: 그것을 봤었다면, 난 분명히 그것을 좋아했었을 거야.

   A 그것을 전에 보지 못했니?
   B If I had seen it, I would've liked it.

2. A: What if I hadn't broken up with you?
   B: 난 분명히 정말 좋은 남자 친구가 되었을 거야.

   A 내가 너와 헤어지지 않았더라면 어떻게 되었을까?
   B I would've been a really good boyfriend.

3. A: I regret that I didn't help them.
   B: 네가 그들을 도와줬더라면, 그들은 분명히 그것에 감사했었을 거야.

   A 그들을 돕지 않았던 것을 후회해.
   B If you had helped them, they would've appreciated it.

4. A: I was crazy about getting it.
   B: 분명히 어느 누구도 너를 멈출 수 없었을 거야.

   A 나는 그것을 얻는데 미쳐있었어.
   B Nobody would've stopped you.

5. A: What if I had told you a more interesting story?
   B: 우리는 분명히 너에게 더 많이 집중했었을 거야.

   A 만약에 내가 너희들에게 좀 더 흥미로운 얘기를 해 줬다면 어땠을까?
   B We would've paid more attention to you.

could've p.p
~했었을 수도 있어.

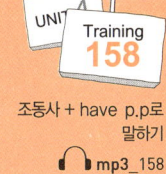

조동사 + have p.p로 말하기

mp3_158

could've p.p는 must've p.p와 would've p.p보다는 약한 추측으로 과거로 돌아가면 어떤 행동을 했었을 수도 있었을 것이라는 가능성을 나타내는 패턴입니다. could have도 원어민들은 could've (크르-브) 라고 줄여서 말하는 경우가 많습니다.

SPEAKING TRAINING

- I could've thought about it.
  나는 그것에 대해서 생각해 봤을 수도 있어.

- You could've ruined the plan.
  너는 그 계획안을 망쳤었을 수도 있어.

- She could've moved into your place.
  그녀는 너의 집으로 이사 왔었을 수도 있어.

- It could've happened.
  그런 일이 벌어졌었을 수도 있어.

- They could've handled it.
  그들은 그 일을 처리했었을 수도 있어.

SPEAKING PRACTICE

1. A: 나는 그것에 대해서 생각해 봤을 수도 있어.
   B: You can think about it now.

2. A: Actually, I didn't have enough time to take a look at the plan again.
   B: 너는 그 계획안을 망쳤었을 수도 있어.

3. A: She was looking for a place to live.
   B: 그녀는 너의 집으로 이사 왔었을 수도 있어.

4. A: 그런 일이 벌어졌었을 수도 있어.
   B: I don't even want to think about it.

5. A: What if I had told them to do it?
   B: 그들은 그 일을 처리했었을 수도 있어.

A I could've thought about it.
B 너는 지금 그것에 대해 생각할 수 있어.

A 사실, 나는 계획안을 다시 볼 시간이 충분하지 않았어.
B You could've ruined the plan.

A 그녀는 살 곳을 찾고 있었어.
B She could've moved into your place.

A It could've happened.
B 그것에 대해서 상상조차 하기 싫어.

A 만약에 내가 그들에게 그것을 하라고 했으면 어떻게 되었을까?
B They could've handled it.

Training 159 — might've p.p

조동사 + have p.p로 ~했었을 지도 몰라.
말하기

mp3_159

'~했었을 지도 몰라.' 라고 하면서 과거로 돌아가면 할 수 있는 행동의 추측을 가장 약하게 표현하는 패턴입니다. might have도 원어민들은 might've (마이트-ㅂ) 라고 줄여서 말하는 경우가 많습니다.

SPEAKING TRAINING

- I might've been disappointed with you.
  너에게 실망했었을 지도 몰라.

- She might've tried to fix it alone.
  그녀는 그것을 혼자 고치려고 했었을 지도 몰라.

- They might've missed the flight to Seattle.
  그들은 시애틀 행 비행기를 놓쳤었을 지도 몰라.

- We might've made a better decision.
  우리는 더 나은 결정을 내렸었을 지도 몰라.

- I might've disagreed with you.
  나는 네게 반대했었을 지도 몰라.

Always be ready to speak these sentences confidently!

SPEAKING PRACTICE

1. A: What if I hadn't showed up on time?
   B: 너에게 실망했었을 지도 몰라.

   A 만약에 내가 정시에 나타나지 않았더라면 어떻게 되었을까?
   B I might've been disappointed with you.

2. A: She came late to fix it.
   B: 그녀는 그것을 혼자 고치려고 했었을 지도 몰라.

   A 그녀는 그것을 고치러 늦게 왔어.
   B She might've tried to fix it alone.

3. A: The weather got worse.
   B: 그들은 시애틀 행 비행기를 놓쳤었을 지도 몰라.

   A 날씨가 더 악화되었어.
   B They might've missed the flight to Seattle.

4. A: I could've provided you with a better place for the discussion.
   B: 네가 그렇게 했었더라면, 우리는 더 나은 결정을 내렸었을 지도 몰라.

   A 나는 너희들에게 토론을 위한 더 나은 장소를 제공할 수도 있었을 거야.
   B If you had done that, we might've made a better decision.

5. A: 나는 네게 반대했었을 지도 몰라.
   B: Why? Tell me the reason.

   A I might've disagreed with you.
   B 왜? 이유를 말해 줘.

should've p.p
~했어야 했어.

조동사 + have p.p로 말하기

mp3_160

should have p.p가 과거의 추측으로 쓰이는 경우도 있으나, 대부분은 과거 일에 대한 후회 즉, '~했어야 했어.'의 뜻으로 쓰입니다. 보통 원어민들은 should have를 should've (슈르-ㅂ) 라고 줄여서 말한다는 것에 유의하세요.

SPEAKING TRAINING

* **I should've got rid of this bad habit.**
  나는 이 나쁜 버릇을 고쳤어야 했어.

* **You should've quit smoking.** 너는 담배를 끊었어야 했어.

* **She shouldn't have hurt him.**
  그녀는 그에게 상처 주지 말았어야 했어.

* **They should've called you earlier.**
  그들은 너를 더 일찍 불렀어야 했어.

* **They shouldn't have got together.**
  그들은 다시 사귀지 말았어야 했어. *get together: 헤어졌던 연인이나 부부가 다시 합치다

SPEAKING PRACTICE

1. A: Do you still bite your nails?
   B: 나는 이 나쁜 버릇을 고쳤어야 했어.

2. A: 너는 담배를 끊었어야 했어.
   B: I tried several times, but I couldn't. What should I do to stop it?

3. A: He was having hard times.
   B: 그녀는 그에게 상처 주지 말았어야 했어.

4. A: They called me after the party had ended.
   B: 그들은 너를 더 일찍 불렀어야 했어.

5. A: They broke up again. It's very frustrating.
   B: 그들은 다시 사귀지 말았어야 했어.

A 너는 여전히 네 손톱을 물어 뜯니?
B I should've got rid of this bad habit.

A You should've quit smoking.
B 끊으려고 몇 번을 시도했는데, 못했어. 그것을 끊기 위해 뭘 해야 할까?

A 그는 힘든 시간을 보내고 있었어.
B She shouldn't have hurt him.

A 그들은 파티가 끝나고 나서 나를 불렀어.
B They should've called you earlier.

A 그들은 다시 헤어졌어. 정말 절망스러워.
B They shouldn't have got together.

Practice Makes Perfect 32

It's time to review!

우리말 문장을 보고 영어 문장이 바로 나오는지 확인해 보세요! 안 되면, 다시 돌아가서 완벽하게 연습하는 것 아시죠? 완벽하게 말할 수 있을 때까지 열심히 연습하세요!

STEP 1 앞에서 배운 표현을 복습해 보세요!

01. 그는 열차를 놓쳤음에 틀림없어.

02. 저 남자가 너의 지갑을 훔쳤음에 틀림없어.

03. 그들은 분명히 그것에 감사했었을 거야.

04. 분명히 어느 누구도 너를 멈출 수 없었을 거야.

05. 그녀는 너의 집으로 이사 왔었을 수도 있어.

06. 그런 일이 벌어졌었을 수도 있어.

07. 너에게 실망했었을 지도 몰라.

08. 우리는 더 나은 결정을 내렸었을 지도 몰라.

09. 나는 이 나쁜 버릇을 고쳤어야 했어.

10. 그들은 다시 사귀지 말았어야 했어.

Answers

01. He must've missed the train.
02. That man must've stolen your wallet.
03. They would've appreciated it.
04. Nobody would've stopped you.
05. She could've moved into your place.
06. It could've happened.
07. I might've been disappointed at you.
08. We might've made a better decision.
09. I should've got rid of this bad habit.
10. They shouldn't have got together.

STEP 2 새로운 문장 만들기에 도전해 보세요!

01. **must've p.p** ~했었음에 틀림없어.
    ❶ 당신은 틀림없이 잘못된 번호로 전화하셨을 거예요.
    ❷ 그녀는 틀림없이 심장마비를 일으켰음에 틀림없어.

02. **would've p.p** 분명히 ~했었을 거야.
    ❶ 너는 분명히 그에게 그것을 해달라고 요청했었을 거야.
    ❷ 그는 분명히 그녀에게 청혼했었을 거야.

03. **could've p.p** ~했었을 수도 있어.
    ❶ 그녀는 너를 좀 더 기다렸을 수도 있어.
    ❷ 그들은 너에게 좀 더 일찍 경고했었을 수도 있어.

04. **might've p.p** ~했었을 지도 몰라.
    ❶ 그가 그렇게 느꼈었을 지도 몰라.
    ❷ 나는 그것을 샀었을 지도 몰라.

05. **should've p.p** ~했어야 했어.
    ❶ 내가 너하고 거기 있었어야 했어.
    ❷ 그들을 만나지 말았어야 했어.

Answers

01. ❶ You must've dialed the wrong number.
    ❷ She must've had a heart attack.
02. ❶ You would've asked him to do it.
    ❷ He would've asked her to marry him.
03. ❶ She could've waited for you a little longer.
    ❷ They could've warned you a little earlier.
04. ❶ He might've felt it.
    ❷ I might've bought it.
05. ❶ I should've been there with you.
    ❷ I shouldn't have met them.

UNIT 5
Training 161
I'm -ing ~.
~하는 중이야.

진행형으로 말하기

mp3_161

원어민들이 자주 쓰는 시제인 현재진행형 패턴으로, 지금 '~을 하고 있는 중이야.'라고 하면서 현재 또는 요즘 진행되는 상황을 표현합니다. 또한 '~할 예정이다.'라고 하면서 가까운 미래를 표현할 때도 쓰입니다.

SPEAKING TRAINING

- I'm talking to my mom on the phone.
  나는 우리 엄마와 통화 중이야.

- You're working hard today.
  너 오늘 열심히 일하네.

- She's staying in Paris.
  그녀는 파리에 머무르고 있어.

- It's raining now.
  지금 비가 오고 있어.

- They're leaving soon.
  그들은 곧 떠날 거야.

Always be ready to speak these sentences confidently!

SPEAKING PRACTICE

1. A: What are you doing now?
   B: 나는 우리 엄마와 통화 중이야.

2. A: 너 오늘 열심히 일하네.
   B: I always work so hard.

3. A: Do you know where she's staying?
   B: 그녀는 파리에 머무르고 있어.

4. A: 지금 비가 오고 있어.
   B: I like a rainy day.

5. A: When are they leaving?
   B: 그들은 곧 떠날 거야.

A 너 지금 뭐하고 있니?
B I'm talking to my mom on the phone.

A You're working hard today.
B 나는 항상 열심히 일해.

A 그녀가 어디에 머물고 있는지 알아?
B She's staying in Paris.

A It's raining now.
B 나는 비 오는 날이 좋아.

A 그들은 언제 떠날 거니?
B They're leaving soon.

I'm not -ing ~.
~하고 있지 않아.

UNIT 5
Training
162

진행형으로 말하기

mp3_162

현재진행형의 부정문 형태로, 현재 ~하고 있지 않다고 말할 때에 쓰는 패턴입니다. 현재 하고 있지 않는 중이거나, 가까운 미래에 하지 않을 것을 말할 때에 쓸 수 있습니다.

SPEAKING TRAINING

- I'm not doing anything.
  나는 아무것도 하지 않고 있어.

- You're not listening to me.
  너 내 말을 듣고 있지 않지.

- He's not driving to work today.
  그는 오늘 차를 몰고 출근하지 않을 거야.

- She's not joining us for dinner.
  그녀는 오늘 우리가 저녁 식사 하는데 합류하지 않을 거야.

- They're not looking at the picture.
  그들은 그 사진을 보고 있지 않아.

SPEAKING PRACTICE

1. A: 나는 아무것도 하지 않고 있어.
   B: Why don't we go to the bar?

   A I'm not doing anything.
   B 술집에 가지 않을래?

2. A: 너 내 말을 듣고 있지 않지.
   B: I'm sorry. It's hard to concentrate on what you're saying today.

   A You're not listening to me.
   B 미안해. 오늘은 네가 하는 말에 집중할 수가 없어.

3. A: 그는 오늘 차를 몰고 출근하지 않을 거야.
   B: Is he taking a bus to work?

   A He's not driving to work today.
   B 그는 버스 타고 출근할 거래?

4. A: 그녀는 우리가 저녁 식사 하는데 합류하지 않을 거야.
   B: That's too bad! I really want to see her.

   A She's not joining us for dinner.
   B 그것 참 유감인 걸! 그녀가 무척 보고 싶었는데.

5. A: 그들은 사진을 보고 있지 않아.
   B: Then, what are they looking at?

   A They're not looking at the picture.
   B 그럼, 뭘 보고 있는 거야?

What are you -ing ~?

진행형으로 말하기 무엇을 ~하고 있니?

🎧 mp3_163

현재진행형에 **what**이 들어간 의문문 형태의 패턴입니다. "너는 지금 무엇을 하고 있니?", "너는 요즘 무엇을 하니?", "너는 앞으로 무엇을 할 거니?"와 같이 현재 진행되고 있는 일, 요즘 벌어지고 있는 일, 가까운 미래의 일을 표현할 수 있습니다.

SPEAKING TRAINING

- What am I waiting for?
  내가 무엇을 기다리고 있는 거지?

- What are you making for dinner?
  너는 저녁 식사로 무엇을 만들고 있니?

- What is he having for lunch?
  그는 점심으로 무엇을 먹고 있니?

- What are we drinking tonight?
  우리는 오늘 밤에 무엇을 마실 거야?

- What are they taking from the office?
  그들은 사무실에서 무엇을 가져가려고 하니?

Always be ready to speak these sentences confidently!

SPEAKING PRACTICE

1. A: 내가 무엇을 기다리고 있는 거지?
   B: Please wait for a second. Something's coming up.

   A What am I waiting for?
   B 조금만 기다려 봐. 뭔가가 나올 거야.

2. A: 너는 저녁 식사로 무엇을 만들고 있니?
   B: I'm making traditional Korean food.

   A What are you making for dinner?
   B 한국 전통 음식을 만들고 있어.

3. A: 그는 점심으로 무엇을 먹고 있니?
   B: He's eating sandwich.

   A What is he having for lunch?
   B 그는 샌드위치를 먹고 있어.

4. A: 우리는 오늘 밤에 무엇을 마실 거야?
   B: I don't care. Anything will be fine.

   A What are we drinking tonight?
   B 상관없어. 어떤 것이든 다 좋아.

5. A: 그들은 사무실에서 무엇을 가져가려고 하니?
   B: I have no idea. They look pretty serious.

   A What are they taking from the office?
   B 모르겠어. 그들은 꽤 심각해 보여.

I was -ing ~.

~하고 있는 중이었어.

진행형으로 말하기

'과거에 ~하고 있는 중이었어.' 라고 하면서 과거의 특정 시점에 진행되고 있었던 상황을 표현할 때 쓰는 패턴입니다. 과거의 한시적인 상황을 말할 때 자주 활용되는 패턴입니다.

SPEAKING TRAINING

- I was walking home when you met her.
  네가 그녀를 만났을 때 나는 집으로 걸어오는 중이였어.

- He was riding a bicycle.
  그는 자전거를 타고 있는 중이였어.

- She was watching TV when I called her.
  내가 그녀를 불렀을 때 그녀는 TV를 보고 있었어.

- We were taking a coffee break.
  우리는 커피를 마시면서 쉬는 중이였어.

- They were sitting at the table.
  그들은 테이블에 앉아 있었어.

SPEAKING PRACTICE

1. A: 네가 그녀를 만났을 때 나는 집으로 걸어오는 중이였어.
   B: How long did it take to get home?

   A I was walking home when you met her.
   B 집에 오는데 얼마나 걸렸어?

2. A: Why didn't he answer the phone?
   B: 그는 자전거를 타고 있는 중이였어.

   A 그는 왜 전화를 받지 않았지?
   B He was riding a bicycle.

3. A: 내가 그녀를 불렀을 때 그녀는 TV를 보고 있었어.
   B: Again? She always watches TV whenever I see her.

   A She was watching TV when I called her.
   B 또? 그녀는 내가 볼 때마다 항상 TV를 보고 있더라.

4. A: 우리는 커피를 마시면서 쉬는 중이였어.
   B: That sounds nice.

   A We were taking a coffee break.
   B 좋았겠네.

5. A: Where were they sitting?
   B: 그들은 테이블에 앉아 있었어.

   A 그들은 어디에 앉아 있었어?
   B They were sitting at the table.

What were you ... -ing ~?

진행형으로 말하기
무슨 ~을 하고 있는 중이였니?

🎧 mp3_165

과거진행형에 what이 들어간 의문문 형태로, 과거의 어느 시점에 무엇을 하고 있는 중이였는지를 물을 때 쓰는 패턴입니다.

SPEAKING TRAINING

- **What were you thinking?**
  너는 무슨 생각을 하고 있는 중이였니?

- **What were you checking out?**
  너는 무엇을 확인하는 중이였니?

- **What was he explaining to you?**
  그는 너에게 무엇을 설명하고 있는 중이였니?

- **What was she asking you?**
  그녀는 너에게 무엇을 물어보는 중이였니?

- **What were they fighting for?**
  그들은 무엇 때문에 싸우고 있었던 거니?

SPEAKING PRACTICE

1. A: 너는 무슨 생각을 하고 있는 중이였니?
   B: Of course I was thinking about you.

   A What were you thinking?
   B 당연히 나는 너를 생각하고 있었지.

2. A: 너는 무엇을 확인하는 중이였니?
   B: I was checking out the schedule.

   A What were you checking out?
   B 나는 스케줄을 확인하고 있는 중이었어.

3. A: 그는 너에게 무엇을 설명하고 있는 중이였니?
   B: He was explaining the project to me.

   A What was he explaining to you?
   B 그는 내게 프로젝트를 설명하고 있었어.

4. A: 그녀는 너에게 무엇을 물어보는 중이였니?
   B: She was asking me how to solve the problem.

   A What was she asking you?
   B 그녀는 나에게 그 문제를 어떻게 해결하는지를 묻고 있었어.

5. A: 그들은 무엇 때문에 싸우고 있었던 거니?
   B: They were fighting for him.

   A What were they fighting for?
   B 그들은 그를 위해서 싸우고 있었어.

Practice Makes Perfect 33

It's time to review!

우리말 문장을 보고 영어 문장이 바로 나오는지 확인해 보세요! 안 되면, 다시 돌아가서 완벽하게 연습하는 것 아시죠? 완벽하게 말할 수 있을 때까지 열심히 연습하세요!

<u>STEP 1</u> 앞에서 배운 표현을 복습해 보세요!

01. 너 오늘 열심히 일하네.
02. 그들은 곧 떠날 거야.
03. 너 내 말을 듣고 있지 않지.
04. 그는 오늘 차를 몰고 출근하지 않을 거야.
05. 너는 저녁 식사로 무엇을 만들고 있니?
06. 우리는 오늘 밤에 무엇을 마실 거야?
07. 내가 그녀를 불렀을 때 그녀는 TV를 보고 있었어.
08. 우리는 커피를 마시면서 쉬는 중이였어.
09. 그는 너에게 무엇을 설명하고 있는 중이였니?
10. 그녀는 너에게 무엇을 물어보는 중이였니?

Answers
01. You're working hard today.
02. They're leaving soon.
03. You're not listening to me.
04. He's not driving to work today.
05. What are you making for dinner?
06. What are we drinking tonight?
07. She was watching TV when I called her.
08. We were taking a coffee break.
09. What was he explaining to you?
10. What was she asking you?

STEP 2 새로운 문장 만들기에 도전해 보세요!

01. **I'm -ing ~ .** ~ 하는 중이야.
    ① 만나는 사람이 있어.
    ② 그는 진실을 말하고 있어.

02. **I'm not -ing ~ .** ~하고 있지 않아.
    ① 그들은 뭔가 옳은 일을 하고 있지 않아.
    ② 너는 나를 방해하고 있지 않아.

03. **What are you -ing ~ ?** 무엇을 ~하고 있니?
    ① 무엇을 지우고 있니?
    ② 그들은 무엇을 읽고 있니?

04. **I was -ing ~ .** ~하고 있는 중이였어.
    ① 나는 다시 일하러 가고 있는 중이였어.
    ② 그들은 이사 나가고 있는 중이였어.

05. **What were you -ing ~ ?** 무슨 ~을 하고 있는 중이였니?
    ① 너는 그녀에게 뭐라고 말하는 중이였니?
    ② 그는 무엇을 입고 있었니?

Answers
01. ① I'm seeing someone.
    ② He's telling the truth.
02. ① They're not doing something right.
    ② You're not bothering me.
03. ① What are you removing?
    ② What are they reading?
04. ① I was going back to work.
    ② They were moving out.
05. ① What were you saying to her?
    ② What was he wearing?

I have p.p ~.
~해 왔어.

현재완료로 말하기

🎧 mp3_166

I have done it for years. "나는 수년 째 그 일을 해 오고 있어."처럼 예전부터 지금까지 일정 행위를 계속하고 있다고 표현하는 계속적 용법의 현재완료 패턴입니다.

SPEAKING TRAINING

- **I have been** here for 3 hours. 나는 3시간째 여기에 있어.

- **You have taken** the English class for 10 months.
  너는 10개월째 그 영어 수업을 듣고 있구나.

- **We have worked** together for almost 2 years.
  우리는 거의 2년째 같이 일해 왔어.

- **They have known** each other since high school.
  그들은 고등학교 이후로 계속 알고 지냈어.

- **My mom has learned** how to use computer for 2 months.
  우리 엄마는 2개월째 컴퓨터 사용법에 대해서 배우고 계셔.

Always be ready to speak these sentences confidently!

SPEAKING PRACTICE

1. A: When did you get here?
   B: 나는 3시간째 여기에 있어.

   A 너 여기 언제 도착했니?
   B I have been here for 3 hours.

2. A: 너는 10개월 째 그 영어 수업을 계속 듣고 있구나.
   B: I love the class and the teacher.

   A You have taken the English class for 10 months.
   B 그 수업과 선생님이 정말 좋아.

3. A: 우리는 거의 2년째 같이 일해 왔어.
   B: I bet you guys know each other well.

   A We have worked together for almost 2 years.
   B 너희는 서로를 정말 잘 알겠구나.

4. A: 그들은 고등학교 이후로 계속 알고 지냈어.
   B: When did they graduate from high school?

   A They have known each other since high school.
   B 그들이 고등학교를 언제 졸업했는데요?

5. A: I heard your mom's learning something.
   B: 우리 엄마는 2개월째 컴퓨터 사용법에 대해서 배우고 계셔.

   A 너의 엄마가 뭔가 배우신다는 얘기를 들었어.
   B My mom has learned how to use computer for 2 months.

I haven't p.p ~.
~하지 못하고 있어.

현재완료로 말하기

🎧 mp3_167

현재완료의 계속적 용법인 I have p.p ~.의 부정문 형태로, '~하지 못하고 있어.' 라고 말하면서 어떤 행위를 지속하지 못하고 있음을 표현할 때 쓰는 패턴입니다.

SPEAKING TRAINING

- **I haven't studied** English for months.
  나는 수 개월째 영어 공부를 못하고 있어.

- **I haven't had** a chance to talk to him.
  나는 그와 대화를 나눌 기회를 갖지 못하고 있어.

- **She hasn't done** any home assignment.
  그녀는 어떠한 숙제도 하지 못하고 있어.

- **They haven't read** for weeks.
  그들은 몇 주 동안 독서를 하지 못하고 있어.

- **We haven't practiced** what he taught us. 우리는 그가 가르쳐 준 것을 연습하지 못하고 있어.

Always be ready to speak these sentences confidently!

SPEAKING PRACTICE

1. A: You study English hard, right?
   B: 나는 수 개월째 영어 공부를 못하고 있어.

2. A: Have you talked to him?
   B: 나는 그와 대화를 나눌 기회를 갖지 못하고 있어.

3. A: She's tied up with her work.
   * be tied up with: ~ 때문에 몹시 바쁘다
   B: 그녀는 어떤 숙제도 하지 못하고 있어.

4. A: They need to read for their classes.
   B: 그들은 몇 주 동안 독서를 하지 못하고 있어.

5. A: 우리는 그가 가르쳐 준 것을 연습하지 못하고 있어.
   B: You gotta practice. You know, practice makes perfect.

A 너 영어 공부를 열심히 하는 거지, 그렇지?
B I haven't studied English for months.

A 너는 그와 얘기를 나눈 적이 있어?
B I haven't had a chance to talk to him.

A 그녀는 일 때문에 몹시 바빠.
B She hasn't done any home assignment.

A 그들은 수업을 위해서 책을 읽어야 해.
B They haven't read for weeks.

A We haven't practiced what he taught us.
B 연습해야 해. 연습해야 완벽해질 수 있다는 거 알잖아.

What have you p.p ~?
이제껏 무엇을 ~했니?

현재완료로 말하기

🎧 mp3_168

'이제껏 무엇을 ~했니?'라고 하면서 지금까지 지속된 행위가 무엇인지를 물을 때 쓰는 패턴입니다. 우리에게는 익숙하지 않지만, 원어민들은 상당히 많이 사용하고 있는 패턴입니다.

SPEAKING TRAINING

* **What have you seen?**
  너는 이제껏 뭘 봤니?

* **What have you made?**
  너는 이제껏 뭘 만들었니?

* **What has she heard** from him?
  그녀는 이제껏 그에게서 뭘 들었죠?

* **What have they discussed** so far?
  그들은 이제껏 뭘 토론했죠?

* **What have we got** for the accident?
  우리가 이제껏 그 사건에 대해서 뭘 알아 왔죠?

Always be ready to speak these sentences confidently!

SPEAKING PRACTICE

1. A: 너는 이제껏 뭘 봤니?
   B: I have seen some strange stuff.

   A What have you seen?
   B 약간 이상한 물건들을 봤어.

2. A: 너는 이제껏 뭘 만들었니?
   B: I have made some fruit juice for you.

   A What have you made?
   B 너에게 줄 과일 주스를 만들고 있었어.

3. A: 그녀는 이제껏 그에게서 뭘 들었죠?
   B: She has heard some bad news about her family.

   A What has she heard from him?
   B 그녀는 그녀의 가족에 대한 안 좋은 소식들을 들었어요.

4. A: 그들은 이제껏 뭘 토론했죠?
   B: They haven't even started discussing it yet.

   A What have they discussed so far?
   B 그들은 그것을 토론하는 것을 시작하지도 않았어요.

5. A: 우리가 이제껏 그 사건에 대해서 뭘 알아 왔죠?
   B: I've got nothing helpful.

   A What have we got for the accident?
   B 도움될 만한 것이 없어요.

Training 169

I have p.p ~.

~해 본 적이 있어.

현재완료로 말하기

🎧 mp3_169

have p.p ~. 중 과거부터 현재까지 지속적인 행위를 표현하는 계속의 의미 외에 과거에 어떤 일을 한 적이 있는지 없는지 경험을 표현하는 패턴입니다.

SPEAKING TRAINING

- **I have been** there before.
  나는 전에 거기에 가 본 적이 있어.

- **I have met** him. 나는 그를 만난 적이 있어.

- **I have tried** Indian food.
  나는 인디언 음식을 먹어 본 적이 있어.

- **You haven't visited** your aunt in Canada.
  너는 캐나다에 있는 고모댁에 가 본 적이 없잖아.

- **They haven't** actually done this before. 사실 그들은 전에 이런 일을 해 본 적이 없어.

Always be ready to speak these sentences confidently!

SPEAKING PRACTICE

1. A: 나는 전에 거기에 가 본 적이 있어.
   B: Really? I thought you've never been there.

   A I have been there before.
   B 정말? 나는 네가 거기에 가 본 적이 없는 줄 알았어.

2. A: 나는 그를 만난 적이 있어.
   B: What did you think about him?

   A I have met him.
   B 그에 대해서 어떻게 생각했어?

3. A: 나는 인디언 음식을 먹어 본 적이 있어.
   B: Did you like it?

   A I have tried Indian food.
   B 맛있었니?

4. A: 너는 캐나다에 있는 고모댁에 가 본 적이 없잖아.
   B: I'm going to Canada to visit her this Christmas.

   A You haven't visited your aunt in Canada.
   B 이번 크리스마스에 고모를 뵈러 캐나다에 갈 예정이야.

5. A: 사실 그들은 전에 이런 일을 해 본 적이 없어.
   B: That could be a problem. Experience is very important in this field.

   A They haven't actually done this before.
   B 그건 문제가 될 수 있겠는데. 이 분야에서는 경험이 정말 중요해.

Have you ~ ever p.p ~? ~해 본 적이 있니?

현재완료로 말하기

mp3_170

경험을 나타내는 현재완료의 의문문으로, '~해 본 적이 있니?' 라고 하면서 어떤 일을 해 본 경험이 있는지를 묻는 패턴입니다. ever는 '이제까지' 라는 의미로 쓰인 것입니다.

SPEAKING TRAINING

* **Have you ever been** to Europe? 유럽에 가 본 적이 있니?

* **Have you ever been** in love? 사랑에 빠져 본 적이 있니?

* **Have you ever done** anything like this?
  이런 일을 해 본 적이 있니?

* **Have you ever seen** him this happy?
  그가 이렇게까지 행복해하는 것을 본 적이 있니?

* **Have you ever showed** this to anyone?
  이것을 어느 누구한테 보여 준 적이 있니?

Always be ready to speak these sentences confidently!

SPEAKING PRACTICE

1. A: 유럽에 가 본 적이 있니?
   B: I've never been to Europe. I will take a trip to Europe someday.

   A Have you ever been to Europe?
   B 유럽에 가 본 적 없어. 언젠가는 유럽으로 여행을 갈 거야.

2. A: 사랑에 빠져 본 적이 있니?
   B: Several times. But I haven't found Mr. Right yet.

   * Mr. Right: 미국에서 여자들이 자신들의 이상형을 가리킬 때 쓰는 말

   A Have you ever been in love?
   B 여러 번. 하지만 아직도 내 짝을 찾지 못했어.

3. A: 이런 일을 해 본 적이 있니?
   B: I've had these kind of experiences.

   A Have you ever done anything like this?
   B 이런 류의 경험들을 해 봤어.

4. A: 그가 이렇게까지 행복해하는 것을 본 적이 있니?
   B: Never. He's happy only when he's with her.

   A Have you ever seen him this happy?
   B 아니. 그는 그녀와 있을 때만 행복해.

5. A: 이것을 어느 누구한테 보여 준 적이 있니?
   B: I've showed this to my boyfriend.

   A Have you ever showed this to anyone?
   B 이것을 내 남자 친구에게 보여준 적이 있어.

Practice Makes Perfect 34

It's time to review!

우리말 문장을 보고 영어 문장이 바로 나오는지 확인해 보세요! 안 되면, 다시 돌아가서 완벽하게 연습하는 것 아시죠? 완벽하게 말할 수 있을 때까지 열심히 연습하세요!

STEP 1 앞에서 배운 표현을 복습해 보세요!

01. 그들은 고등학교 이후로 계속 알고 지냈어.

02. 우리 엄마는 2개월째 컴퓨터 사용법에 대해서 배우고 계셔.

03. 나는 그와 대화를 나눌 기회를 갖지 못하고 있어.

04. 그들은 몇 주 동안 독서를 하지 못하고 있어.

05. 그들은 이제껏 뭘 토론했죠?

06. 우리가 이제껏 그 사건에 대해서 뭘 알아 왔죠?

07. 나는 전에 거기에 가 본 적이 있어.

08. 사실 그들은 전에 이런 일을 해 본 적이 없어.

09. 그가 이렇게까지 행복해하는 것을 본 적이 있니?

10. 이것을 어느 누구한테 보여 준 적이 있니?

Answers

01. They have known each other since high school.
02. My mom has learned how to use computer for 2 months.
03. I haven't had a chance to talk to him.
04. They haven't read for weeks.
05. What have they discussed so far?
06. What have we got for the accident?
07. I have ever been there.
08. They haven't actually done this before.
09. Have you ever seen him this happy?
10. Have you ever showed this to anyone?

STEP 2 새로운 문장 만들기에 도전해 보세요!

01. I have p.p ~ . ~해 왔어.

① 나는 그녀에게 계속 집착해 왔어.
  * be obsessed with: ~에게 집착하다

② 나는 그 티켓을 사려고 계속 노력해 왔어.

02. I haven't p.p ~ . ~하지 못하고 있어.

① 지난 주 이후로 계속 그들과 통화하지 못하고 있어.

② 당신은 지난 달 이후로 글을 쓰지 못하고 있군요.

03. What have you p.p ~ ? 이제껏 무엇을 ~했니?

① 그는 이제껏 뭘 해 왔니?

② 너는 무엇을 두려워하고 있는 거니?

04. I have p.p ~ . ~해 본 적이 있어.

① 나는 전에 이 길에서 길을 잃은 적이 있어.

② 나는 그녀를 집까지 태워다 준 적이 있어.
  * give someone a ride home: 집까지 태워다 주다

05. Have you ever p.p ~ ? ~해 본 적이 있니?

① 그를 때린 적이 있니?

② 아이들에게 화내 본 적이 있나요?

Answers

01. ① I have been obsessed with her.
    ② I have tried to buy the ticket.
02. ① I haven't talked to them on the phone since last week.
    ② You haven't written since last month.
03. ① What has he worked on so far?
    ② What have you been afraid of?
04. ① I have got lost on this street before.
    ② I have given her a ride home.
05. ① Have you ever hit him?
    ② Have you ever been mad at your children?

I have been -ing ~.

UNIT 7 Training 171

현재완료진행형으로 말하기

계속 ~해 오고 있어.

🎧 mp3_171

원어민들이 즐겨 쓰는 시제인 현재완료진행형 패턴입니다. 현재완료의 계속적 용법과 마찬가지로, 과거에서 지금까지 어떤 행위를 지속해 오고 있음을 표현할 때 쓰는데 현재완료진행형은 **been -ing**를 동사에 추가해서 요즘에도 그 행위가 한창 진행되고 있음을 더욱 강조합니다.

SPEAKING TRAINING

- **I have been look**ing **for you.**
  나는 너를 계속 찾아 다녔어.

- **I have been think**ing **about you.**
  나는 너를 계속 생각하고 있어.

- **He has been do**ing **this all day.**
  그는 이것을 하루 종일 계속 했어.

- **They have been watch**ing **movies all night long.**
  그들은 밤새 영화를 보고 있어.

- **She has been feel**ing **good recently.**
  그녀는 최근에 계속 기분이 좋았어.

Always be ready to speak these sentences confidently!

SPEAKING PRACTICE

1. A: 나는 너를 계속 찾아 다녔어.
   B: Really? I've been here.

   A I have been looking for you.
   B 정말? 나는 여기 계속 있었는데.

2. A: I miss you.
   B: Me, too. 나는 너를 계속 생각하고 있어.

   A 네가 보고 싶어.
   B 나도 그래. I have been thinking about you.

3. A: 그는 이것을 하루 종일 계속 했어.
   B: He must be tired.

   A He has been doing this all day.
   B 그는 틀림없이 피곤할 거야.

4. A: What have they been doing?
   B: 그들은 밤새 영화를 보고 있어.

   A 그들은 계속 뭘 하고 있는 중이야?
   B They have been watching movies all night long.

5. A: How is she feeling?
   B: 그녀는 최근에 기분이 계속 좋았어.

   A 그녀는 기분이 어떻대?
   B She has been feeling good recently.

What have you been -ing ~?

무엇을 계속 ~하고 있는 거니?

UNIT 7 / Training 172

현재완료진행형으로 말하기

mp3_172

have been -ing ~.에서 what이 들어간 의문문 형태로, '무엇을 계속 ~하고 있는 거니?'라고 하면서 과거에서 지금까지 지속적으로 무엇을 하고 있는지 물을 때 쓰는 패턴입니다.

SPEAKING TRAINING

- **What have you been doing?**
  너는 무엇을 계속 하고 있는 거니?

- **What have you been working on?**
  너는 무엇을 계속 작업하고 있는 거니?

- **What has she been writing?**
  그녀는 무엇을 계속 쓰고 있는 거니?

- **What have they been playing?**
  그들은 무슨 경기를 계속 하고 있는 거니?

- **What have they been talking about?**
  그들은 무엇에 대해서 계속 이야기하고 있는 거니?

Always be ready to speak these sentences confidently!

SPEAKING PRACTICE

1. A: 너는 무엇을 계속 하고 있는 거니?
   B: I have been calling her.

   A What have you been doing?
   B 그녀에게 계속 전화를 걸고 있어.

2. A: 너는 무엇을 계속 작업하고 있는 거니?
   B: I've been working on the plan for next year.

   A What have you been working on?
   B 내년 계획안에 대해서 작업하고 있어.

3. A: 그녀는 무엇을 계속 쓰고 있는 거니?
   B: She's been writing a novel for almost 8 months.

   A What has she been writing?
   B 그녀는 거의 8개월째 소설을 쓰고 있어.

4. A: 그들은 무슨 경기를 계속 하고 있는 거니?
   B: They've been playing football.

   A What have they been playing?
   B 그들은 풋볼 경기를 하고 있어.

5. A: 그들은 무엇에 대해서 계속 이야기하고 있는 거니?
   B: They've been talking about the new year's resolution.

   A What have they been talking about?
   B 그들은 새해 계획에 대해서 얘기를 나누고 있어.

Training 173

현재완료진행형으로 말하기

How long have you been -ing ~?

얼마나 오랫동안 ~하고 있니?

mp3_173

현재완료진행형 have been -ing ~.에 How long ~?이 들어간 의문문 형태로, '얼마나 오랫동안 ~하고 있는 거니?' 라고 하면서 지속되고 있는 행위가 얼마나 오랫동안 계속 되었는지를 묻는 패턴입니다.

SPEAKING TRAINING

- How long have you been painting?
  너는 얼마나 오랫동안 그림을 그리고 있니?

- How long have you been driving?
  너는 얼마나 오랫동안 운전을 하고 있니?

- How long have they been staying in the USA?
  그들은 얼마나 오랫동안 미국에 머물고 있니?

- How long has he been taking the piano lesson?
  그는 피아노 레슨을 얼마나 오랫동안 받아 왔니?

- How long has it been snowing?
  눈이 얼마나 오랫동안 내리고 있니?

SPEAKING PRACTICE

1. A: 너는 얼마나 오랫동안 그림을 그리고 있니?
   B: I've been painting for 2 hours.

   A How long have you been painting?
   B 2시간째 계속 그림을 그리고 있어.

2. A: 너는 얼마나 오랫동안 운전을 하고 있니?
   B: Since I was 22.

   A How long have you been driving?
   B 22살 이후로 계속.

3. A: 그들은 얼마나 오랫동안 미국에 머물고 있니?
   B: They've been staying there for 3 years.

   A How long have they been staying in the USA?
   B 그들은 3년째 거기에서 머물고 있어.

4. A: 그는 피아노 레슨을 얼마나 오랫동안 받아 왔니?
   B: He has been taking the lesson for 2 years.

   A How long has he been taking the piano lesson?
   B 그는 2년 동안 레슨을 받고 있어.

5. A: 눈이 얼마나 오랫동안 내리고 있니?
   B: It started snowing last night.

   A How long has it been snowing?
   B 어젯밤부터 눈이 내리기 시작했어.

I will be -ing ~.
~하고 있는 중일 거야.

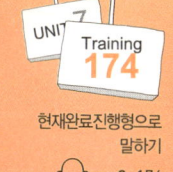

현재완료진행형으로
말하기

mp3_174

'~하고 있는 중일 거야.'라고 하면서 미래의 특정 시점에 어떤 행위를 하고 있는 중일 것임을 표현할 때 쓰는 패턴입니다. 미래진행형 또한 회화체에서 상당히 많이 쓰는 시제입니다.

SPEAKING TRAINING

- **I will be travelling in Europe.**
  나는 유럽을 여행하고 있는 중일 거야.

- **I will be having dinner with them.**
  나는 그들과 저녁 식사를 하고 있는 중일 거야.

- **You will be having fun at the party.**
  너는 파티에서 재미있는 시간을 보내는 중일 거야.

- **He will be working in the office.**
  그는 사무실에서 일하고 있는 중일 거야.

- **They will be flying to China.**
  그들은 중국행 비행기를 타고 있는 중일 거야.

Always be ready to speak these sentences confidently!

SPEAKING PRACTICE

1. A: What are you going to do this summer?
   B: 나는 유럽을 여행하고 있는 중일 거야.

   A 이번 여름에 뭘 할 거니?
   B I will be travelling in Europe.

2. A: Can I drop by your place tonight?
   B: 아마도 다음이 좋겠어. 나는 그들과 저녁을 먹고 있는 중일 거야.

   A 내가 오늘 밤에 너의 집에 잠깐 들러도 될까?
   B Maybe next time. I will be having dinner with them.

3. A: 너는 파티에서 재미있는 시간을 보내는 중일 거야.
   B: I hope so. But I'm afraid of being alone at the party.

   A You will be having fun at the party.
   B 그러길 바래. 하지만 파티에서 혼자 있게 될까 봐 두려워.

4. A: Why don't we invite him here tonight?
   B: 그는 사무실에서 일하고 있는 중일 거야.

   A 그를 오늘 밤 이곳으로 초대하는 것이 어때?
   B He will be working in the office.

5. A: Can I talk to them tomorrow?
   B: 그들은 중국행 비행기를 타고 있는 중일 거야.

   A 그들과 내일 대화할 수 있을까?
   B They will be flying to China.

You will have p.p ~.

현재완료진행형으로 말하기 ~하게 될 거야.

🎧 mp3_175

Next year she will have taught English for 5 years. "내년이면 그녀가 영어를 가르친 지 5년이 될 거야."처럼 과거에서 시작된 일이 계속되어서 미래에서야 비로소 완료될 때 쓰는 미래완료형 시제의 패턴입니다.

SPEAKING TRAINING

- **You will have called** her 10 times.
  너는 그녀에게 10번째 전화를 거는 것이 될 거야.

- **She will have finished** the work by tomorrow.
  그녀는 내일이면 그 일을 끝마치게 될 거야.

- **It will have ended** at 8.
  그것은 8시에 끝나게 될 거야.

- **She will have read** it 4 times.
  그녀는 그걸 4번째 읽는 것이 될 거야.

- Next year **they will have been** married for 20 years. 내년이면 그들은 결혼한 지 20주년이 될 거야.

SPEAKING PRACTICE

1. A: 너는 그녀에게 10번째 전화를 거는 것이 될 거야.
   B: She's not answering the phone.

   A You will have called her 10 times.
   B 그녀가 전화를 받지 않아.

2. A: 그녀는 내일이면 그 일을 끝마치게 될 거야.
   B: She's supposed to finish it today.

   A She will have finished the work by tomorrow.
   B 그녀는 오늘 그 일을 끝내기로 되어 있었어.

3. A: When is the game going to end?
   B: 그것은 8시에 끝나게 될 거야.

   A 그 게임은 언제 끝나게 되지?
   B It will have ended at 8.

4. A: How many times has she read the book?
   B: 그녀는 그걸 4번째 읽는 것이 될 거야.

   A 그녀는 그 책을 얼마나 많이 읽은 게 된 거야?
   B She will have read it 4 times.

5. A: How long have they been married?
   B: 내년이면 그들은 결혼한 지 20주년이 될 거야.

   A 그들은 결혼한 지 얼마나 되었니?
   B Next year they will have been married for 20 years.

Practice Makes Perfect 35

It's time to review!

우리말 문장을 보고 영어 문장이 바로 나오는지 확인해 보세요! 안 되면, 다시 돌아가서 완벽하게 연습하는 것 아시죠? 완벽하게 말할 수 있을 때까지 열심히 연습하세요!

<u>STEP 1</u> 앞에서 배운 표현을 복습해 보세요!

01. 나는 너를 계속 찾아 다녔어.

02. 그들은 밤새 영화를 보고 있어.

03. 그녀는 무엇을 계속 쓰고 있는 거니?

04. 그들은 무엇에 대해서 계속 이야기하고 있는 거니?

05. 그는 피아노 레슨을 얼마나 오랫동안 받아 왔니?

06. 눈이 얼마나 오랫동안 내리고 있니?

07. 그는 사무실에서 일하고 있는 중일 거야.

08. 그들은 중국행 비행기를 타고 있는 중일 거야.

09. 그녀는 내일이면 그 일을 끝마치게 될 거야.

10. 내년이면 그들이 결혼한 지 20주년이 될 거야.

Answers

01. I have been looking for you.
02. They have been watching movies all night long.
03. What has she been writing?
04. What have they been talking about?
05. How long has he been taking the piano lesson?
06. How long has it been snowing?
07. He will be working in the office.
08. They will be flying to China.
09. She will have finished the work by tomorrow.
10. Next year they will have been married for 20 years.

STEP 2 새로운 문장 만들기에 도전해 보세요!

01. **I have been -ing ~ .** 계속 ~해 오고 있어.
    ❶ 그녀는 열차에서 계속 신문을 읽고 있어.
    ❷ 그들은 지도를 계속 보고 있어.

02. **What have you been -ing ~ ?** 무엇을 계속 ~하고 있는 거니?
    ❶ 그들은 무엇을 계속 던지고 있니?
    ❷ 너는 무엇을 계속 마시고 있니?

03. **How long have you been -ing ~ ?**
    얼마나 오랫동안 ~하고 있니?
    ❶ 너는 얼마나 오랫동안 설거지를 하고 있니?
    ❷ 너는 얼마나 오랫동안 그들과 놀러 다니고 있니?

04. **I will be -ing ~ .** ~하고 있는 중일 거야.
    ❶ 내 차를 수리받고 있는 중일 거야.
    ❷ 머리를 자르고 있는 중일 거야.

05. **You will have p.p ~ .** ~하게 될 거야.
    ❶ 11시가 되면, 3시간째 계속 여기서 앉아있는 게 될 거야.
    ❷ 내년이면 그는 20년째 강의를 한 것이 될 거야.

Answers

01. ❶ She has been reading the newspaper on the train.
    ❷ They have been looking at the map.
02. ❶ What have they been throwing?
    ❷ What have you been drinking?
03. ❶ How long have you been washing dishes?
    ❷ How long have you been hanging out with them?
04. ❶ I will be getting my car repaired.
    ❷ I will be getting my hair cut.
05. ❶ By 11:00, I will have sat here for three hours.
    ❷ Next year he will have taught for 20 years.

take (1)

잡다, 받아들이다, 선택하다

주요 동사 1 – take

mp3_176

영어 문장에서 가장 중요한 요소는 동사로, 동사의 쓰임을 알면 영어 문장을 만드는 것이 훨씬 수월해집니다. 이번 Unit 8에서는 take 동사의 기본 쓰임을 완전 정복해 보겠습니다. take는 '잡다', '가져 가다', '받아들이다', '선택하다', '사다' 등의 뜻이 있습니다.

SPEAKING TRAINING

- Take him! He took my purse.
  그를 잡아요! 그가 제 지갑을 가져 갔어요.

- Can I take this book? 제가 이 책을 가져 가도 되나요?

- I'll take this one. 이걸로 (선택)할게요.

- Please take anything you like.
  마음에 드는 아무것이나 선택하세요.

- He came up to me and took my hand.
  그가 내게 와서 내 손을 잡았어.

Always be ready to speak these sentences confidently!

SPEAKING PRACTICE

1. A: 그를 잡아요! 그가 제 지갑을 가져 갔어요.
   B: Do you want me to call the police?

2. A: 제가 이 책을 가져 가도 되나요?
   B: Go ahead. Please return this book by next Friday.

3. A: 이걸로 (선택)할게요.
   B: What a great choice! Do you want to pay this by credit card or cash?

4. A: 마음에 드는 아무것이나 선택하세요.
   B: Do I have to take only one?

5. A: What happened to you two? I saw you holding hands.
   B: 그가 내게 와서 내 손을 잡았어.

A Take him! He took my purse.
B 경찰을 부를까요?

A Can I take this book?
B 그렇게 하세요. 다음 주 금요일까지만 반납하세요.

A I'll take this one.
B 탁월한 선택이네요! 카드로 결재하시겠어요 아니면 현금으로 하시겠어요?

A Please take anything you like.
B 한 가지만 선택해야 하나요?

A 너희 둘에게 무슨 일이 일어났던 거야? 나는 너희가 손을 잡고 있는 것을 봤어.
B He came up to me and took my hand.

UNIT Training 177
take A to B
A를 B로 데리고 가다, 가지고 가다

주요 동사 1 – take

🎧 mp3_177

'A를 B로 데리고 가다', 'A를 B로 가지고 가다' 라는 뜻으로, I will take him to the park. "나는 그를 공원으로 데리고 갈 거야." I took some beer to the party. "나는 파티에 맥주를 가지고 갔어."와 같은 표현에 쓸 수 있는 패턴입니다.

SPEAKING TRAINING

- **I will take you home.**
  너를 집으로 데려다 줄게. * 장소 부사 home 앞에는 to가 생략되어서 쓰임

- **Can I take my sister to the party?**
  내가 내 여동생을 파티에 데리고 가도 될까?

- **I will take it to the office.** 내가 그것을 사무실로 가지고 갈게.

- **Can you take this stuff to upstairs?**
  이 물건을 위층으로 가지고 갈 수 있겠어?

- **He took these boxes to my office.**
  그가 이 상자들을 내 사무실로 옮겨다 줬어.

Always be ready to speak these sentences confidently!

SPEAKING PRACTICE

1. A: 너를 집으로 데려다 줄게.
   B: Can you give me a ride home?

   A I will take you home.
   B 차로 집까지 바래다 줄 수 있어?

2. A: Don't forget the party starts at 10 tonight.
   B: 내가 내 여동생을 파티에 데리고 가도 될까?

   A 파티가 오늘 밤 10시에 시작한다는 것을 잊지 마.
   B Can I take my sister to the party?

3. A: I need it in my office.
   B: 내가 그것을 사무실로 가지고 갈게.

   A 내 사무실에 그것이 필요해.
   B I will take it to the office.

4. A: 이 물건을 위층으로 가지고 갈 수 있겠어?
   B: Can I do that later? I'm in the middle of something. * in the middle of: ~이 한창 진행 중인

   A Can you take this stuff to upstairs?
   B 나중에 해도 될까? 나는 지금 뭔가 한창 하고 있는 중이거든.

5. A: How did you move theses boxes here?
   B: 그가 이 상자들을 내 사무실로 옮겨다 줬어.

   A 이 박스들을 어떻게 여기로 옮긴 거야?
   B He took these boxes to my office.

take (2)
(시간이) 걸리다

주요 동사 1 – take

🎧 mp3_178

It takes+시간+to ~. '~하는 데 얼마의 시간이 걸리다.' 혹은 How long does it take to ~? '~하는 데 얼마의 시간이 걸리니?'와 같은 패턴을 표현할 때는 take가 '(시간이) 걸리다'라는 뜻으로 쓰입니다.

SPEAKING TRAINING

- It takes 3 hours to get to the airport by subway.
  공항까지 지하철로 3시간이 걸려.

- How long does it take to get the work done?
  그 일을 끝내는 데 얼마의 시간이 걸리나요?

- It took a long time to find you. 너를 찾는 데 오랜 시간이 걸렸어.

- It takes time to get what you want.
  네가 원하는 것을 얻는 데 시간이 좀 걸려.

- It will take too much time to check it out. 그것을 확인하는 데 너무 많은 시간이 걸릴 거야.

SPEAKING practice

1. A: How long does it take to get to the airport by subway?
   B: 공항까지 지하철로 3시간이 걸려.

2. A: 그 일을 끝내는 데 시간이 얼마나 걸리나요?
   B: It probably takes a few days.

3. A: 너를 찾는 데 오랜 시간이 걸렸어.
   B: I'm sorry, but I told you I was waiting for you right here.

4. A: 네가 원하는 것을 얻는 데 시간이 좀 걸려.
   B: Is there any other ways to get it quickly?

5. A: 그것을 확인하는 데 너무 많은 시간이 걸릴 거야.
   B: We don't have time to wait.

A 공항까지 지하철로 얼마나 걸리니?
B It takes 3 hours to get to the airport by subway.

A How long does it take to get the work done?
B 아마도 며칠은 걸려요.

A It took a long time to find you.
B 미안해, 하지만 나는 너에게 바로 여기서 기다리고 있겠다고 말했어.

A It takes time to get what you want.
B 그것을 좀 빨리 얻을 수 있는 다른 방법이 있을까?

A It will take too much time to check it out.
B 우리는 기다릴 시간이 없어.

take (3)

주요 동사 1 - take   1. ~을 타다   2. (의견·생각)을 ~으로 받아들이다

mp3_179

take 다음에 교통수단 (bus, train, taxi)이 오면 '~을 타다'라는 의미로 쓰입니다. 이외에도 take는 어떤 의견이나 생각 등을 '~으로 받아들이다.'라는 뜻으로도 쓰입니다.

SPEAKING TRAINING

- I take a bus to school.
  학교까지 버스를 타고 다녀.

- I took a taxi to get to the office.
  사무실까지 택시를 타고 갔어.

- Don't take it personally.
  기분 나쁘게 받아들이지 마.
  * take it personally: 사적인 감정이 있는 것으로 받아들이다. 기분 나쁘게 받아들이다

- He took this the wrong way.
  그는 이것을 오해했어. (나쁜 방향으로 받아들였어.)

- Can you take it seriously?
  그것을 진지하게 받아들여 줄래?

SPEAKING PRACTICE

1. A: How do you get to school?
   B: 학교까지 버스를 타고 다녀.

   A 학교에 어떻게 가니?
   B I take a bus to school.

2. A: 사무실까지 택시를 타고 갔어.
   B: How much did it cost?

   A I took a taxi to get to the office.
   B 돈이 얼마 들었어?

3. A: I think he's mad at me.
   B: 기분 나쁘게 받아들이지 마.

   A 그가 나에게 화난 것 같아.
   B Don't take it personally.

4. A: 그는 이것을 오해했어. (나쁜 방향으로 받아들였어.)
   B: Why don't you explain this to him again?

   A He took this the wrong way.
   B 그에게 이것을 다시 설명해 주는 것이 어때?

5. A: 그것을 진지하게 받아들여 줄래?
   B: Oh, I'm sorry. I thought you were joking.

   A Can you take it seriously?
   B 오, 미안해. 나는 네가 농담하는 줄 알았어.

take (4)
~하다

주요 동사 1 – take

mp3_180

take 다음에 동작 명사가 나오면 '~하다'의 뜻으로 쓰입니다. 대표적으로 쓰이는 표현으로는 take a look '보다', take a nap '낮잠 자다', take a test '시험 보다', take a break '휴식을 취하다', take a lesson '수업을 받다', take a picture '사진을 찍다', take medicine '약을 먹다', take a shower '샤워를 하다' 등이 있습니다.

SPEAKING TRAINING

- I would like to take a nap. 나는 낮잠을 자고 싶어.

- Do you want me to take a picture of you?
  네 사진을 찍어 줄까?

- Don't forget to take this medicine after lunch.
  점심 식사 후에 이 약을 복용하는 걸 잊지 마.

- I just took a shower. 나는 막 샤워를 했어.

- Can you take a look at this?
  이것을 한번 봐 줄래?

SPEAKING PRACTICE

1. A: 나는 낮잠을 자고 싶어.
   B: You look so tired. Get some sleep.

   A I would like to take a nap.
   B 너 피곤해 보여. 눈 좀 붙여.

2. A: I need a picture of me.
   B: 네 사진을 찍어 줄까?

   A 나는 내 사진 한 장이 필요해.
   B Do you want me to take a picture of you?

3. A: 점심 식사 후에 이 약을 복용하는 걸 잊지 마.
   B: I'm tired of taking medicine.
   * be tired of: ~하는 것에 싫증이 나다

   A Don't forget to take this medicine after lunch.
   B 약 먹는 것이 지겨워.

4. A: 나는 막 샤워를 했어.
   B: You must be relaxed.

   A I just took a shower.
   B 지금 몸이 편안하겠구나.

5. A: 이것을 한번 봐 줄래?
   B: I already took a look at it. It seemed fine.

   A Can you take a look at this?
   B 나는 이미 그것을 봤어. 괜찮은 것 같던데.

Practice Makes Perfect 36

It's time to review!

우리말 문장을 보고 영어 문장이 바로 나오는지 확인해 보세요! 안 되면, 다시 돌아가서 완벽하게 연습하는 것 아시죠? 완벽하게 말할 수 있을 때까지 열심히 연습하세요!

STEP 1 앞에서 배운 표현을 복습해 보세요!

01. 제가 이 책을 가져 가도 되나요?
02. 마음에 드는 아무것이나 선택하세요.
03. 내가 여동생을 파티에 데리고 가도 될까?
04. 그가 이 상자들을 내 사무실로 옮겨다 줬어.
05. 공항까지 지하철로 3시간이 걸려.
06. 그 일을 끝내는데 얼마의 시간이 걸리나요?
07. 기분 나쁘게 받아들이지 마.
08. 그것을 진지하게 받아들여 줄래?
09. 점심 식사 후에 이 약을 복용하는 걸 잊지 마.
10. 이것을 한번 봐 줄래?

Answers

01. Can I take this book?
02. Please take anything you like.
03. Can I take my sister to the party?
04. He took these boxes to my office.
05. It takes 3 hours to get to the airport by subway.
06. How long does it take to get the work done?
07. Don't take it personally.
08. Can you take it seriously?
09. Don't forget to take this medicine after lunch.
10. Can you take a look at this?

STEP 2 새로운 문장 만들기에 도전해 보세요!

01. **take (1)** 잡다, 받아들이다, 선택하다
    ① 그녀는 내 전화를 받지 않았어.
    ② 우산을 가지고 가.

02. **take A to B** A를 B로 데리고 가다, 가지고 가다
    ① 나는 부모님을 모시고 쇼핑몰에 갔었어.
    ② 그들은 나를 그들의 새로운 집으로 데리고 갈 거야.

03. **take (2)** (시간이) 걸리다
    ① 서로를 알게 되는데 시간이 좀 걸려.
    ② 이것을 준비하는데 시간이 얼마나 걸렸니?

04. **take (3)** 1. ~을 타다 2. (의견·생각)을 ~으로 받아들이다
    ① 엘리베이터 타는 것이 어때?
    ② 그는 심지어 내 충고를 받아들이려고 하지 않았어.

05. **take (4)** ~하다
    ① 그는 산책을 자주 해.
    ② 10분간 쉽시다.

Answers
01. ① She didn't take my call.
    ② Take an umbrella with you.
02. ① I took my parents to the shopping mall.
    ② They're going to take me to their new place.
03. ① It takes time to get to know each other.
    ② How long did it take to get prepared for this?
04. ① Why don't you take an elevator?
    ② He didn't even take my advice.
05. ① He often takes a walk.
    ② Let's take a ten-minute break.

Training 181

주요 동사 2 – get

get (1)

얻다, 사다, 받다, 가져 오다, 사 주다

mp3_181

영어 문장에서 가장 많이 등장하는 **get** 동사는 기본적으로 '얻다', '사다', '받다', '가져 오다', '사 주다' 등의 다양한 뜻이 있습니다. 예문으로 그 쓰임을 익히고 연습해 보세요.

SPEAKING TRAINING

- **I got three free movie tickets.**
  3장의 무료 영화표를 얻었어.

- **I'm going to get a new cell phone.**
  새로운 휴대폰을 살 거야.

- **I heard you got a new job.**
  네가 새로운 일자리를 구했다는 얘기를 들었어.

- **I got an email from her last week.**
  그는 지난 주에 그녀에게서 이메일을 받았어.

- **She got good scores in high school.**
  그녀는 고등학교 때는 좋은 성적을 받았어.

Always be ready to speak these sentences confidently!

SPEAKING PRACTICE

1. A: 3장의 무료 영화표를 얻었어.
   B: Please take me to the movie theater.

   A I got three free movie tickets.
   B 나를 영화관에 데려다 줘.

2. A: 네가 새로운 일자리를 구했다는 얘기를 들었어.
   B: It was very hard to get the job that I really wanted.

   A I heard you got a new job.
   B 내가 진짜 원했던 일자리를 구하는 게 너무 힘들었어.

3. A: 새로운 휴대폰을 살 거야.
   B: Your cell phone looks just fine. Don't waste your money.

   A I'm going to get a new cell phone.
   B 네 휴대폰도 괜찮아 보여. 돈 낭비하지 마.

4. A: I've never heard about her. Have you?
   B: 지난 주에 그녀에게서 이메일을 받았어.

   A 그녀에 대한 소식을 들어 본 적이 없어. 너는 들어 봤니?
   B I got an email from her last week.

5. A: I've never seen her study.
   B: 그녀는 고등학교 때는 좋은 성적을 받았어.

   A 나는 그녀가 공부하는 것을 본 적이 없어.
   B She got good scores in high school.

get (2)
…에게 ~을 사 주다, 가져다 주다

주요 동사 2 – get

mp3_182

get 동사의 2번째 쓰임으로, '…에게 ~을 사주다', '…에게 ~을 가져다 주다'의 의미에 대해 살펴보겠습니다. 평상시 대화에서 많이 쓰이는 쓰임이니 잘 익혀 두세요.

SPEAKING TRAINING

- Can I get you a cup of coffee?
  너에게 커피 한 잔 사 줄까?

- I'll get you dinner.
  너에게 저녁을 사 줄 거야.

- They might get her a present for her birthday.
  그들은 그녀에게 생일 선물을 사 줄 지도 몰라.

- What can I get you?
  너에게 무엇을 가져다 줄까?

- He got me something to drink.
  그가 나에게 마실 것을 가져다 줬어.

Always be ready to speak these sentences confidently!

SPEAKING PRACTICE

1. A: 너에게 커피 한 잔 사 줄까?
   B: I already had coffee. Thanks for asking.

2. A: 너에게 저녁을 사 줄게.
   B: I deserve it. I helped you a lot.

3. A: 그들은 그녀에게 생일 선물을 사 줄 지도 몰라.
   B: She's already expecting to get it.

4. A: 너에게 무엇을 가져다 줄까?
   B: Can you get me something to eat? I am so hungry.

5. A: Did you drink something?
   B: 그가 나에게 마실 것을 가져다 줬어.

A Can I get you a cup of coffee?
B 이미 커피를 마셨어. 물어봐 줘서 고마워.

A I'll get you dinner.
B 나는 그런 대접을 받을 만한 자격이 돼. 내가 너를 많이 도왔잖아.

A They might get her a present for her birthday.
B 그녀는 이미 선물을 기대하고 있어.

A What can I get you?
B 나에게 먹을 것을 좀 가져다 줄 수 있니? 정말 배고파.

A 뭐 좀 마셨니?
B He got me something to drink.

get A p.p
A가 ~되도록 하다

주요 동사 2 - get

mp3_183

'A가 ~되도록 하다', 'A가 ~한 상태가 되게 만들다' 라고 표현할 때 쓰는 패턴입니다. 보통 누군가를 시켜서 그 일이 되어지도록 하는 상황을 표현할 때 유용합니다. 머리를 자르거나 차를 고치는 상황 등에서 쓸 수 있습니다.

SPEAKING TRAINING

- Get this work done by 7.
  이 일을 7시까지 끝내.

- I will get my hair cut.
  나는 머리를 자를 거야.

- He got his car repaired.
  그는 그의 차를 수리받았어.

- She gets her nails done once a week.
  그녀는 일주일에 한 번씩 손톱 손질을 받아.

- Are you going to get your car washed?
  네 차를 세차 받을 거야?

Always be ready to speak these sentences confidently!

SPEAKING PRACTICE

1. A: 이 일을 7시까지 끝내.
   B: I will give it a try! *give it a try: 시도하다

   A Get this work done by 7.
   B 시도는 해 볼게!

2. A: You look like you need to get a haircut.
   B: 응, 나는 머리를 자를 거야.

   A 너 머리 좀 잘라야 할 것 같아.
   B Yeah, I will get my hair cut.

3. A: 그는 그의 차를 수리받았어.
   B: Didn't he fix it by himself?

   A He got his car repaired.
   B 그 스스로 고친 게 아니야?

4. A: 그녀는 일주일에 한 번씩 손톱 손질을 받아.
   B: That's why her nails look good all the time.

   A She gets her nails done once a week.
   B 그래서 그의 손톱이 항상 예뻐 보이는구나.

5. A: 네 차를 세차 받을 거야?
   B: I will do it by myself because I can't afford it.
   * afford: ~를 할 만한 경제적인 여력이 없다

   A Are you going to get your car washed?
   B 내가 직접 할 거야. 그럴 여유가 없어.

get + 형용사
~하게 되다

주요 동사 2 – get

mp3_184

get은 원래 '~을 얻다' 라는 뜻이 있는데, get+형용사는 형용사를 얻게 되다, 즉, '~하게 되다' 라는 뜻이 됩니다. 예를 들어, get angry '화나게 되다', get sleepy '졸리게 되다' 라는 말을 할 때 쓸 수 있습니다. 이외에도 '점점 ~하게 되다' 라고 말할 때에도 get을 써서 표현합니다.

SPEAKING TRAINING

- My boyfriend got mad at me.
  내 남자 친구는 나에게 화가 났어.

- They got drunk last night.
  그들은 어젯밤에 취했어.

- I'm getting better.
  나는 점점 나아지고 있어.

- It's getting dark.
  점점 어두워지네.

- It's getting colder day by day.
  날씨가 날마다 점점 더 추워지고 있어.

SPEAKING PRACTICE

1. A: 내 남자 친구는 나에게 화가 났어.
   B: Why? Did you do anything wrong?

2. A: It looked like they drank too much.
   B: 그들은 어젯밤에 취했어.

3. A: How are you? I heard you got a surgery.
   B: 나는 점점 나아지고 있어.

4. A: 점점 어두워지네.
   B: It's time to go home.

5. A: How is the weather in Korea?
   B: 날씨가 날마다 더 추워지고 있어.

A My boyfriend got mad at me.
B 왜? 뭐 잘못한 거 있어?

A 그들은 어젯밤에 술을 많이 마시는 것 같더라.
B They got drunk last night.

A 너 몸이 어때? 수술 받았다는 소식은 들었어.
B I'm getting better.

A It's getting dark.
B 집에 가야 할 시간이야.

A 한국의 날씨는 어때?
B It's getting colder day by day.

Training 185

주요 동사 2 – get

get A to ~
A가 ~하게 하다

🎧 mp3_185

get A to ~.는 'A가 ~하도록 만들다, 시키다'라고 표현할 때 쓰는 패턴입니다. get의 목적어인 A가 뒤에 오는 행동을 능동적으로 할 수 있을 때는 I got him to clean the house. "나는 그에게 집을 청소하도록 했어."처럼 to+동사원형을 써서 말합니다.

SPEAKING TRAINING

- I couldn't get them to understand it.
  나는 그들이 그것을 이해하도록 하지 못했어.

- You got me to make up my mind.
  너는 내가 결심하도록 했어.

- She's going to get you to talk to him.
  그녀는 네가 그에게 말을 걸게 할 거야.

- Why don't we get him to change his mind?
  그가 마음을 바꾸도록 하는 게 어떨까?

- They got me to wash the dishes.
  그들은 내가 설거지하도록 했어.

Always be ready to speak these sentences confidently!

SPEAKING PRACTICE

1. A: How did it go?
   B: 나는 그들이 그것을 이해하도록 하지 못했어.

2. A: 너는 내가 결심하도록 했어.
   B: Don't you think you did a good job?

3. A: They still don't talk to each other?
   B: 그녀는 네가 그에게 말을 걸게 할 거야.

4. A: He really has to change his mind.
   B: 우리가 그의 마음을 바꾸게 하는 게 어떨까?

5. A: Why did you wash the dishes?
   B: 그들은 내가 설거지하도록 했어.

A 일이 어떻게 됐어?
B I couldn't get them to understand it.

A You got me to make up my mind.
B 네가 잘했던 일이라고 생각하지 않니?

A 그들은 아직도 서로 말을 안 하니?
B She's going to get you to talk to him.

A 그는 정말 마음을 바꿔야 해.
B Why don't we get him to change his mind?

A 왜 네가 설거지했니?
B They got me to wash the dishes.

Practice Makes Perfect 37

It's time to review!

우리말 문장을 보고 영어 문장이 바로 나오는지 확인해 보세요! 안 되면, 다시 돌아가서 완벽하게 연습하는 것 아시죠? 완벽하게 말할 수 있을 때까지 열심히 연습하세요!

STEP 1 앞에서 배운 표현을 복습해 보세요!

01. 3장의 무료 영화표를 얻었어.
02. 그녀는 고등학교 때는 좋은 성적을 받았어.
03. 그들은 그녀에게 생일 선물을 사 줄지도 몰라.
04. 그가 나에게 마실 것을 가져다 줬어.
05. 이 일을 7시까지 끝내.
06. 그녀는 일주일에 한 번씩 손톱 손질을 받아.
07. 그들은 어젯밤에 취했어.
08. 날씨가 날마다 점점 더 추워지고 있어.
09. 그녀는 네가 그에게 말을 걸게 할 거야.
10. 그들은 내가 설거지하도록 했어.

Answers

01. I got three free movie tickets.
02. She got good scores in high school.
03. They might get her a present for her birthday.
04. He got me something to drink.
05. Get this work done by 7.
06. She gets her nails done once a week.
07. They got drunk last night.
08. It's getting colder day by day.
09. She's going to get you to talk to him.
10. They got me to wash the dishes.

STEP 2 새로운 문장 만들기에 도전해 보세요!

01. **get (1)** 얻다, 사다, 받다, 가져 오다, 사 주다
    ① 그녀는 그 돈을 받지 않았어.
    ② 내 메시지 받았니?

02. **get (2)** …에게 ~을 사 주다, 가져다 주다
    ① 저에게 정보를 좀 주시겠어요?
    ② 제가 당신에게 복사본을 하나 드릴게요.

03. **get A p.p** A가 ~되도록 하다
    ① 나는 귀를 뚫었어.
    ② 나는 안경을 수리했어.

04. **get + 형용사** ~하게 되다
    ① 그들은 진지해졌어.
    ② 나는 점점 나빠지고 있어.

05. **get A to ~** A가 ~하게 하다
    ① 그들은 내가 그를 떠나게 했어.
    ② 너는 그들이 영어를 공부하도록 했어.

Answers
01. ① She didn't get the money.
    ② Did you get my message?
02. ① Could you get me some information?
    ② I will get you a copy.
03. ① I got my ears pierced.
    ② I got my glasses repaired.
04. ① They got serious.
    ② I'm getting worse.
05. ① They got me to leave him.
    ② You got them to study English.

I want you to ~.
네가 ~하면 좋겠어.

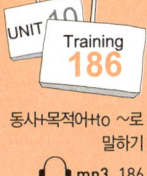

동사+목적어+to ~로 말하기

mp3_186

회화체 문장에서 자주 나오지만 우리는 잘 구사하지 못하는 「동사+목적어+to ~」 구조 중에서 가장 많이 쓰이는 I want you to ~. '나는 네가 ~하면 좋겠어.' 패턴을 연습해 보겠습니다. 상대방에게 어떤 행동을 하면 좋겠다고 조언을 하거나 어떤 행동을 해 주길 부탁할 때 많이 쓰입니다.

SPEAKING TRAINING

* **I want you to try it harder.**
  네가 좀 더 열심히 하면 좋겠어.

* **I want you to come with us.**
  네가 우리와 함께 가 주면 좋겠어.

* **I want you to listen to what they're saying.**
  네가 그들이 하는 말을 경청하면 좋겠어.

* **I want you to stop smoking.**
  네가 담배를 끊으면 좋겠어.

* **I want you to relax now.**
  네가 지금 진정하면 좋겠어.

SPEAKING PRACTICE

1. A: 네가 좀 더 열심히 하면 좋겠어.
   B: I'm doing my best.

   A I want you to try it harder.
   B 난 최선을 다하고 있어.

2. A: 네가 우리와 함께 가 주면 좋겠어.
   B: Why? What's going on?

   A I want you to come with us.
   B 왜? 무슨 일인데?

3. A: Can I leave now?
   B: 여기 좀 앉아 볼래? 네가 그들이 하는 말을 경청하면 좋겠어.

   A 나 지금 가도 돼?
   B Can you have a seat here? I want you to listen to what they're saying.

4. A: 네가 담배를 끊으면 좋겠어.
   B: I've tried to stop it, but it's really hard.

   A I want you to stop smoking.
   B 나도 끊으려고 노력했는데, 정말 힘들어.

5. A: I'm really scared.
   B: 네가 지금 진정하면 좋겠어.

   A 난 정말로 무서워.
   B I want you to relax now.

I need you to ~.
네가 ~해 주었으면 해.

동사+목적어+to ~로 말하기

mp3_187

「동사+목적어+to ~」의 2번째 패턴은 I need you to ~. '네가 ~해 주었으면 해.'입니다. I want you to ~.와 기본적으로 의미하는 바는 같지만, I need you to ~.가 I want you to ~.보다 좀 더 강력하게 상대방에게 어떤 행위를 하라고 말할 때 쓰입니다.

SPEAKING TRAINING

- **I need you to give me some money.**
  네가 나에게 돈을 좀 주었으면 해.

- **I need you to do it right now.**
  네가 지금 바로 그것을 해 주었으면 해.

- **I need you to go over it again.**
  네가 그것을 다시 검토해 주었으면 해.

- **I need you to tell me the truth.**
  네가 나에게 진실을 말해 주었으면 해.

- **I need you to take it seriously.**
  네가 그것을 심각하게 받아들여 주었으면 해.

SPEAKING PRACTICE

1. A: What do you want?
   B: 네가 나에게 돈을 좀 주었으면 해.

2. A: What should I do?
   B: 네가 지금 바로 그것을 해 주었으면 해.

3. A: 네가 그것을 다시 검토해 주었으면 해.
   B: No problem. I will do it now.

4. A: 네가 나에게 진실을 말해 주었으면 해.
   B: I have nothing to tell you.

5. A: 네가 그것을 심각하게 받아들여 주었으면 해.
   B: I thought you were joking.

A 무엇을 원하니?
B I need you to give me some money.

A 내가 무엇을 해야 하지?
B I need you to do it right now.

A I need you to go over it again.
B 문제 없어. 지금 바로 할게.

A I need you to tell me the truth.
B 나는 너에게 할 말이 없어.

A I need you to take it seriously.
B 난 네가 농담하는 줄 알았어.

I'd like you to ~.
~해 주면 좋겠어.

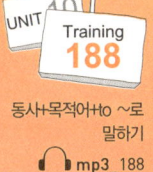

동사+목적어+to ~로 말하기

「동사+목적어+to ~」의 3번째 패턴은 I'd like you to ~. '~해 주면 좋겠어.'입니다. I want you to ~.와 비슷하게 쓰이지만 좀 더 예의 바르게 상대방에게 어떤 행동을 해 주길 부탁할 때 또는 사람이나 물건을 소개할 때 쓰는 패턴입니다.

SPEAKING TRAINING

- **I'd like you to** meet my husband, Alex.
  내 남편 알렉스를 소개할게.

- **I'd like you to** do me a favor.
  네가 내 부탁을 들어 줬으면 해. *do me a favor: 나에게 호의를 베풀다, 나의 부탁을 들어 주다

- **I'd like you to** show me how to use it.
  네가 나에게 그것의 사용법을 보여 주면 좋겠어.

- **I'd like you to** do the presentation now.
  네가 지금 발표를 해야 겠어.

- **I'd like you to** participate in the debate. 네가 토론에 참여했으면 좋겠어.

Always be ready to speak these sentences confidently!

SPEAKING PRACTICE

1. A: 내 남편 알렉스를 소개할게.
   B: I'm glad to meet him.

   A I'd like you to meet my husband, Alex.
   B 그를 만나게 되어서 영광이야.

2. A: 네가 내 부탁을 들어 줬으면 해.
   B: Sure. What can I do for you?

   A I'd like you to do me a favor.
   B 당연하지. 내가 뭘 하면 될까?

3. A: Do you want me to help you with anything?
   B: 네가 나에게 그것의 사용법을 보여 주면 좋겠어.

   A 내가 무언가를 도와주기를 원하니?
   B I'd like you to show me how to use it.

4. A: 네가 지금 발표를 해야 겠어.
   B: I'm not ready yet.

   A I'd like you to do the presentation now.
   B 나는 아직 준비가 되지 않았는데.

5. A: 네가 토론에 참여했으면 좋겠어.
   B: I don't want to get involved in that.

   A I'd like you to participate in the debate.
   B 나는 그런 것에 개입되고 싶지 않아.

UNIT Training 189

Do you want me to ~?

동사+목적어+to ~로 말하기

나보고 ~하라는 거니? / 내가 ~할까?

mp3_189

I want you to ~.의 의문문 형태로, Do you want me to ~?는 '내가 ~하기를 원하니?', '내가 ~할까?' 라는 의미로도 쓰이고, '나보고 ~하라고 하는 거야?' 라고 불만 섞인 말투로 물을 때에도 많이 쓰는 패턴입니다.

SPEAKING TRAINING

- **Do you want me to betray him?**
  나보고 그를 배신하라는 거니?

- **Do you want me to take the responsibility?**
  내가 책임을 떠맡길 원하는 거니?

- **Do you want me to ignore him?**
  나보고 그를 무시하라는 거니?

- **Do you want me to pretend nothing happened?** 나보고 아무 일도 없던 것처럼 행동하라는 거니?

- **Do you want me to keep it a secret?**
  내가 그것을 비밀로 해 줄까?

Always be ready to speak these sentences confidently!

SPEAKING PRACTICE

1. A: 나보고 그를 배신하라는 거니?
   B: That's not what I'm saying.

2. A: 내가 책임을 떠맡길 원하는 거니?
   B: Don't you think it's all your fault?

3. A: 나보고 그를 무시하라는 거니?
   B: I'm not saying you should ignore him.

4. A: 나보고 아무 일도 없던 것처럼 행동하라는 거니?
   B: Yeah. I think it's the best way to get it over.

5. A: 내가 그것을 비밀로 해 줄까?
   B: Please, do so.

A Do you want me to betray him?
B 내가 하는 말은 그것이 아니야.

A Do you want me to take the responsibility?
B 그것이 다 네 잘못이란 생각이 들지 않니?

A Do you want me to ignore him?
B 그를 무시하라고 말하는 것이 아니야.

A Do you want me to pretend nothing happened?
B 그래. 그것이 문제를 극복하는데 최고의 방법인 것 같아.

A Do you want me to keep it a secret?
B 제발, 그렇게 해 줘.

What do you want me to ~?

~하길 원하니? 내가 뭘(언제 / 어디서 / 얼마나 오랫동안)

동사+목적어+to ~로 말하기

mp3_190

Do you want me to ~?에 의문사(what, when, where 등)를 붙여서 '내가 뭘 ~하길 원하니?', '내가 언제 ~하길 원하니?', '내가 어디서 ~하길 원하니?'와 같이 좀 더 구체적으로 원하는 사항을 물을 때 효과적으로 쓰는 패턴입니다.

SPEAKING TRAINING

- **What do you want me to be?**
  제가 뭐가 되면 좋겠어요?

- **What do you want me to get rid of?**
  내가 무엇을 없애길 원하니?

- **Where do you want me to put down this file?**
  내가 이 파일을 어디에 두길 원하니?

- **When do you want me to leave?**
  내가 언제 떠나길 원하니?

- **How long do you want me to stay with you?** 내가 얼마나 오랫동안 너와 있길 원하니?

Always be ready to speak these sentences confidently!

SPEAKING practice

1. A: 제가 뭐가 되면 좋겠어요?
   B: I want you to be a great novelist.

2. A: 내가 무엇을 없애길 원하니?
   B: I want you to get rid of the pictures of him.

3. A: 내가 이 파일을 어디에 두길 원하니?
   B: Put it down on the table.

4. A: 내가 언제 떠나길 원하니?
   B: I want you to leave when they get here.

5. A: 내가 얼마나 오랫동안 너와 있길 원하니?
   B: As long as you can stay with me.

A What do you want me to be?
B 네가 멋진 소설가가 되면 좋겠어.

A What do you want me to get rid of?
B 그의 사진을 없애 주면 좋겠어.

A Where do you want me to put down this file?
B 테이블 위에 놓아 둬.

A When do you want me to leave?
B 그들이 여기 도착할 때 가면 돼.

A How long do you want me to stay here with you?
B 네가 있을 수 있는 한 나와 계속 있어 줘.

Practice Makes Perfect 38

It's time to review!

우리말 문장을 보고 영어 문장이 바로 나오는지 확인해 보세요! 안 되면, 다시 돌아가서 완벽하게 연습하는 것 아시죠? 완벽하게 말할 수 있을 때까지 열심히 연습하세요!

STEP 1 앞에서 배운 표현을 복습해 보세요!

01. 네가 우리와 함께 가 주면 좋겠어.
02. 네가 그들이 하는 말을 경청하면 좋겠어.
03. 네가 지금 바로 그것을 해 주었으면 해.
04. 네가 그것을 다시 검토해 주었으면 해.
05. 내 남편 알렉스를 소개할게.
06. 네가 나에게 그것의 사용법을 보여 주면 좋겠어.
07. 나보고 아무 일도 없던 것처럼 행동하라는 거니?
08. 내가 그것을 비밀로 해 줄까?
09. 내가 이 파일을 어디에 두길 원하니?
10. 내가 얼마나 오랫동안 너와 있길 원하니?

Answers

01. I want you to come with us.
02. I want you to listen to what they're saying.
03. I need you to do it right now.
04. I need you to go over it again.
05. I'd like you to meet my husband, Alex.
06. I'd like you to show me how to use it.
07. Do you want me to pretend nothing happened?
08. Do you want me to keep it a secret?
09. Where do you want me to put down this file?
10. How long do you want me to stay here with you?

STEP 2 새로운 문장 만들기에 도전해 보세요!

01. **I want you to ~.** 네가 ~하면 좋겠어.
    1. 네가 요리하는 법을 배웠으면 좋겠어.
    2. 네가 거기 가서 그것을 확인하면 좋겠어.

02. **I need you to ~.** 네가 ~해 주었으면 해.
    1. 네가 배터리를 바꿔 주었으면 해.
    2. 네가 그것에 대해서 생각해 주었으면 해.

03. **I'd like you to ~.** ~해 주면 좋겠어.
    1. 네가 돌아오면 우리와 합류하면 좋겠어.
    2. 내 룸메이트, 수지야.

04. **Do you want me to ~?** 나보고 ~하라는 거니? / 내가 ~할까?
    1. 내가 이 서류를 완성할까?
    2. 내가 거기 가서 그녀를 보라는 거니?

05. **What do you want me to ~?**
    내가 뭘 (언제 / 어디서 / 얼마나 오랫동안) ~하길 원하니?
    1. 내가 이번 휴가를 위해서 무엇을 하길 원하니?
    2. 내가 너의 생일에 무엇을 사 주길 원하니?

Answers

01. 1. I want you to learn how to cook.
    2. I want you to go there to check it out.
02. 1. I need you to change the battery.
    2. I need you to think about it.
03. 1. I'd like you to join us when you come back.
    2. I'd like you to meet my roommate, Susie.
04. 1. Do you want me to complete this form?
    2. Do you want me to come over there to see her?
05. 1. What do you want me to do for this vacation?
    2. What do you want me to buy for your birthday?

make + 목적어 + 동사원형
…가 ~하게 하다, 시키다

사역동사로 말하기

mp3_191

make는 '만들다' 라는 뜻 외에도 '…가 ~하게 하다' 는 뜻을 가지고 있습니다. 이러한 동사를 사역동사라고 하는데 사역동사 다음에 동사를 목적어로 사용할 때에는 to부정사 대신 to가 없는 동사원형을 사용합니다. 반강제적으로 상대방에게 ~하도록 시키는 상황을 표현할 때 쓰면 좋은 패턴입니다.

SPEAKING TRAINING

- I will make him leave. 나는 그가 떠나게 할 거야.

- They made me say that. 그들이 내가 그렇게 말하도록 시켰어.

- She didn't make you do that.
  그녀는 네가 그렇게 하도록 시키지 않았어.

- Did you make him break up with her?
  너는 그가 그녀와 헤어질 것을 결심하도록 했니?

- We'll make her talk to him.
  우리는 그녀가 그와 얘기하도록 할 거야.

Always be ready to speak these sentences confidently!

SPEAKING PRACTICE

1. A: He might be staying here forever.
   B: 나는 그가 떠나게 할 거야.

   A 그는 여기에 영원히 머물지도 몰라.
   B I will make him leave.

2. A: Who made you say that?
   B: 그들이 내가 그렇게 말하도록 했어.

   A 누가 네게 그렇게 말하도록 했니?
   B They made me say that.

3. A: She forced me to do that.
   B: 말도 안 돼! 그녀는 네가 그렇게 하도록 시키지 않았어.

   A 그녀는 내가 그렇게 하도록 강제로 시켰어.
   B No way! She didn't make you do that.

4. A: 너는 그가 그녀와 헤어질 것을 결심하도록 했니?
   B: Where did you hear that? I've never done anything like that.

   A Did you make him break up with her?
   B 어디서 그런 말을 들었어? 나는 그런 짓을 한 적이 없어.

5. A: She never talks to him.
   B: 우리는 그녀가 그와 얘기하도록 할 거야.

   A 그녀는 그와 결코 얘기하지 않아.
   B We'll make her talk to him.

let+목적어+동사원형
…가 ~하게 내버려 두다, 허락하다

UNIT Training 192

사역동사로 말하기

mp3_192

let+목적어+동사원형은 '…가 ~하게 내버려 두다, 허락하다'를 표현할 때 쓰는 패턴입니다. 예를 들어, Let me do it. "내가 그것을 할게." Let him do that. "그가 그것을 하게 내버려 둬." Let her go. "그녀를 보내 줘." 등과 같은 표현을 말할 수 있습니다.

SPEAKING TRAINING

- I will let him leave.
  그가 떠나도록 허락할 거야.

- Let me handle it.
  내가 그것을 처리할게.

- I will let you take it.
  나는 네가 그것을 가져가게 해 줄게.

- He let me do some tests.
  그는 내가 몇 개의 테스트를 하게 해 줬어.

- They let me stay in this room.
  그들은 내가 이 방에 있게 해 줬어.

Always be ready to speak these sentences confidently!

SPEAKING PRACTICE

1. A: 그가 떠나도록 허락할 거야.
   B: Are you sure you're going to be fine?

   A I will let him leave.
   B 괜찮겠어?

2. A: It's too hard for me to take care of it.
   B: 내가 그것을 처리할게.

   A 내가 그 일을 맡기엔 너무 버거워.
   B Let me handle it.

3. A: This chocolate looks so sweet.
   B: 네가 그것을 가져가게 해 줄게.

   A 이 초콜릿 정말 달콤해 보인다.
   B I will let you take it.

4. A: 그는 내가 몇 개의 테스트를 하게 해 줬어.
   B: What's the result?

   A He let me do some tests.
   B 결과가 어때?

5. A: Who told you to be in this room?
   B: 그들이 나를 이 방에 있게 해 줬어.

   A 누가 너에게 이 방에 있으라고 했니?
   B They let me stay in this room.

get + 목적어 + to ~
…가 ~하게 하다

사역동사로 말하기

🎧 mp3_193

'…가 ~하게 하다, 시키다' 라고 하면서 make+목적어+동사원형의 패턴과 비슷하게 쓰입니다. get과 make의 차이점은 get은 '상대방에게 뭔가를 하게끔 설득하다' 이고, make는 '반강제적으로 뭔가를 시키다' 라고 할 때 쓰입니다.

SPEAKING TRAINING

- I will get her to pick you up. 그녀가 널 데려가게 할게.

- I got my son to do the laundry. 내 아들이 빨래하게 했어.

- Can you get them to take some pictures of us?
  그들에게 우리 사진을 좀 찍어 달라고 할 수 있니?

- I won't get him to ask her the question.
  그가 그녀에게 그 질문을 하게 하지 않을 거야.

- Why don't you get David to call your boss? David가 네 상사에게 전화하도록 하는 것이 어때?

Always be ready to speak these sentences confidently!

SPEAKING PRACTICE

1. A: Who's going to pick me up after school?
   B: 그녀가 널 데려가게 할게.

   A 누가 방과 후에 저를 데리러 오나요?
   B I will get her to pick you up.

2. A: Who did the laundry?
   B: 내 아들이 빨래하게 했어.

   A 누가 빨래 했니?
   B I got my son to do the laundry.

3. A: 그들에게 우리 사진을 좀 찍어 달라고 할 수 있니?
   B: They will be willing to do it.

   A Can you get them to take some pictures of us?
   B 그들은 그것을 기꺼이 해 줄 거야.

4. A: 그가 그녀에게 그 질문을 하게 하지 않을 거야.
   B: Why not? He's the best person who can do the job.

   A I won't get him to ask her the question.
   B 왜? 그가 그 일을 할 수 있는 가장 적합한 사람인데.

5. A: I need to call my boss to let him know that.
   B: David가 네 상사에게 전화하도록 하는 것이 어때?

   A 내 직장 상사가 그것을 알도록 전화해야 해.
   B Why don't you get David to call your boss?

have+ 목적어+p.p
…이 ~되게 하다

UNIT Training 194

사역동사로 말하기

🎧 mp3_194

'…이 ~되게 하다.' 라고 하면서 '목적어가 p.p(과거분사) 상태가 되게 만들다.' 라고 표현할 때 쓰는 패턴입니다. 예를 들어서, I had my car washed. "나는 (누구를 시켜서) 내 차가 세차되게끔 했어." 즉, "내 차를 세차했어." 라는 뜻이 됩니다. 우리가 말할 때 특히 취약한 패턴입니다.

SPEAKING TRAINING

- I had my room cleaned. 내 방을 청소했어.
- I had my hair done. 나 머리 했어.
- I had my computer fixed. 내 컴퓨터를 고쳤어.
- We will have the work done by tonight.
  우리는 그 일을 오늘 밤까지 끝내 놓을게.
- She had her tooth pulled out at the dentist's. 그녀는 치과에 가서 이를 뽑았어.

Always be ready to speak these sentences confidently!

SPEAKING PRACTICE

1. A: 내 방을 청소했어.
   B: It looks very clean and organized.
   * organized: 정리 정돈이 잘 되어 있는

   A I had my room cleaned.
   B 굉장히 깨끗하고 정리 정돈이 잘 되어 보여.

2. A: 나 머리 했어.
   B: How much did it cost?

   A I had my hair done.
   B 비용이 얼마나 들었니?

3. A: Your computer isn't working yet?
   B: 내 컴퓨터를 고쳤어.

   A 네 컴퓨터가 아직 작동이 안되니?
   B I had my computer fixed.

4. A: The project should be completed by tomorrow.
   B: 우리는 그 일을 오늘 밤까지 끝내 놓을게.

   A 그 프로젝트는 내일까지 완성되어야 해.
   B We will have the work done by tonight.

5. A: She told me that she had toothache.
   B: 그녀는 치과에 가서 이를 뽑았어.

   A 그녀는 나에게 치통이 있다고 말했어.
   B She had her tooth pulled out at the dentist's.

get+목적어+p.p
…이 ~되도록 하다

사역동사로 말하기

mp3_195

have+목적어+p.p와 마찬가지로, '…가 ~되도록 하다.'라고 하면서 목적어가 p.p(과거분사) 상태가 되게 만들다. 라고 표현할 때 쓰입니다. 이번엔 사역동사 get으로 연습해 보세요.

SPEAKING TRAINING

- I got my car repaired.
  나는 내 차를 수리했어.

- I got my ears pierced.
  나는 귀를 뚫었어.

- I got my arm injured.
  나는 팔을 다쳤어.

- He got his eyes checked.
  그는 시력을 검사 받았어.

- They got it all taken care of.
  그들이 그것을 모두 처리하도록 했어.

Always be ready to speak these sentences confidently!

SPEAKING PRACTICE

1. A: I heard your car was broken.
   B: 나는 내 차를 수리했어.

2. A: 나는 귀를 뚫었어.
   B: Oh, really? I will buy you a pair of earrings.

3. A: What happened to your arm?
   B: 나는 팔을 다쳤어.

4. A: 그는 시력을 검사 받았어.
   B: That's why he's wearing glasses.

5. A: Who handled this job?
   B: 그들이 그것을 모두 처리하도록 했어.

A 네 차가 고장났다는 얘기를 들었어.
B I got my car repaired.

A I got my ears pierced.
B 오, 정말? 내가 귀걸이 한 쌍 사 줄게.

A 네 팔이 왜 그래?
B I got my arm injured.

A He got his eyes checked.
B 그래서 그는 안경을 쓰고 있구나.

A 누가 이 일을 처리했니?
B They got it all taken care of.

Practice Makes Perfect 39

It's time to review!

우리말 문장을 보고 영어 문장이 바로 나오는지 확인해 보세요! 안 되면, 다시 돌아가서 완벽하게 연습하는 것 아시죠? 완벽하게 말할 수 있을 때까지 열심히 연습하세요!

STEP 1 앞에서 배운 표현을 복습해 보세요!

01. 그녀는 네가 그렇게 하도록 시키지 않았어.
02. 우리는 그녀가 그와 얘기하도록 할 거야.
03. 내가 그것을 처리할게.
04. 그는 내가 몇 개의 테스트를 하게 해 줬어.
05. 내 아들이 빨래하게 했어.
06. 그가 그녀에게 그 질문을 하게 하지 않을 거야.
07. 내 컴퓨터를 고쳤어.
08. 그녀는 치과에 가서 이를 뽑았어.
09. 나는 팔을 다쳤어.
10. 그들이 그것을 모두 처리하도록 했어.

Answers

01. She didn't make you do that.
02. We'll make her talk to him.
03. Let me handle it.
04. He let me do some tests.
05. I got my son to do the laundry.
06. I won't get him to ask her the question.
07. I had my computer fixed.
08. She had her tooth pulled out at the dentist's.
09. I got my arm injured.
10. They got it all taken care of.

STEP 2 새로운 문장 만들기에 도전해 보세요!

01. **make + 목적어 + 동사원형** …가 ~하게 하다, 시키다
    ❶ 그들이 너를 도와주게 할 거야.
    ❷ 그는 네가 그것을 망치도록 했어.

02. **let + 목적어 + 동사원형** …가 ~하게 내버려 두다, 허락하다
    ❶ 너에게 뭔가 얘기해 줄게.
    ❷ 그것을 생각해 볼게.

03. **get + 목적어 + to부정사** …가 ~하게 하다
    ❶ 나는 그가 그것을 알아내게 할 거야.
    ❷ 나는 그들을 기다리게 했어.

04. **have + 목적어 + p.p** …이 ~되게 하다
    ❶ 그는 벽을 칠했어.
    ❷ 그는 자기 사진을 찍었어.

05. **get + 목적어 + p.p** …가 ~되도록 하다
    ❶ 그녀는 다리가 부러졌어.
    ❷ 나는 손톱 손질을 받았어.

Answers
01. ❶ I will make them help you.
    ❷ He made you mess it up.
02. ❶ Let me tell you something.
    ❷ Let me think about it.
03. ❶ I will get him to find it out.
    ❷ I got them to wait.
04. ❶ He had the wall painted.
    ❷ He had his picture taken.
05. ❶ She got her leg broken.
    ❷ I got my nails done.

see + 목적어 + 동사원형

…가 ~하는 것을 보다

UNIT Training 196

지각동사로 말하기

mp3_196

지각동사는 see, hear, watch, listen, smell, feel 등의 동사들을 말하며 문장에서는 지각동사+목적어+동사원형 혹은 -ing의 두 가지 형태의 패턴으로 쓰입니다. 먼저, see+목적어+동사원형의 형태인 '…가 ~하는 것을 보다'를 알아 보겠습니다.

SPEAKING TRAINING

- I saw him enter the room.
  그가 방으로 들어가는 것을 봤어.

- I saw her run away.
  그녀가 도망가는 것을 봤어.

- I saw them study together.
  그들이 같이 공부하는 것을 봤어.

- You might see her write a novel.
  너는 그녀가 소설책을 쓰는 것을 볼지도 몰라.

- Can we see him sing a song?
  우리는 그가 노래 부르는 것을 볼 수 있을까?

SPEAKING PRACTICE

1. A: 그가 방으로 들어가는 것을 봤어.
   B: When did you see it?

   A I saw him enter the room.
   B 언제 그것을 봤니?

2. A: I'm looking for her.
   B: 그녀가 도망가는 것을 봤어.

   A 나는 그녀를 찾고 있어.
   B I saw her run away.

3. A: 그들이 같이 공부하는 것을 봤어.
   B: Really? Didn't they break up?

   A I saw them study together.
   B 정말? 그들은 헤어진 게 아니였어?

4. A: What is she doing now? I'm going to stop by her place.
   B: 너는 그녀가 소설을 쓰는 것을 볼지도 몰라.

   A 그녀는 지금 뭐해? 나는 그녀의 집에 잠깐 들릴 거야.
   B You might see her write a novel.

5. A: 우리는 그가 노래 부르는 것을 볼 수 있을까?
   B: Probably not. He's got a cold.

   A Can we see him sing a song?
   B 아마도 못 볼 걸. 그는 감기 걸렸어.

UNIT Training 197
hear+목적어+동사원형
…가 ~하는 것을 듣다

지각동사로 말하기

🎧 mp3_197

누가 어떤 행동을 하는 것을 듣게 되었다는 것을 표현할 때, **hear+목적어+동사원형**의 패턴을 사용할 수 있습니다. '우는 소리를 들었다', '싸우는 소리를 들었다'고 말할 때 이 패턴을 사용해 보세요.

SPEAKING TRAINING

- I often **hear** her **play** the piano.
  그녀가 피아노 치는 소리를 종종 들어.

- I **heard** you **cry**.
  네가 우는 것을 들었어.

- I **heard** them **argue**.
  그들이 싸우는 것을 들었어.

- Can I **hear** you **read** it?
  네가 그것을 읽는 것을 들을 수 있을까?

- Did you **hear** anyone **call** your name?
  너는 누군가가 네 이름을 부르는 것을 들었니?

SPEAKING PRACTICE

1. A: She's a pianist. Did you know that?
   B: 그녀가 피아노 치는 소리를 종종 들어.

   A 그녀는 피아니스트야. 넌 그걸 알았니?
   B I often **hear** her **play** the piano.

2. A: 네가 우는 것을 들었어. 무슨 일 있어?
   B: I got dumped.

   A I **heard** you **cry**. What's wrong with you?
   B 나는 차였어.

3. A: 그들이 싸우는 것을 들었어.
   B: They always argue.

   A I **heard** them **argue**.
   B 그들은 항상 싸워.

4. A: 네가 그것을 읽는 것을 들을 수 있을까?
   B: Sure. Which page do you want me to read?

   A Can I **hear** you **read** it?
   B 물론이지. 어떤 페이지를 읽어 줄 바라니?

5. A: 너는 누군가가 네 이름을 부르는 것을 들었니?
   B: I think the guy over there is calling me.

   A Did you **hear** anyone **call** your name?
   B 저기 있는 남자가 나를 부르는 것 같아.

watch, smell, feel + 목적어 + 동사원형 or -ing

UNIT 42 Training 198

…가 ~하는 것을 보다 / …가 ~한 냄새를 맡다 / …가 ~하는 것을 느끼다

지각동사로 말하기

🎧 mp3_198

이번에는 watch, smell, feel과 같은 지각동사들을 이용해서 다양하게 표현해 보겠습니다. 동사원형 대신에 -ing 형태를 쓰면 목적어가 그 행동을 한창 하고 있는 것을 강조합니다.

SPEAKING TRAINING

- I smell something burn in the kitchen.
  부엌에서 뭔가 타는 냄새가 나.

- Can I watch you paint? 네가 그림 그리는 것을 볼 수 있니?

- I was watching him make dinner.
  그가 저녁 만드는 것을 보고 있었어.

- I felt someone kicking my seat in the theater.
  극장에서 누군가가 내 자리를 발로 차는 것 같은 느낌이 들었어.

- I feel something poking in my pocket.
  내 주머니 안에 뭔가가 찌르는 것 같아.

> Always be ready to speak these sentences confidently!

SPEAKING PRACTICE

1. A: 부엌에서 뭔가 타는 냄새가 나.
   B: Really? You have to check it right now.

   A I smell something burn in the kitchen.
   B 정말? 지금 바로 확인해 봐야 해.

2. A: 네가 그림 그리는 것을 볼 수 있니?
   B: I'm sorry. I don't have time for that. I will show you next time.

   A Can I watch you paint?
   B 미안해. 지금 그럴 시간이 없어. 다음에 보여 줄게.

3. A: What were you watching?
   B: 그가 저녁 만드는 것을 보고 있었어.

   A 넌 무엇을 보고 있었니?
   B I was watching him make dinner.

4. A: You didn't seem like you concentrated on the movie.
   B: 극장에서 누군가가 내 자리를 발로 차는 것 같은 느낌이 들었어.

   A 너 영화에 집중하지 못하는 것 같던데.
   B I felt someone kicking my seat in the theater.

5. A: What's the problem?
   B: 내 주머니 안에 뭔가가 나를 찌르는 것 같아.

   A 뭐가 문제야?
   B I feel something poking in my pocket.

Training 199: see+목적어+-ing

…가 ~하고 있는 것을 보다

지각동사로 말하기

🎧 mp3_199

see+목적어+-ing는 see+목적어+동사원형과 기본적으로 뜻은 같으나, -ing 형태를 쓰면 그런 행위를 한창 하고 있는 중일 때를 봤다는 것을 강조하게 됩니다.

SPEAKING TRAINING

- **I saw him yelling at his brother.**
  그가 남동생에게 소리지르는 것을 봤어.

- **I want to see you speaking English.**
  네가 영어를 말하는 것을 보고 싶어.

- **I've never seen them doing their homework.**
  그들이 숙제하고 있는 것을 본 적이 없어.

- **I saw her watching TV.** 그녀가 TV 보고 있는 것을 봤어.

- **I might see him proposing to her tonight.**
  오늘 밤 그가 그녀에게 프로포즈하고 있는 것을 볼 지도 몰라.

SPEAKING PRACTICE

1. A: 그가 남동생에게 소리지르는 것을 봤어.
   B: I've never seen them get along.

   A I saw him yelling at his brother.
   B 나는 그들이 잘 지내는 것을 본 적이 없어.

2. A: I've learned English for almost 3 years.
   B: 네가 영어를 말하는 것을 보고 싶어.

   A 나는 거의 3년 동안 영어를 배워 왔어.
   B I want to see you speaking English.

3. A: 그들이 숙제하고 있는 것을 본 적이 없어.
   B: How can I make them do their homework?

   A I've never seen them doing their homework.
   B 어떻게 해야 그들이 숙제를 하게 할 수 있을까?

4. A: Have you seen her?
   B: 그녀가 TV 보고 있는 것을 봤어.

   A 그녀를 본 적이 있니?
   B I saw her watching TV.

5. A: 오늘 밤 그가 그녀에게 프로포즈하고 있는 것을 볼 지도 몰라.
   B: Oh, really? I want to join you.

   A I might see him proposing to her tonight.
   B 오, 진짜? 나도 함께 보고 싶어.

hear 목적어 +-ing
…가 ~하고 있는 것을 듣다

지각동사로 말하기

mp3_200

I heard you calling your brother. "네가 네 남동생을 부르는 소리를 들었어."처럼 누군가가 어떤 행위를 하고 있는 중인 것을 들었을 때, hear+목적어+-ing 패턴을 사용하여 그 상황을 표현할 수 있습니다.

SPEAKING TRAINING

- I sometimes hear them making a lot of noises.
  때때로 그들이 소란 피우는 것을 들어.

- I just heard someone saying, Help!
  누군가가 도와줘! 라고 말하는 것을 들었어.

- I've heard her talking in her sleep.
  그녀가 잠꼬대 하는 것을 들어 본 적이 있어.

- I'd like to hear you laughing.
  네가 웃는 소리를 듣고 싶어.

- I think I just heard her screaming.
  지금 막 그녀가 비명 지르는 것을 들은 것 같아.

SPEAKING PRACTICE

1. A: 때때로 그들이 소란 피우는 것을 들어.
   B: I hear it, too. That makes me crazy.

2. A: 누군가가 도와줘! 라고 말하는 것을 들었어.
   B: Really? Do you think we need to call 911?

3. A: 그녀가 잠꼬대 하는 것을 들어 본 적이 있어.
   B: I've heard it, too.

4. A: 네가 웃는 소리를 듣고 싶어.
   B: I can't laugh. I feel so depressed.

5. A: 지금 막 그녀가 비명 지르는 것을 들은 것 같아.
   B: Where is the sound coming from?

A I sometimes hear them making a lot of noises.
B 나도 그걸 들어. 그것이 나를 짜증나게 해.

A I just heard someone saying, Help!
B 정말? 우리가 911에 전화를 해야 할까?

A I've heard her talking in her sleep.
B 나도 들어 본 적이 있어.

A I'd like to hear you laughing.
B 지금 웃을 수 없어. 나는 무척 우울해.

A I think I just heard her screaming.
B 그 소리가 어디서 나오는데?

Practice Makes Perfect 40

It's time to review!

우리말 문장을 보고 영어 문장이 바로 나오는지 확인해 보세요! 안 되면, 다시 돌아가서 완벽하게 연습하는 것 아시죠? 완벽하게 말할 수 있을 때까지 열심히 연습하세요!

STEP 1 앞에서 배운 표현을 복습해 보세요!

01. 그가 방으로 들어가는 것을 봤어.
02. 그들이 같이 공부하는 것을 봤어.
03. 그녀가 피아노 치는 소리를 종종 들어.
04. 너는 누군가가 네 이름을 부르는 것을 들었니?
05. 부엌에서 뭔가가 타는 냄새가 나.
06. 그가 저녁 만드는 것을 보고 있었어.
07. 그가 남동생에게 소리지르는 것을 봤어.
08. 그들이 숙제하고 있는 것을 본 적이 없어.
09. 누군가가 도와줘! 라고 말하는 것을 들었어.
10. 네가 웃는 소리를 듣고 싶어.

Answers

01. I saw him enter the room.
02. I saw them study together.
03. I often hear her play the piano.
04. Did you hear anyone call your name?
05. I smell something burn in the kitchen.
06. I was watching him make dinner.
07. I saw him yelling at his brother.
08. I've never seen them doing their homework.
09. I just heard someone saying, Help!
10. I'd like to hear you laughing.

STEP 2 새로운 문장 만들기에 도전해 보세요!

01. **see + 목적어 + 동사원형** …가 ~하는 것을 보다
    ① 그가 설거지하는 것을 봤어.
    ② 그는 내가 지나가는 것을 봤어.

02. **hear + 목적어 + 동사원형** …가 ~하는 것을 듣다
    ① 네가 코를 훌쩍이는 소리를 들었어.
    ② 네 휴대폰이 울리는 것을 들어 본 적이 없어.

03. **watch, smell, feel + 목적어 + 동사원형 or -ing**
    …가 ~하는 것을 보다 / …가 ~한 냄새를 맡다 / …가 ~하는 것을 느끼다
    ① 그들이 악수하는 것을 봤어.
    ② 누군가가 빵을 굽는 냄새를 맡았어.

04. **see + 목적어 + -ing** …가 ~하고 있는 것을 보다
    ① 그녀가 춤추는 것을 봤어.
    ② 그가 다가오는 것을 봤어.

05. **hear + 목적어 + -ing** …가 ~하고 있는 것을 듣다
    ① 벨이 울리는 것을 들었어.
    ② 방금 그들이 속삭이는 것을 들었어.

Answers

01. ① I saw him wash the dishes.
    ② He saw me pass by.
02. ① I heard you sniffle.
    ② I've never heard your cell phone ring.
03. ① I watched them shake hands.
    ② I smelled someone bake bread.
04. ① I saw her dancing.
    ② I saw him coming.
05. ① I heard the bell ringing.
    ② I just heard them whispering.